인공지능시대의
창의적 사고와 소통

인공지능 시대의

창의적 사고와 소통

장미영 / 박찬흥

글누림

인공지능(AI: Artificial Intelligence)은 디지털 혁명의 대표주자다. 처음 '인공지능' 명칭이 나온 1956년부터 1970년대까지만 해도 인공지능은 인간의 열세를 보완하는 대안 주자 정도였다. 그런데 1970년대 후반부터 인공지능은 숫제 인간의 대체물이 되기 시작한다. 점차 인공지능과 인간의 경계가 사라지고 있는 것이다. 디지털 혁명이 고도화되면서 인공지능은 4차 산업혁명 시대의 태동기를 맞아 선두주자로 부상하고 있다.

인공지능시대에 인간은 무엇을 해야 하는가? 그리고 무엇을 할 수 있는가? 인간의 가치는 무엇인가?

인간은 기계와 달리 '생각'을 할 수 있다. 생각할 수 있다는 것이 인간의 가치이다. 일본 작가, 호소야 이사오(細谷 功)는 컴퓨터가 대체할 수 없는 인간의 영역을 '지두력(地頭力) 사고'라고 주장한다. '지두(地頭)'라는 말은 원래 '타고난 머리'라는 의미로, 문제해결에 필요한 생각하는 능력을 말한다. 따라서 '지두력(地頭力)'이란 '지식에 의존하지 않고 창조적 사고로 문제를 해결하는 능력'을 일컫는다.

'육감(六感)'이나 '촉(觸)', '직관(直觀)'으로 문제를 파악하는 능력을 '천두력(天頭力)'이라 명명할 수 있다면, 그와 반대로 '지두력(地頭力)'은 협소한 특정 지식에 의존하지 않고 '방대한 인터넷 정보를 최대한 확보하고 선별함으로써 이미 있는 지식으로부터 새로운 지식을 만들어 부가가치를 올릴 수 있는 창조적 사고 능력'이다.

인공지능시대에 인간은 창조적 사고를 해야 한다. 디지털 혁명에 의해 인류는 '디지털 격차'로 인한 여러 가지 문제에 시달리고 있다. '디지털 격차(Digital Divide)'란 데이터와 정보를 얼마나 빠르게 효율적으로 활용할 수 있느냐에 따라 '정보-소유계층(Information have)'과 '정보-비소유계층(Information have not)'으로 나뉘는 것을 말한다. 컴퓨터가 발전하면 할수록, 인터넷의 경제적 효용이 증가하면 할수록 디지털 격차는 점점 더 커질 수밖에 없다. 즉 성능 좋은 컴퓨터를 쓰고 있는가, 인터넷을 제대로 사용할 줄 아는가, 빅 데이터를 활용할 수 있는가 등에 따라 인간으로서의 삶의 질과 기회가 달라진다. 혁명적으로 개발된 디지털 기술들은 대개 가격이 비싸고 다루기가 복잡하기 때문에 지식과 재산을 가진 특정 계층에 독점되기 쉽다. 따라서 디지털 기술이 진척되면 될수록 디지털 격차도 확대될 수밖에 없다. 이에 미국의 흑인지도자 제시 잭슨(Jesse Louis Jackson) 목사를 비롯하여 전 세계의 인권단체와 시민운동단체들은 디지털 격차의 해소를 '민권투쟁의 새로운 과제'로 삼고 있다.

디지털 격차를 해소하기 위한 기본적인 해결책 중 하나는 '창조적 사고'를 하게 만드는 것이다. '창조적 사고'란 '생각을 체계적으로 구조화'하여 새로운 것을 만들어 낼 수 있는 이성 작용이다. 호소야 이사오(細谷 功)는, 생각을 체계적으로 구조화하려면 '결론부터', '전체로', '단순하게' 생각해야 한다고 주장한다. 구체적으로 말하면, '창조적 사고'란 첫째, '결론'부터 생각하는 '가설(假設) 사고력', 둘째, '전체'로 생각하는 '부감(俯瞰) 사고력', 셋째, '단순'하게 생각하는 '추상화 사고력'으로 구분할 수 있다.

첫째, '결론'부터 생각하는 '가설(假設) 사고력'이란 어떤 일의 지난한 과정을 먼저 생각하는 데서 오는 지루하고 궁금한 상태를 최소화시키면서 의사결정 시간을 단축하는 능력이다. '가설 사고'란, 예를 들면, 어떤 문제를 해결하기 위해서 관련 정보부터 모으는 것이 아니라 어떤 가설을 먼저 세운 후에 가설에 맞는 정보를 수집하여 실험을 한 후 검증을 반복하면서 올바른 대안을 찾아가는 식이다.

둘째, '전체'로 생각하는 '부감(俯瞰) 사고력'이란 다른 말로 '프레임워크(Framework) 사고력'이라고도 하는데, 어떤 대상의 전체 상(全體象, overview)을 위에서 내려다보는 전체 부감력과 이를 분석하는 분해력을 말한다. 이때 '부감력(俯瞰力)'이란 높은 곳에서 아래를 내려다보듯이 전체를 보고 큰 줄기의 맥락을 파악하는 능력이다. '분해력(分解力)'이란 전체에서 부분으로 시선의 각도를 바꿀 수 있는 시점 이동 능력, 대상의 분해를 위해 자르거나 끊는 지점인 절단면 선택 능력, 일정한 기준에 따라 하위 항목을 상위 항목으로 묶어나갈 수 있는 분류 능력, 각 부분에 공통으로 들어 있는 것을 찾아내는 인수분해 능력, 어떤 대상의 테두리나 바깥 언저리에 둘레선을 칠 수 있는 보트넥(boat neck) 사고 능력 등을 말한다.

셋째, '단순'하게 생각하는 '추상화(abstraction) 사고력'은 어떤 대상의 구성 요소들을 일일이 언급하지 않고 필요한 부분만을 통합하여 하나의 중요한 특징을 찾아낸 후 간단하게 표현하는 능력이다. 예를 들면, 어떤 대상이 '세 개의 각'과 '세 개의 변'으로 이루어진 '도형'이라면 이 대상을 이루고 있는 세 가지 요소들을 일일이 나열하지 않고 통합하여 '삼각형'이라는 하나의 단어로 표현하는 식이다.

위와 같이 지두력(地頭力), 즉 '창조적 사고(creative thought)'는 '페르미 추정'을 하는 것이다. '페르미 추정(Fermi Estimate)'이란 어떤 문제에 대해 기초적인 지식과 논리적인 추론만으로 짧은 시간 안에 대략적인 근사치를 추정하는 방법이다. '추정'이란 일반적으로 쉽게 정확한 계산을 할 수 없는 상태거나 입력된 자료가 불완전하고 불확실하더라도 미루어 생각하거나 헤아리는 것이다. 이와 같이 창조적 사고(creative thought)는 간단한 생각으로 적당한 접근방식을 설정하고 모델을 대강 분석한 후 요령 있게 계산을 실행하여 엇비슷하게 유사한 추정을 해낸 후 현실성을 검증하는 방식을 통해 기존에 없던 새롭고 독창적인 것을 만들어 내는 힘이다. 새로운 것을 만들어내는 창조적 사고(創造的 思考, creative thought)는 어떤 문제에 대해 선제적이고도 주도적으로 해결안을 도출하는 창의적 사고(創意的 思考, initiative thought)로부터 비롯된다. 창의적 사고(創意的 思考)란 그간 인류의 경험을 바탕으로 갈라놓은 지식들을 연결할 수 있는 정신적 능력이다. 기존의 분절된 경험과 분화된 지식의 경계를 뛰어넘는 창의적 사고의 바탕 위에 인류의 삶을 변화시키려는 강한 의지가 더해지면 비로소 규정된 사고의 틀을 깰 수 있는 창조적 사고(創造的 思考)가 이루어진다.

창조적 사고(creative thought)나 창의적 사고(initiative thought)는 소통(疏通, interative communication) 가운데 더욱 빛을 발한다. 소통(疏通, interactive communication)은 '서로 떨어져 있는 것을 이어지게 하는 것'이다. 구체적으로 말하면 소통이란 나와 남, 즉 상호 간에 서로 막힘이 없이 의견을 주고받는 것을 말한다. 소통은 한자로, 트일 소(疏)와 통할 통(通)이 합쳐진 말이다. 벽처럼 막혀 있는 것이 아니라 사이가 갈라져서 트여 있어야 그 뚫린 틈으로 서로의 마음이 통해 나와 남이 단절 없이 이어질 수 있다.

소통을 제대로 하기 위해서는 우선 두 가지가 전제되어야 한다. 첫째, 가장 먼저 '지식의 저주(curse of knowledge)'에서 벗어나야 한다. '지식의 저주(curse of knowledge)'란 다른 말로 '전문가의 저주' 또는 '무지는 죄악'이라고도 하는데, 누군가 일단 무언가를 알게 되면 자신이 과거에 그것을 몰랐을 때를 기억하지 못해 모른다는 것이 어떤 느낌인지 상상하지도 못하고 듣는 사람의 심정도 잘 헤아리지 못하고 더 나아가 자신의 지식을 타인에게 제대로 전달하지도 못하면서 그 지식을 잘 모르는 사람들을 무시하는 태도를 갖게 하는 것이다. 즉 다른 사람보다 먼저 습득한 머릿속 정보가 저주를 내려 다른 사람과의 원활한 소통을 막는 것이다.

둘째, 소통을 제대로 하기 위해서는 '자신만의 리듬'에 따라 메시지를 전달하려는 유혹을 떨치고 '상대의 리듬'을 읽어야 한다. '상대의 리듬'을 읽으려면 스스로 수신자가 되어 상대에게 전하려는 메시지를 검토해야 한다. '상대가 이것을 어떻게 받아들일까?', '상대가 이 단어, 이 문장의 뜻을 물어보면 뭐라고 대답하지?' 스스로 이런 질문에 소리 내어 대답할 수 없다면 소통하고자 하는 내용을 고쳐야 한다.

소통을 구성하는 가장 기본적인 요소는 일곱 가지이다. 송신자, 수신자, 전달 매체, 전달 언어, 전달 정보, 반응, 기대치 등이 그것이다. 송신자는 정보를 보내는 사람이다. 수신자는 정보를 받아들이고 반응을 보이는 사람이다. 전달 매체는 SNS나 스마트폰과 같이 정보를 전달하는 수단이다. 전달 언어는 서로 이해 가능한 어느 나라의 말 또는 수화, 점자, 제스처 등을 말한다. 정보란 송신자가 수신자에게 전달하고자 하는 내용이다. 반응은 정보를 전달받은 수신자가 송신자의 작용력에 대응하는 반작용이다. 기대치는 소통을 하려는 이유 내지 소통의 목표이다. 이와 같이 소통을 하려면 최소한 7가지의 요소가 필요하다.

소통은 협력을 조건으로 삼는다. 소통이 이루어지려면 협력이 성립되어야만 한다는 뜻이다. 협력은 둘에서 또는 여럿이 서로 힘을 모으는 과정을 말한다. 이 과정에서는 서로 돕기도 하고 대립하기도 하며 견제를 보이기도 한다. 이러한 갈등 과정을 통해 질적으로 성장하면서 협력은 변화하는 세상에 대응할 수 있는 힘을 키우게 된다. 결국 소통은 인간의 변화관리지수를 높임으로써 우리의 현재 능력을 향상시키기 위한 적극적 실천 방법이라 할 수 있다.

이 책은 급변하는 인공지능시대에 창조적 사고와 창의적 소통을 바탕으로 우리의 지두력을 높이고 변화관리지수를 높여 어떠한 변화에도 살아남을 수 있는 인류의 생존력을 키우려는 목표하에 만들어졌다. 지두력은 물고기를 잡기 위해 개천의 물을 모두 퍼내는 식으로 막고 품거나 아니면 어떤 경험이나 전문적인 지식 없이 맨땅에 헤딩하는 식으로, 무전여행처럼 제로베이스 상태에서 문제를 해결해 가는 창조적 사고 능력이다. 마찬가지로 변화관리지수를 높이는 소통이란 기존 정보에 의존하지 않고 너나 할 것 없이 뭉쳐 집단지성으로 해결책을 만들어 내는 능력이다. 이처럼 인간 고유의 가치인 사고와 소통으로 인류는 죽지 않고 끝까지 살아남아 인공지능을 다스리는 존재로 거듭날 것이다.

이에 우리 필진은 체험과 참여를 넘어 관여할 수 있는 인재(人才) 개발에 목표를 두었다. 우리 사회는 한때 이론보다 실제 현장에서의 경험을 통해 새로운 지식을 습득할 수 있도록 체험학습을 실시했다. 그뿐만 아니라 학습자의 자발적인 참여로 자기 발전에 필요한 정보를 스스로 선택하고 다른 부류의 사람들과 무언가를 같이 해보는 참여학습도 실시했다. 그런데 체험학습이나 참여학습은 학습자가 프로젝트(project)가 되지 못하고 교육 전문가가 교육 행정을 통해 미리 설계해 놓은 프로그램에 학습자가 끼어들어가는 서브젝트(subject) 방식이었다. 앞으로는 학습자가 계속해서 스스로를 기획하고 창조해갈 수 있도록 교육 정책이며 교육 내용, 심지어 교육 방법의 설계에까지 영향을 미치는 프로젝트(project)로서 관여(關與)학습이 이루어지기를 희망한다.

이 책의 도달점을 상정하고 내용을 구성하기 위해 우리 필진은 머리를 맞대고 여러 가지 궁리를 하느라 진을 뺐다. 우리는 서로 순발력 있게 호응하고 책임감 있게 역할을 수행함으로써 순조롭게 원고를 쓸 수 있었다. 그 결과 창조적 사고를 다룬 교재의 1부는 장미영 교수가, 창의적 소통을 다룬 2부는 박찬홍 교수가 책임 집필하였다. 지면을 빌어, 항상 긍정적인 반응으로 힘을 실어 준 박찬홍 교수께 감사를 표하고 싶다.

세심하게 일정을 챙겨 준 글누림출판사의 이태곤 이사님 덕분에 필자들은 긴장의 끈을 놓지 않고 작업에 몰두할 수 있었다. 책의 출간이 예정일을 크게 벗어나지 않은 것은 전적으로 이태곤 이사님의 공이다. 아울러 필자들과 긴밀히 소통하며 거친 원고를 깔끔하게 다듬어 준 편집부의 백초혜 님과 민낯의 투박함을 예쁘게 꾸며 준 디자인팀의 최선주 과장님께도 감사를 드린다.

막상 탈고하고 나니 후련함보다 아쉬움이 크다. 앞으로도 꾸준히 부족한 점을 채우고 거슬리는 점을 고쳐 완성도를 높일 것이다. 독자분들의 조언을 두 손 벌려 환영하며 떨리는 마음으로 새 책을 내놓는다.

코로나19바이러스가 공포스럽게 확산되고 있는 2020년 새봄,
전주 천잠산을 바라보는 연구실에서
필진을 대신하여 장미영 씀.

목차

1부 창의적 사고

2부 창의적 소통

1부

창의적 사고

인공지능은 컴퓨터를 수단으로 하여 기계에 인간의 지능을 부여하는 기술이다. 이에 우리는 인공지능이 인간 삶의 질을 높일 수 있도록 긍정적인 지향점을 찾아낼 필요가 있다.

우리가 살아갈 제4차 산업혁명 시대는 인류가 희망하는 긍정적인 지향점을 향해 인공지능이 제대로 작동할 수 있도록 새로운 문제 해결 방법을 모색해야 한다. 이러한 모색은 그간 우리 인류가 경험했던 여러 분명과 문화로부터 얻은 지혜에서 착안하여 미래를 선도할 수 있는 창의적 사고를 필요로 한다.

제1부는 인공지능으로 새로운 변곡점을 맞이한 특징적인 사회 변화 현상들을 직시하고 각각의 장점과 단점을 역사적·문명사적 관점에서 균형 있게 점검하는 데 초점이 있다.

나아가서 우리는 인공지능이 우리 삶의 대부분을 장악하게 될 미래의 세상을 예측하면서 창조적이고 창의적인 사유를 통해 초학제적 성격의 디지털 휴머니티를 구성하는 담론을 창출함으로써 대응책을 모색할 수 있는 발판을 마련할 것이다.

제1부의 구체적인 내용은 다음과 같다.

1강. [아우라와 기술 복제 Aura & Technology Cloning]에서는 '아우라'의 기본 개념을 이해하고 기술 복제 시대인 현재 우리의 삶에 아우라의 개념이 어떻게 사용되고 있는지를 이해하는 데 초점을 둔다. 더 나아가 이를 토대로 '아우라'가 앞으로 어떻게 변화할지를 가늠해 볼 것이다.

2강. [인플루언서와 프로슈머 Influencer & Prosumer]에서는 '인플루언서'의 생성 과정을 이해하고 이들이 우리의 삶을 어떻게 바꾸는지를 살펴보는 데 초점을 둔다. 더 나아가 인플루언서의 강점을 토대로 이들이 앞으로 프로슈머의 주체로 활발하게 긍정적인 영향을 끼칠 수 있는 방안을 모색해 볼 것이다.

3강. [판옵티콘과 시놉티콘 Panopticon & Synopticon]에서는 인터넷 문화가 어떻게 일반 시민들을 감시하고 통제할 수 있는지를 살펴보고 역으로 이러한 감시자 내지 통제자를 견제할 수 있는 대응 방안이 무엇인지를 살펴보는 데 초점을 둔다. 더 나아가 우리 사회의 권리보장 문제를 이해하고 권리보장의 위기에 대처할 수 있는 방안도 함께 모색해 볼 것이다.

4강. [바놉티콘과 심리정치 Banopticon & Psychological Politics]에서는 감시에 저항하면서도 감시를 수용하는 현대인들의 이율배반적인 모순된 태도에 대해 살펴봄으로써 마치 나선형으로 꼬인 리본처럼 뫼비우스의 띠를 만들고 있는 우리 사회를 탐색하면서 동시에 우리 자신을 스스로 성찰해 보고자 한다.

5강. [탈진실과 딥페이크 Post-truth & Deep-fake]에서는 사실(fact)보다 감정이 앞서는 탈진실의 시대가 왜 발생했는지를 살펴보고 이를 헤쳐 나갈 수 있는 방법을 모색할 것이다. 가짜 뉴스와 거짓 주장이 일상적으로 일어나고 그 폐해가 심각하기 때문에 오늘날 대부분의 공중파 뉴스에서는 '팩트 체크'라는 코너를 만들어 거짓을 바로잡으려는 노력을 아끼지 않는다. 이와 같이 이 장에서는 사실이 제대로 규명되고 진실이 힘을 발휘할 수 있도록 효과적인 방안을 찾아보려는 것이다.

6강. [마이크로 타겟팅과 민주주의 Micro targeting & Democracy]에서는 마이크로 타겟팅을 통해 누군가 나의 욕구, 취향, 생활습관 등을 총체적으로 분석해서 더 많은 소비를 하도록 유도하거나 나의 정치적 성향을 좌지우지하려는 현 상황을 어떻게 바라보고 어떻게 응대해야 할지를 깊이 있게 모색할 것이다.

제1부의 독자는 디지털 시대의 여러 양상들을 인문학적으로 성찰함으로써 높은 수준의 시대 이해에 도달할 수 있을 것이다. 이러한 이해를 바탕으로 독자는 우리가 몸담고 있는 현 세상을 적극적으로 읽어내는 한편 현세에서 자신의 역량을 발휘할 수 있는 방안을 찾고 주변과 협력하여 함께 가는 동반자 의식을 가지고 인류의 안전과 평화를 모색할 수 있는 다양한 방법들을 궁리할 수 있을 것이다.

단원 설정 배경

이 장은 복제(複製), 즉 어떤 저작물을 본디의 것과 똑같이 재생하는 것이 쉬워진 오늘날 아우라의 의미가 어떻게 달라지고 있는지를 살펴보기 위해 마련되었다.

아우라(aura)의 기원은, 동양에서는 부처님이 내뿜는 '후광'으로부터 비롯되었고 서양에서는 '숨' 또는 '공기'를 의미하는 그리스어와 라틴어의 '아우라(αύρα)'로부터 유래했다. 동양에서의 아우라는 '신체에서 발산되는 보이지 않는 기'라는 의미를 담고 있다.
서양에서의 아우라는 '공기로 숨을 쉬는 모든 생명의 숨결'이라는 의미로부터 시작하여 독일 철학자 발터 벤야민(Walter Benjamin)에 이르러 '예술작품의 고고한 분위기'를 지칭하는 단어가 되었다.

이 장에서는 '아우라'의 기본 개념을 이해하고 기술 복제 시대인 현재 우리의 삶에 아우라의 개념이 어떻게 사용되고 있는지를 이해하는 데 초점을 둔다. 더 나아가 이를 토대로 '아우라'가 앞으로 어떻게 변화할지를 가늠해 볼 것이다.

학습 목표

1. '아우라'의 개념을 정확하게 이해한다.
2. '아우라'가 오늘날 우리의 의식에 어떻게 반영되어 있는지 그 양상을 이해한다.
3. 기술 복제 시대에 '아우라'를 새롭게 창출할 수 있는 방안을 모색한다.

핵심어

아우라, 복제, 기품, 발터 벤야민

1강 │ 아우라와 기술 복제
Aura & Technology Cloning

1. '아우라'란 무엇인가

1.1. 생각할 거리

* 다음은 아우라와 관련된 단어들이다. 서로 연관성이 가장 큰 것은 무엇인가?

①	2014년 6월 결성된 대한민국 아이돌 그룹, '헤일로(Halo)'의 의미	a	부처의 몸 뒤로 내비치는 원광(圓光)
②	위도가 높은 지역의 밤하늘에 때때로 나타나는 아름다운 빛 무늬	b	주로 극지방에서 볼 수 있는 극광 (極光, 오로라 aurora)
③	불상의 머리 뒤에 붙인 금빛의 둥근 테	c	어디서든 존재 자체로 후광이 나는 집단
④	헬레니즘 미술에서 태양신 '헬리오스' 와 로마 황제들이 쓰고 등장한 빛의 관	d	빛의 상징을 통해 영적 품성을 표현 하는 고체 원반
⑤	예술작품의 유일무이한 현존성	e	고상한 품위나 독특한 품격의 분위 기를 일컫는 단어 : 기품
⑥	독일어에서 유래한 외래어 '아우라'를 한국어로 다듬은 말	f	발터 벤야민의 '아우라'

1.2. 아우라의 지형

아우라는 그리스어로 후광 또는 광채 등의 의미였다. 이 시대의 아우라는 종교적 예배 대상물의 장엄함을 나타내는 용어였다. 종교의식에서는 '가깝고도 먼 어떤 것의 찰나적인 현상'이 생겨난다. 그 독특한 거리감이 나타나는 찰나적인 현상은 종교적 대상물에 대한 인간의 몰입에 의해서 가능하다. 모든 예술이 종교적 제의였던 시대에는 예술작품에 대한 인간의 몰입이 신비한 신적 체험을 맛보는 것으로 간주되는 신비주의 철학의 바탕에 놓여있었다. 이때 종교적 의미를 담은 예술작품에 대한 인간의 몰입은 아무리 가까워도 아득히 멀리 존재하는 것 같은 비밀스러운 느낌을 일으키는 것으로, '지금' '이곳'에서 1회에 한정하여 나타나는 것이다. 그 영향으로 과거의 종교적 숭배가 세속적인 미(美)에 대한 숭배로 대체되면서 예술작품에 대해 감상자가 느끼는 신비한 교감도 아우라라고 지칭하게 되었다.

예를 들면, 르네상스 시대, 이탈리아의 위대한 화가, 미켈란젤로가 그린 천장 벽화 <천지창조>를 교황의 거주지인 바티칸 궁전에 있는 시스티나 예배당에서 직접 원품으로 보았을 때 느끼는 감정이나 미국의 뉴욕 카네기홀에서 성악가 조수미가 부르는 <아베마리아>를 현장에서 직접 들었을 때의 느낌 등을 아우라라고 한다. 이처럼 아우라란 예술작품을 둘러싼 은밀한 신비함을 뜻하게 된 것이다.

20세기 초, 독일의 사상가이자 평론가였던 발터 벤야민(Walter Benjamin: 1892~1940)에 의해 아우라는 예술개념으로서 새롭게 주목받기 시작했다. 발터 벤야민은 그의 논문 「기술복제시대의 예술작품(Das Kunstwerk im Zeitalter seiner technischen Reproduzierbarkeit)」(1936)에서 '아우라'를 다른 어떤 것이 흉내 낼 수 없는 '원래의 고유한 분위기'라는 의미로 사용했다. '원래의 고유한 분위기'란 시간적으로는 '지금', 공간적으로는 '여기'인 시/공간적인 현재성과 유일성, 즉 일회성을 말한다.

발터 벤야민에 의하면 아우라는 예술작품에서 개성을 구성하는 계기가 된다. 개성이란 어떤 예술작품이나 특정한 물건에서 느껴지는 분위기, 혼, 모방할 수 없는 그것만의 특유의 기운, 오직 하나만 있고 둘은 없는 창조성이 느껴지는 유일무이성 등을 말한다. 달리 표현하면 개성이란 어떤 예술작품이 다른 것과 다른 고유한 미적 아름다움 또는 본래부터 가지고 있는 그것만의 특성이라 말할 수 있다.

발터 벤야민은 현대 산업사회를 '아우라의 상실' 시대라고 지칭한다. 산업사회가 되자 예술작품들이 여러 가지 기술로 기계를 통해 복제되기 시작했다. 복제된 예술작품은 원작과 복제된 작품의 구별을 불가능하게 만들어 고유성과 일회성, 즉 시간과 공간에서의 유일한 현존성을 붕괴한다는 것이다. 아우라는 유일한 원본에서만 나타나는 것이므로 복제된 작품에서는 아우라가 생겨날 수 없다. 이러한 맥락에서 사진이나 영화도 현존성이 결여되기 때문에 아우라가 없다고 할 수 있다.

아우라가 인체와 연관되면서 아우라의 의미는 신체에서 발산되는 보이지 않는 기운이나 초인간적인 존재에게서 나오는 신령스러운 영기(靈氣), 은은한 향기 또는 그 사람을 에워싸고 있는 고유한 분위기를 뜻하기 시작했다. 고유한 분위기란 한 대상이 관찰자에게 숨결처럼 살며시 다가오는 듯한 고고한 느낌을 말한다. 이 느낌을 달리 표현하면 감정이입이라 할 수 있다.

아우라는 신과 인간의 중개자인 천사를 비롯하여 불교의 교조인 부처나 기독교의 시조인 예수와 예수의 어머니인 성모 마리아 등 성스러운 인물의 모습을 갖춘

성상(聖像)에 사용하는 원광(圓光) 또는 후광(後光), 배광(背光)을 지칭하는 말이기도 하다. 성상의 머리 주위에서 둥글게 빛나는 빛인 원광, 부처의 몸 뒤에서 내비치는 빛인 후광 또는 배광 등의 광륜은 고리, 특히 행성의 고리인 헤일로(halo)의 형태로 표현된다. 헤일로(halo)는 원래 은하의 성분인 달무리나 해무리를 뜻하는 말인데, 대략 구형 모양의 영역이다. 오늘날에는 게임 이름 또는 가수 그룹 이름에 헤일로가 사용되기도 한다.

가톨릭에서는 헤일로 대신 님부스(Nimbus)라고 말한다. 님부스는 기독교 성인들의 성화상(聖畫像)을 지칭하는 용어인데 성인들의 머리 뒷부분에 둥근 광채를 그린 것으로 한국어로는 윤광(輪光)이라 번역하기도 한다. 그중에서도 특히 성인 그림의 배경 전체를 비추도록 한 이미지는 아우레올라(Aureola), 즉 후광(後光)이라고 한다. 오늘날 아우레올라(Aureola)는 반지 또는 팔찌 등 '둥근 고리' 모양을 만드는 보석 공예에서 자주 사용되는 용어이기도 하다.

윤광 또는 후광 등 둥근 광채는 그리스인들이 구축한 헬라 문화권에서 그리스도교 예술의 상징으로 사용했다. 헬라 문화권에서 사용된 윤광은 로마 황제와 이교도들의 신들을 구별하는 방편이었다. 3세기와 4세기에는 그리스도와 어린양 그림에만 윤광이 그려졌다. 5세기부터는 성모 마리아, 천사, 성인에게도 윤광이 적용되었고 점차 유명 인사들에게까지 그 범위가 확대되었다. 9세기부터 16세기, 즉 중세기에는 천사와 성인에게만 윤광을 쓰고 살아 있는 유명 인사에게는 직사각형을 사용했다. 클리부스 스카우리(Clivus Scauri) 수도원에 있는 그레고리오 교황 화상을 비롯하여 다른 몇 교황들, 주교들 화상에는 직사각형 후광이 그려져 있다.

이상에서 언급한 영기, 광채, 원광, 윤광, 후광, 배광, 광륜, 님부스, 아우레올라

등을 아우를 수 있는 용어가 '아우라' 이다.

1.1. 정답 ① c, ② b, ③ a, ④ d, ⑤ f, ⑥ e

2. 현대의 '아우라'

2.1. 생각할 거리

* 다음 문구에서 '아우라'는 어떤 의미로 사용되는가? 그 문구에서 관찰자가 느끼는 감정은 무엇인가?

순	기사	의미	감정
①	이 사진은 기술적으로는 훌륭하지만 아우라가 없어.		
②	조남주 작가의 소설에서는 작가 특유의 아우라가 느껴진다.		
③	김연아, 피겨 여왕의 독보적인 아우라가 담긴 화보를 공개했다.		
④	그룹 슈퍼주니어 멤버 예성이 자신의 인스타그램에 시크한 아우라 컷을 게재했다.		
⑤	아역 모델 구사랑의 예사롭지 않은 포즈에서 범상치 않은 아우라가 느껴진다.		
⑥	그 발레리나는 입만 열면 아우라가 사라진다.		

⑦	피아니스트 손열음, 가녀린 몸에서 뿜어 내는 정열의 <u>아우라</u>, 그 누구도 넘볼 수 없다.		
⑧	전주, 전통문화도시의 큰 <u>아우라</u>가 풍기 는 전라감영을 복원하다.		
⑨	영화를 사랑하시는 분들! 봉준호 감독의 <기생충>에서 전 세계인을 아우르는 명작의 <u>아우라</u>를 맛보시라.		
⑩	영화배우 한효주에게서는 사극 배우의 <u>아 우라</u>가 느껴진다.		

2.2. 아우라의 변화

발터 벤야민이 아우라의 붕괴를 주장한 이후부터 오히려 아우라는 다른 방향에서 정반대의 현상으로 나타나기 시작했다. 이전 시대에서는 아우라가 성상(聖像)이나 예술작품에 한해서만 제한적으로 언급되었다. 따라서 20세기 후반까지만 해도 아우라는 일반인들에게 친숙한 개념이 아니었다.

20세기 후반, 기술 복제가 원활해지면서 아우라는 일종의 사회적 경향을 지칭하는 트렌드적 개념으로 새롭게 부상했다. 오늘날 아우라는 비교적 복제가 쉽지 않은 그림이나 조각 등과 같은 예술작품을 비롯하여 무한 복제가 가능한 영화, 사진뿐만 아니라 상품, 광고, 잡지, TV 프로그램, 일반인 등에까지 널리 사용되는 일상어가 되었다. 이때 아우라는 '고고하고 경이로운 분위기'와 동일시하여 쓰이기도 하지만 '분위기'와는 의미가 크게 차이나는 '기품', '품격', '풍김새', '고급스러움',

'카리스마 있음', '남다른 느낌', '색다름', '특별함', '고상함', '수준이 높음', '가치 있음', '대표성', '특징' 등의 의미로도 사용되고 있다.

아우라가 '고고한 분위기', '경이로운 분위기'의 의미로 사용될 때는 그것이 숭배의 대상이거나 특권층만이 전유할 수 있는 어떤 것이었다. 이때 아우라는 고요한 마음으로 대상을 바라보면서 시혜를 가시고 대상의 본질을 깊이 있게 생각하는 관조(觀照)의 자세로 지각될 수 있었다. 또는 비이성적으로 광기에 사로잡힌 몰입 상태에서 아우라를 느낄 수 있었다. 그러기에 관조하는 자와 관조되는 대상 사이에는 다가가기에는 너무나 먼 거리감과 대상과의 교류가 불가능한 단절감이 자리하고 있었다.

기술 복제 시대에서의 아우라는 전반적으로 세속화된 이미지가 대세를 이룬다. 따라서 이때의 아우라는 누구나 원하기만 하면 다가가기가 쉬운 비교적 접근이 용이한 관람 가치를 지닌다. 이러한 현상 때문에 오늘날의 아우라는 누구나 일상적으로 체험 가능한 부러움의 감정과 놀라움의 느낌에 기반하고 있다. 즉, 벤야민 이후의 아우라는 관찰하는 '나'와 관찰되는 대상 사이에서 거리감보다는 은밀한 일치감으로 사람의 마음을 동요시키는 자극적인 감정의 강도에 따라 분석적이면서 동시에 비판적인 자세로 지각되고 있다.

순	기사	의미	감정/느낌
①	이 사진은 기술적으로는 훌륭하지만 아우라가 없어.	특별히 감탄할만한 점	놀라움
②	조남주 작가의 소설에서는 작가 특유의 아우라가 느껴진다.	남다른 개성	놀라움
③	김연아, 피겨 여왕의 독보적인 아우라가 담긴 화보를 공개했다.	탁월함	부러움
④	그룹 슈퍼주니어 멤버 예성이 자신의 인스타그램에 시크한 아우라 컷을 게재했다.	색다른 느낌	부러움
⑤	아역 모델 구사랑의 예사롭지 않은 포즈에서 범상치 않은 아우라가 느껴진다.	특별한 점	놀라움
⑥	그 발레리나는 입만 열면 아우라가 사라진다.	고급스러움	부러움
⑦	피아니스트 손열음, 가녀린 몸에서 뿜어내는 정열의 아우라, 그 누구도 넘볼 수 없다.	카리스마	부러움
⑧	전주, 전통문화도시의 아우라가 풍기는 전라감영을 복원하다.	대표성	놀라움
⑨	영화를 사랑하시는 분들! 봉준호 감독의 <기생충>에서 전 세계인을 아우르는 명작의 아우라를 맛보시라.	가치로움	놀라움
⑩	영화배우 한효주에게서는 사극 배우의 아우라가 느껴진다.	특징	놀라움

3. 아우라의 창출

3.1. 생각할 거리

* 다음 기사를 읽고 어떤 생각이 떠오르는가?

과거와 현재 아우라의 만남

3.1.1. 존 컨스터블(John Constable, 1766~1837)

19세기 영국의 풍경화가, 존 컨스터블은 <목초지에서 본 솔즈베리 대성당, Salisbury Cathedral from the Meadows>이라는 제목의 풍경화를 사실적이고 정감 있게 그렸다. 이 그림은 2013년 7월, 런던 크리스티 경매에서 5,212달러에 팔렸다. 그런데 2015년 1월 28일, 뉴욕 소더비 경매에서 이 작품은 530만 달러에 다시 팔렸다. 18개월 만에 그림 가격이 1,000배 오른 것이다.

크리스티(Christie's)는 이 작품을 존 컨스터블의 모작(模作)으로 여겼기 때문에 큰 돈을 지불하지 않았다. 반면 소더비(Sotheby's)는 이 작품을 존 컨스터블이 직접 그린 진품으로 보았기 때문에 크리스티보다 1,000배나 많은 돈을 썼다. 똑같은 작품인데도, 진품이냐 모작이냐에 따라 1,000배의 가격 차이가 났던 것이다.

3.1.2. 데미안 허스트(Damien Hirst, 1965~)

20세기 영국의 설치 미술가인 데미안 허스트는 <살아 있는 사람의 마음속에 있는 물리적 죽음의 불가능성, Physical Impossibility of Death in the mind of Someone Living>이라는 다소 긴 제목을 붙인 설치 작품을 발표했다. 이 작품은 포름알데히드 용액으로 채워진 유리관 안에 실제 상어를 넣어 놓은 것이었다. 데미안 허스트는 상어의 입을 벌려 놓았고 죽은 상어의 몸에 모터를 달아 상어가 유리관 안의 포름알데히드 용액 속을 돌아다니게 했다.

1991년 이 작품은 1억 원이었다. 그런데 2004년 이 작품은 120억 원에 팔렸다. 13년 만에 가격이 120배나 뛴 것이다. 허스트는 비싼 가격에 작품을 팔면서 애프터서비스를 철저히 해 주었다. 13년간 포름알데히드 안에 있었던 상어는 피부가 금방이라도 떨어져 나갈 듯 너덜너덜했다. 허스트는 부패한 상어를 버리고 새로 상어를 잡아 이를 방부처리 했다. 포름알데히드 용액도 말끔하게 새로 갈았다. 결국 낡은 유리관만 빼고는 작품 전체가 바뀌었다. 회화로 치면 액자만 그대로 두고 그림을 바꾼 셈이다.

최초로 그려진 작품과 그것을 그대로 정교하게 모방한 모작은 가격 차이가 엄청났다. 결과적으로는 똑같은 그림인데도 '작가의 이름'에 따라 값이 달리 매겨졌던 것이다. 허스트의 설치 미술품은 작품의 구성물이 완전히 달라졌음에도 불구하고 이전 작품과 이후 작품이 동일한 작품으로 평가되었다. 작가가 유명세를 타면서 작품의 가격도 올라갔다. 결국 예술품은 작가의 이름에 따라 가격 차이가 날 수 있음을 허스트는 증명해 준 셈이다.

3.1.3. 점 회화(Spot Paintings)

이어 허스트는 <점 회화>를 시작했다. 이 <점 회화>는 허스트 자신의 손으로 그리지 않는 회화 연작 중의 하나였다. '점 회화'는 허스트의 조수 레이첼 하워드가 대신 그린다. 어느 날 허스트는 조수 레이첼에게 레이첼 자신의 <점 회화>를 그릴 것을 제안했다. 하지만 조수 레이첼은 본인 것보다는 허스트의 <점 회화>를 그리고 싶다고 대답했다. 어차피 <점 회화>는 모두 조수 레이첼 하워드가 그리는 것이지만 작가의 이름을 누구로 하느냐에 따라서 엄청난 가격 차이가 나기 때문에 조수 레이첼은 자신의 이름을 버린 것이다. 허스트는 예술품이 작가의 손을 거쳐서 생산되어야 한다는 장인정신을 거부하고, 대신 허스트 자신은 작품의 아이디어 혹은 '개념'을 만드는 창조자의 입장에만 집중하겠다는 태도를 보여줬다.

3.1.4. 앙리 로베르 마르셀 뒤샹(Henri Robert Marcel Duchamp, 1887~1968)

데미안 허스트와 달리 프랑스의 예술가 마르셀 뒤샹은 작품을 대량생산 하지 않았다. 변기를 소재로 한 작품인 <레디메이드, ready-made>는 최초로 예술품에서 아우라를 제거한 작품 중의 하나였다. 허스트와 달리 뒤샹의 위대한 점은 스스로 작업을 중단했다는 사실이다. 허스트처럼 <점 회화>가 잘 팔린다고 해서 대량으로 생산하지는 않았다. 만약 뒤샹이 허스트처럼 행동했다면, 우리는 전 세계 대부분의 미술관에서 소변기인 <샘>을 발견할 수 있었을 것이다.

기술적으로 예술작품이 복제되는 시대에는 어쩔 수 없이 예술성의 아우라 붕괴가 일어난다. 아우라 붕괴는 기술복제시대의 요구이기도 하다. 그러나 기술복제시대에도 장 미셸 바스키아 (Jean Michel Basquiat), 안셀름 키퍼(Anselm Kiefer), 피터 도이그(Peter Doig), 이우환 등의 예술가는 여전히 예술성의 아우라를 견지하고 있다.

인공지능시대의
창의적 사고와 소통

3.2. 생각할 거리

* 다음 사건을 읽고 어떤 생각이 드는가?

그림 대작 논란

2016년 봄, 가수 조영남 씨의 그림 대작 논란이 있었다. 국내의 한 매체는 조영남 씨의 화투 그림이 대작된 그림이라는 기사를 내보냈다. 대작을 해준 무명화가는 당시 60살 정도로 알려졌는데 무려 8년 동안 조영남 씨 부탁으로 약 300여 점 가량의 그림을 대신 그려줬고 작품 당 10만 원 정도의 수고비를 받았다고 폭로했다. 그간 조영남 씨는 대작 그림을 마치 자신이 그린 것처럼 대중에게 소개했고 작품 당 수백만 원에서 1천만 원 정도의 금액을 받고 팔기도 했다. 무명화가에 의하면 "어떤 작품은 내가 약 99% 정도 완성해서 전달하면 조영남 씨가 그 그림에 약간의 덧칠을 하거나 '조영남'이라는 사인을 추가해 전시한 것 같다."라고 하여 이 대작 사건은 조영남 씨가 의도적으로 대중을 속인 것으로 알려지게 되었다.

당시 조영남 씨는 국내 연예인 중에서도 상당한 부호로 이름을 떨쳤다. 국내의 TV 오락 프로그램에서는 그의 으리으리한 집과 더불어 조영남 씨가 화투 그림을 그리는 모습을 자주 방송으로 내보냈다. 조영남 씨는 자신을 스스로 돈키호테라고 자처하면서 탁월한 재능을 가진 유명 가수이자 화가로서의 모습을 시청자들에게 각인시키고자 애썼다. 사람들은 조영남 씨를 유명 예술가로 인정하면서 조영남 씨의 그림에도 그런 환상을 투영하기 시작했다. 일부 사람들은 '조영남 씨의 화투 그림을 소장하고 있으면 먼 훗날 조영남 씨 사후에 그 그림이 엄청난 값어치를 가지겠구나.' 하는 생각으로 그의 그림을 사들이기도 했다고 한다.

조영남 씨 그림 대작에 대해 미술계는 다음과 같은 견해를 밝혔다. 대작을 해준 무명화가는 조영남 씨의 조수일 뿐이다. 조수가 작품의 90% 이상을 그려줬다 해도 그것은 미술계의 관행일 뿐 대중을 속인 것이 아니다. 미국에서는 조수를 100

명 넘게 두고 작업하는 작가들도 있다. 한국에서도 대부분의 작가들이 조수를 두고 작품 활동을 한다.

대중들은 대작 소식에 깜짝 놀랐다는 반응을 보였다. 대작이 미술계의 관행이라는 것도 이번 사건을 계기로 처음 알게 되었다는 것이다.

화투 그림을 산 구매자들 중 일부는 그 그림이 대작인 것을 미리 알았더라면 구입하지 않았을 것이라는 소회를 밝히기도 했다. 구매자들은 "조영남 씨가 직접 그린 줄 알고 화투 그림에 과하게 비용을 지불했다."고 말한다. "그림도 투자다. 구매한 그림을 높은 가격으로 되팔 수 있다는 기대감으로 투자한 것이다. 그런데 화투 그림이 대작이라고 밝혀진 상황에서 자신이 투자한 가격 이상으로 되팔 수 있을지 의문이다."

많은 시청자들 또한 방송에서 자주 보았던 화투 그림들이 대작이라는 것을 알고 나서 조영남 씨와 그가 판매한 그림들에 대해 신뢰감을 잃었다는 반응을 내놓았다.

조영남 씨는 그림 대작 때문에 사기죄로 기소되었다. 1심에서는 징역 10개월에 집행유예 2년을 선고받았다. 1심 재판부는 대작 화가 송 씨가 조영남 씨의 단순한 조수가 아니라 독자적인 작가라고 판단했다. 재판부는 그림의 아이디어 못지않게 외부로 표출하는 창작 표현 작업도 회화의 중요한 요소라고 주장했다.

2심에서는 무죄판결이 내려졌다. 2심 재판부는 "이 사건의 미술작품은 화투를 소재로 하고 있는데, 이는 조영남 씨의 고유 아이디어"라며 "조수는 조영남 씨의 아이디어를 작품으로 구현하기 위한 기술 보조일 뿐"이라고 선언했다. 이에 더해 2심 재판부는 "미술사적으로도 도제 교육의 일환으로 조수를 두고 있고 작품 제작 과정에서 제작을 보조하게 하는 건 널리 알려진 사실"이라며 "보조자를 사용한 제작 방식이 미술계에 존재하는 이상 이를 범죄라고 할 수 없다."라고 설명했다. 이에 따라 2심 재판부는 "작품 구매자들은 구매 동기로 여러 사정을 고려하는 점을 보면 작가의 친작 여부가 구매 결정에 반드시 필요하거나 중요한 정보라고 단정할 수도 없다."라고 판단했고, "그림 구매자들의 주관적 동기가 모두 똑같지 않은 만큼 조영남 씨에게 보조자 사용 사실을 고지할 의무가 있다고 보기 어렵다."라고 덧붙이면서 사기 혐의가 없다고 판결했다.

다음 날부터 2심 재판부의 판결에 대해 극단의 논란이 일어났다. 한편에서는 "화투 그림은 조영남 씨의 고유한 아이디어이기 때문에 문제 될 것이 없다. 미술사적으로 대작은 이미 알려진 사실이다. 조영남 씨 작품을 구매하려는 사람들에게는 이런 과정이 중요하지 않다."라는 의견을 내놓았다.

다른 한편에서는 조영남 씨의 화투 그림 대작 행위는 사기 행위라고 주장했다. "조영남 씨는 그동안 언론을 통해 자신이 직접 그림을 그린다는 말을 줄기차게 해왔고 자신의 말을 입증하려는 듯 직접 그림을 그리는 모습을 화면으로 내보내기까지 했다. 이러한 조영남 씨의 일련의 행위들은 마치 그가 자신의 이름으로 전시하거나 판매한 작품들을 대작 없이 모두 자신이 직접 그렸다는 것으로 이해하게끔 유도한 사기 행각이다. 만약 조영남 씨가 있는 그대로 정직하게, 아이디어는 자신이 내고 그림은 전문 화가가 그린다고 말을 했다면 문제 될 이유가 없다. 그러나 조영남 씨는 교묘하게 시청자를 속인 것이다. 문제는 바로 그 지점에 있다."

3.3. 생각할 거리

* 다음 사건에 대해 어떤 생각을 할 수 있는가?

3.3.1. 인공지능 바흐

2015년, 미국 예일대의 컴퓨터공학 강사 도냐 퀵((Donya Quick)은 컴퓨터에 저장되어있는 음악 소스를 활용·조합해 음악을 작곡하는 프로그램, '쿨리타(Kulitta)'를 개발했다. 쿨리타에는 음악들의 규칙을 분석해 음계를 조합하는 법을 배우는 자기학습 기능도 탑재되어있다.

쿨리타가 작곡한 음악을 음악에 소양이 있는 사람에게 들려준 결과, 모두들 쿨리타가 만든 곡이 '사람이 만든 음악'이라고 평가했다. 또한, 예일대 바울 후닥 박사가 바흐의 곡에서 추출한 요소를 쿨리타에게 조합하게 하자, 많은 사람들이 쿨리타가 만든 곡과 바흐의 곡을 혼동하기도 했다. 인공지능 작곡 프로그램이 바흐의 작품과 비슷할 정도의 완성도를 보인 것이다.

도냐 퀵은 미국 NBC뉴스와의 인터뷰에서 "쿨리타가 작곡가의 종말을 초래하지는 않을 것이다."라고 말했다. 또, 그녀는 쿨리타가 음악을 '창조'하는 것이 아니라, 이미 있는 음악을 '이해'하는 것이며, 작곡의 '좋은 도구'로 활용할 수 있을 것"이라고 덧붙였다.

3.3.2. 인공지능 고흐

2018년, 남아공의 요하네스버그대학에서는 인간의 창의력과 인공지능을 결합한 새로운 디지털 예술을 거론하는 연구로서 전통 회화 분야의 화풍을 자동 모사하는 데 있어 인공지능 기반의 챗봇을 수집하여 인간의 감성정보를 활용하는 연구를 진행했다. 특히 기계학습 성능이 급속도로 향상됨에 따라 유명 작가의 화풍을 모사하는 방식의 인공지능 소프트웨어가 놀라운 속도로 발전함에 따라 기계학습을 통해 유명 화가 작품의 화풍과 붓터치 등을 학습함으로써 원하는 이미지를 학습한 화풍으로 그려내는 것이 가능해졌다.

구글의 인공지능 화가 플랫폼인 딥드림(Deep Dream)은 무에서 유를 창조하는 방식이 아닌, 특정 이미지를 입력하면 그 이미지를 재해석하여 반 고흐의 화풍을 적용하여 추상화로 그려냈다. 딥드림은 빈센트 반 고흐의 작품을 모사하는 훈련으로 만들어진 시스템인데, 총 29점의 작품을 그려내 무려 97,000달러(한화 약 1억 1,000만 원)에 판매하는 성과를 거뒀다.

네덜란드 ING, 마이크로소프트 등은 넥스트 렘브란트(Next Rembrant) 프로젝트를 내놓았다. 이 프로젝트는 렘브란트 작품 346점을 딥러닝 기술로 학습시킴으로써 임의의 이미지를 렘브란트 화풍으로 재현하는 데 성공한 것이다.

인공지능 기술이 예술 분야를 넘보면서 이 기술로 만들어진 결과물의 창조성에 대해서 논란이 일고 있다. 이 논쟁은 크게 두 가지로 나뉠 수 있다. 첫 번째는 인공적인 창의성(Artificial Creativity)을 인간의 창조와 동일하게 평가할 수 없다는 것이다. 예술은 모사가 아니라 창조 행위에 의해 결정되는 것이기 때문이다.

미술 교육자인 펠드먼(E.B.Feldman)은, 인공지능이 도출해 낸 결과물은 새로운 예술 장르의 개척과 현재의 시대문화상을 반영할 수 없다고 주장한다. 펠드먼에 따르면 미술작품은 작가가 만들고자 한 것을 설명하는 '서술' 단계, 작품의 원리를 분석하는 '분석' 단계, 작품에 숨어있는 의미와 작가의 의도를 파악하는 '해석' 단계, 다양한 미적 가치를 바탕으로 작품을 평가하는 '평가' 단계를 거쳐야 한다. 그런데 인공지능은 이러한 단계를 거칠 수 없다는 것이다.

그러나 펠드먼과 반대되는 의견도 있다. 예술은 결국 수용하는 인간에 의해 결정된다는 의견이다. 이들의 의견은 저작물을 예술로 인지하는 것은 보는 사람의 몫이기 때문에 보는 사람이 영감을 얻게 되면 그 예술성을 인정해야 한다는 것이다.

새롭게 파생되는 문제들이 있다. 그것은 현재의 저작권법이 인간의 저작물에 한해 저작권 등록 자격을 주고 있다는 점이다. 인공지능에 의해 만들어진 작품은 저작권 주체가 모호하다. 딥드림의 경우는 최초의 원 소스 제공자를 저작권 주체로 봐야 할 것인지, 해당 프로젝트를 설계한 사람을 저작권 주체로 봐야 하는지, 아니면 원천 알고리즘 개발자를 저작권 주체로 봐야 하는지 복잡하고 애매하다.

오늘날 인공지능과 예술의 결합은 전 세계적으로 가속화되고 있는 상황이다. 인공지능 미술 시장에 등장하는 예술품들에서도 아우라를 논할 수 있을 것인가.

참고문헌 및 참고자료

심은록, "130주년 한불(韓佛)수교와 기메 동양미술관[미술 속 경제]: 동양과 서양, 고대와 현대 '아우라'의 만남", ECONOMYChosun, 125호, 2015.3.1.

심혜련, 『아우라의 진화』, 미학사, 2017.

단원 설정 배경

이 장은 인스타그램, 유튜브 등 소셜네트워크서비스(SNS)에서 수십만 명의 구독자(팔로어)를
보유한 'SNS 유명인'이 우리 사회를 어떻게 변화시키고 있는지를 살펴보기 위해 마련되었다.

현재 인플루언서들은 주로 마케팅 분야에서 주목을 받고 있다. 인플루언서 마케팅은 인플루언
서들을 활용해 제품이나 서비스를 홍보하는 마케팅 수단이다. 기존 마케팅은 배우나 가수, 체육
인, 예술인 등 대중적 인지도가 높은 유명인들에게 고액을 지불하면서 그들을 광고 모델로 세우
는 것이었다. 2010년 후반부터는 SNS 사용자가 급증함에 따라 인플루언서 마케팅이 보다 더 효
율적인 마케팅 방안으로 간주되고 있다.

이 장에서는 '인플루언서'의 생성 과정을 이해하고 이들이 우리의 삶을 어떻게 바꾸는지를 살펴
보는 데 초점을 둔다. 더 나아가 인플루언서의 강점을 토대로 이들을 프로슈머의 주체로 활용하
는 방안을 모색해 볼 것이다.

학습 목표

1. '인플루언서'의 강점을 정확하게 이해한다.
2. '인플루언서'의 폐해 양상을 구체적으로 살펴본다.
3. 프로슈머 시대에 인플루언서를 활용할 수 있는 방안을 모색한다.

핵심어

인플루언서, 프로슈머, 마케팅, 주체, 트렌드, 비제이, 패피

2강 | 인플루언서와 프로슈머
Influencer & Prosumer

1. '인플루언서'란 무엇인가

1.1. 생각할 거리

* 다음은 인플루언서와 관련된 단어들이다. 서로 연관성이 가장 큰 것은 무엇인가?

①	셀러브리티 Celebrity	a	연예인이나 운동선수, 작가 등 오프라인에서 대중에게 이미 널리 이름을 알린 상태에서 온라인상에서도 수백만 명의 팬을 아우르고 있는 사람
②	셀렙Celeb	b	celebrity의 줄임말
③	메가 인플루언서 Mega influencer	c	대중들로부터 주목을 받고 영향을 끼치는 사람으로서의 유명인

④	매크로 인플루언서 Macro influencer	d	온라인상에서 수만~수십만 명에 이르는 가입자나 팔로어를 확보하고 있되 특정 분야에 전문적인 식견을 가진 교수, 특정한 타깃층에 영향력을 행사할 수 있는 기자, 게이머, 뷰티 전문 크리에이터 등 각 분야의 전문가
⑤	마이크로 인플루언서 Micro influencer	e	1천 명 미만 팔로어를 갖는 개인 블로거나 SNS 이용자로서 제품이나 브랜드에 대해 자신의 의견을 표명하기는 하지만 파급력은 미미한 사람
⑥	나노 인플루언서 Nano influencer	f	1만 명 미만의 팔로어를 확보하고 있는 온라인 커뮤니티, 페이스북 페이지, 블로그, 유튜브 채널 운영자로서 본업은 따로 있고 마케팅을 부업으로 하는 사람
⑦	대세(大勢)	g	일이 진행되어 가는 형세에 결정적으로 영향을 미칠 수 있는 큰 권세

1.2. 인플루언서의 등장

흔히 부와 명성을 가진 사람들을 유명 인사라고 한다. 체육인이나 연예인 또는 예술인들의 우월한 재능이나 특별한 경력은 대부분 세상에 널리 퍼져 대중적인 인기를 얻으면서 좋은 평판을 얻게 된다. 프로 축구선수 데이비드 베컴, 가수 마이클 잭슨, 배우 마릴린 먼로 등은 세계적으로 널리 알려진 유명 인사였다.

유명 인사들은 대개 특정 분야에서 성공적인 경력으로 명성을 얻기도 하지만 이와 다르게 부정적인 방식으로 유명세를 얻기도 한다. 어떤 사람은 자신이 가진 엄청난 재산을 공개하는 것으로 언론의 관심을 끌거나 또 어떤 사람은 자신의 부를 과시하려는 듯이 지나치게 사치스러운 생활을 함으로써 사교계의 입방아에 오르거나 심지어는 어처구니없는 악행을 저질러 유명세를 타는 사람도 있다.

유명 인사라는 말은 유명인 또는 영어로 스타(star), 셀러브리티(Celebrity), 셀럽(Celeb) 등으로 달리 표현되기도 한다. 셀럽(Celeb)이란 셀러브리티(Celebrity)의 줄임말이다. 때로는 유명 인사가 대중들로부터 인정을 받고 대중들에게 결정적으로 영향을 미칠 수 있는 큰 권세를 갖고 있다는 뜻을 담아 대세(大勢)라고 지칭하기도 한다.

유명 인사들의 행동, 의상, 머리 모양, 액세서리, 소장품 등은 큰 화제가 되는데, 일반인들이 이들을 따라 하면서 유행을 만들어 내기도 한다. 2010년대 들어서는 일반인을 대상으로 하는 각종 리얼리티 방송 프로그램이나 오디션 프로그램 등이 인기를 끌면서 가수나 배우와 같은 연예인이 아님에도 불구하고 큰 인지도를 쌓아 유명인으로 살아가는 사람들이 증가하고 있다. 이들의 활동과 이에 대한 평판, 명성 등은 사람 사이에서 상호작용이 일어나는 오프라인에서 이루어지는 경우가 많다.

전자통신과 컴퓨터 기술이 발달하면서 스마트폰과 SNS에서 상호작용이 크게 이루어지는 유명 인사는 영향력자 또는 인플루언서(influencer)라고 달리 지칭된다. 인플루언서는 특히 디지털 미디어에서 영향력이 큰 인물 또는 캐릭터(character)를 말한다. 캐릭터(character)는 특정 상표를 나타내거나 긍정적인 느낌을 갖도록 만든 가공의 시각적 이미지 내지 시각적 상징물이다. 기업에서는 발빠르게 이러한 인플루언서들이 전달하는 정보를 활용하여 자사 제품을 홍보하기 시작했고 그러한 행위를 인플루언서 마케팅이라고 부르고 있다. 이와 같은 의미로 중국에서는 왕홍(網紅) 마케팅이라 한다.

왕홍(网红)이란 왕뤄홍런(网络红人)을 줄인 단어이다. 중국에서는 인터넷 생활에서 네티즌의 관심을 끌어 인기를 크게 얻은 사람을 일컬어 '왕홍'이라 한다. 왕홍은 전자상거래 왕홍(띠엔샹왕홍, 电商网红), 동영상 왕홍(스핀 왕홍, 主播网红), 유튜브 왕홍(즈보 왕홍, 直播网红), 출판 왕홍(투원 왕홍, 图文网红) 등 4부류로 분류된다. 중국의 왕홍이 탁월한 성공 사례를 선보이자 우리나라에서도 영어의 인플루언서를 지칭하는 의미로 사용되는 중국어 '왕홍'이라는 단어를 '영향력자'라는 의미로 영어와 같이 사용하기 시작했다.

인플루언서(Influencer)는 '영향을 주다'는 뜻의 영어 단어 'influence'에 '사람'을 뜻하는 접미사 '-er'을 붙인 단어로서 '타인에게 영향력을 끼치는 사람'을 뜻하는 신조어이다. 인플루언서는 기존의 셀러브리티처럼 이미 확보한 재산이나 어떤 분야에서 우월하게 발휘된 재능의 결과로서 유명해진 것이 아니다. 이들은 연예인처럼 뛰어난 외모로 인기를 얻은 것도 아니며 방송인처럼 특정한 퍼포먼스로 주목을 받은 것도 아니다. 이들은 원래 남다른 특별함 없이, 즉 이름이 널리 알려지지 않은 상태에서 시작했음에도 불구하고 점차 많은 사람들의 일상과 소비 생활에 상당히 큰 영향을 미치게 됨으로써 대중들로부터 인정을 받게 된 사람들이다. 구체적으로 언급하면, 인플루언서는 포털사이트에서 영향력이 큰 블로그(blog)를 운영하는 '파워블로거', 채널별로 수만 명에서 수십만 명의 구독자(follower) 수를 가진 소셜네트워크서비스(SNS) 사용자, 1인 방송 진행자들을 통칭하는 말이다.

2018년 3월, 8명의 인플루언서가 현대홈쇼핑 인터넷 종합쇼핑몰 현대H몰에 패션, 잡화 브랜드를 다루는 온라인 매장 '훗(Hootd)'을 열었다. '훗(Hootd)'의 팔로어 수가 140만 명에 이르면서 큰 수익을 내자 현대 측에서는 훗에 인플루언서 브랜드를 20개까지 입점시킬 뜻을 밝혔다.

2018년 12월에는 3만 명 이상의 팔로어를 가진 인플루언서들이 롯데백화점 서울 소공동 본점 2층에 인플루언서 매장 '아미마켓'을 열었다. 아미마켓 인플루언서 매장이 좋은 반응을 얻자, 롯데백화점 측에서도 앞으로 팔로어 수 1만 명 이상인 인플루언서 브랜드 편집 매장을 더욱 확대해 나갈 계획을 밝혔다. 이 외에도 인플루언서들은 백화점 문화센터의 주요 고객으로 환영받고 있는데, 2018년 5월, 신세계 백화점 아카데미는 SNS에서 30만 명 이상의 팔로어가 있는 '박스미', '김뽀마미', '심으뜸' 등 스타 강사들의 특별강좌를 마련하여 큰 인기를 끈 바 있다.

미국의 출판 미디어 기업, 포브스(Forbes)는 미국의 부자 명단(the Forbes 400)과 백만장자 명단(List of Billionaires)을 발표하는 것으로 유명한데, 이 기업에서 펴낸 <포브스> 잡지는 2018년을 지배한 영향력 있는 마케팅 트렌드로 '인플루언서 마케팅'을 꼽았다. 인플루언서는 이미 고정적인 팔로어를 보유하고 있기 때문에 다른 소비자들을 더 끌어들이기 쉬운 힘 있는 사용자로 급부상했다. 이제 인플루언서 마케팅은 단순한 입소문 마케팅을 넘어서고 있는 추세다. 오히려 인플루언서 마케팅이 기존의 여러 마케팅을 제치고 마케팅 트렌드의 주류로 자리 잡고 있는 것이다.

인플루언서는 팔로어 숫자에 따라 4가지 유형으로 분류된다. 첫 번째 유형은 기존의 셀럽에 해당하는 사람들이다. 이들은 메가(Mega) 인플루언서로 불린다. 메가 인플루언서는 일반적으로 운동선수, 연예인, 작가 등이 주축이 되는데, 이들은 수백만 명의 팬을 가지고 있다.

두 번째 유형은 특정 타깃층에 영향력 행사가 가능한 각 분야의 전문가로 구성된 매크로(Macro) 인플루언서이다. 매크로 인플루언서는 특정 분야에 전문적인 지식과 식견을 갖춘 교수 또는 전문 기자, 프로 게이머, 뷰티 전문 크리에이터 등이 주축을 이루는데, 이들은 수만~수십만 명에 이르는 팔로어를 확보하고 있다. 매크로 인플루언서들은 대체로 온라인 커뮤니티, 페이스북 페이지, 블로그, 유튜브 채널 등을 운영하면서 가입자 수를 늘려나가는 편이다. 메가 인플루언서나 매크로 인플루언서는 광고비로 거액의 비용을 요구한다는 점에서 유사한 부류로 분류되기도 한다.

세 번째 유형은 마이크로(Micro) 인플루언서이다. 마이크로 인플루언서는 본업이 따로 있고 마케팅을 부업으로 삼으면서 1만 명 이상의 팔로어를 보유한 사람이다. 이들은 흔히 셀럽들보다 소통이 잘 된다는 평판을 얻으면서 충성도 높은 팔로어를 거느리고 있다. 마이크로 인플루언서는 주로 어떤 제품 사용에 대해 선(先) 경험을 제공한다. 이들의 광고비는 저렴하고 제품 할인이 가능하여 팔로어들도 마이크로 인플루언서에게 보다 쉽게 친밀감을 표시한다.

마지막으로 네 번째 유형은 나노(Nano) 인플루언서이다. 나노 인플루언서는 천명 미만의 팔로어를 갖는 개인 블로거나 SNS 이용자가 대부분이다. 팔로어 숫자가 적기 때문에 나노 인플루언서의 영향력은 상대적으로 미미한 편이다. 이들은 제품이나 브랜드에 대해 자신의 의견을 개진하기도 하지만 그 파급력은 볼품없는 정도이다. 그럼에도 불구하고 나노 인플루언서는 제품 판매를 위한 선전이나 판매활동을 원활하게 하는 다양한 판촉 활동, 즉 타제품과의 차별성 알리기, 할인, 경품 증정, 홍보, PR 등의 프로모션(promotion)에 민감하게 반응하고 있기 때문에 시간이 지날수록 영향력이 커질 가능성이 있다.

1.1. 정답 ① c, ② b, ③ a, ④ d, ⑤ f, ⑥ e, ⑦ g

2. 인플루언서의 영향력

2.1. 생각할 거리

* 다음 인플루언서들은 어떤 성공을 거두었는가?

순	인플루언서	성공 사례
①	패피	
②	BJ	
③	유튜버	
④	파워블로거	
⑤	기타	

2.2. 인플루언서 사례

2.2.1. 패피

패피는 주로 의복에서 예술적 감각이 있는 일정한 양식을 가리키는 '패션 (fashion)'과 '사람'을 뜻하는 피플(people), 즉 패션 피플(fashion people)의 줄임말이다. 패션 피플(fashion people), 즉 패피란 옷을 좋아하고 패션에 관심이 많으면서 옷을 잘 입는 사람을 지칭하는 용어이다. 패피는 나이, 성별, 인종, 피부색 등 겉으로 드러나는 모습에 얽매이지 않는 과감한 패션으로 자신만의 고유한 스타일을 창출하여 자기만의 개성을 가꾸는 사람들이다. 패피를 다른 말로는 '멋쟁이', '스타일 아이콘', '베스트 드레서(best dresser)'라 할 수 있다.

패피들은 대개 패션 리더가 되기를 원하기 때문에 TV나 SNS 등을 통해 옷, 신발, 가방, 액세서리 등으로 최신 유행에 민감하게 반응하는 스타일링을 선보이는 일에 주력한다. 패피는 키나 몸무게 등 체격 조건과 무관하다. 패피는 비록 체격 조건이 훌륭하지 않더라도 자신의 체형을 잘 연구하고 자신에게 최적화된 패션을 만드는 사람들이다. 패피의 성공 요소 중의 하나는 당당한 마음가짐이다. 예컨대 청바지와 흰색 티셔츠 하나만 몸에 걸쳐도 당당함이 있다면 그 태도에서 스타일리시함이 묻어나기 때문이다.

패피 중에는 숨어 있는 재야의 고수들도 있다. 이들은 굳이 자신을 널리 홍보하려하지 않지만 대중들이 알아보는 경우가 있다. 길거리, 버스, 지하철, 공원, 공항 등 여러 사람들이 모이는 곳에서 이들은 본인의 의사와 상관없이 대중들에 의해 입소문으로 패피가 되기도 한다. 예컨대 형광색 등산복과 배바지를 입고 양말에 샌들을 신은 어떤 한국 아저씨의 눈살이 찌푸려지는 부조화의 패션이 세계적으로 유명세를 얻은 불가리아 디자이너 키코 코스타디노브(Kiko Kostadinov)에게는 '실용적인 어글리 패션'을 만드는 데 큰 영감을 주었다고 한다. 2019년, 키코 코스타디노브(Kiko Kostadinov)는 한국의 아재, 할배들의 사진을 인스타 스토리에 올려 이들을 재야의 패피로 격상 시켰다.

패피와 반대되는 개념의 사람이나 무리들은 패션 테러리스트, 패션 고자 등으로 일컬어지는데, 이들은 유행에 뒤떨어지거나 어울리지 않게 옷을 아주 못 입는 사람들이거나 옷을 구매해도 옷 관리를 못하고 옷을 함부로 다루는 사람들로 여겨진다. 한때 미국 가수 레이디 가가는 상상을 초월하는 기상천외한 패션을 선보여 세계 1위 최악의 패션 또는 패션 테러리스트로 기록된 바 있다.

2.2.2. 비제이

비제이(BJ)는 Broadcasting Jockey의 약자로, 인터넷을 통해 개인 방송을 하는 방송의 진행자이다. 비제이는 주로 아프리카 TV에서 방송하는 스트리머(streamer)들을 의미하는데, 인터넷 방송인으로도 불린다. 스트리머(streamer)란 스트리밍을 통해 인터넷 방송을 하는 사람을 일컫는다. 스트리밍(streaming)이란 인터넷상에서 사운드나 비디오, 애니메이션 등의 음악 파일이나 동영상 파일을 실시간으로 재생하는 기법이다. 스트리밍은 스마트폰과 같은 휴대용 단말기나 컴퓨터에 파일을 내려받기 하거나 저장하여 재생하지 않고, 인터넷에 연결된 상태에서 실시간으로 재생하는 기술이다.

최근에는 인터넷을 통한 개인 방송의 인기가 높아졌다. 인터넷 개인 방송을 대표하는 플랫폼, 아프리카 TV(afreecaTV)는 대한민국의 SNS 미디어 플랫폼이다. 아프리카TV에서 운영하는 인터넷 개인 방송 서비스는 특별한 기술이나 장비 또는 비용 없이도 누구나 쉽게 PC나 모바일 기기(스마트폰, 태블릿 컴퓨터 등)로 언제 어디서나 실시간 생방송을 할 수 있는 개인 1인 미디어이다. 이 미디어에서는 웹캠 방송은 물론 PC 모니터상의 화면을 방송할 수 있는 데스크톱 방송이 가능하다. 웹캠(Web Cam)이란 웹(web)과 카메라(camera)의 합성어로 인터넷상에서 사용하거나 서비스되는 인터넷 캠코더를 말한다. 웹캠은 인터넷 화상회의, 실시간 이미지 전송을 통한 광고, 원거리 모니터링 기능, 교통상황이나 날씨의 실시간 중계 등 사용범위가 대단히 넓다. 데스크톱 방송은 컴퓨터를 개인의 책상 위에 놓고 사용하는 방식이다. 이러한 첨단 방송 시스템 덕분에 누구라도 다양한 소재로 방송할 수 있는 1인 미디어 시대가 열린 것이다.

1인 미디어 방송 시스템에는 채팅 화면이 있다. 이 채팅 화면은 방송인과 시청자 사이에 상호 실시간 소통이 가능하도록 만든다. 시청자는 사이버 머니인 '별풍선'을 통해 인터넷 방송인에게 자발적으로 시청료를 낼 수도 있다.

개인 실시간 인터넷 방송 플랫폼인 아프리카TV(afreecaTV) 사이트는 1992년 '한국출판정보통신'으로부터 시작되었다. '아프리카TV'라는 명칭은 Anybody can Freely Broadcast TV'의 약칭으로, 누구라도 직접 BJ(Broadcasting Jockey)가 되어 쉽게 실시간 인터넷 방송을 할 수 있는 개인 미디어라는 의미를 담고 있다.

이 사이트에서는 2005년 5월, W(더블유)라는 서비스명으로 클로즈 베타서비스를 시작했다. 클로즈 베타(close beta)란 정식으로 서비스를 시작하기 전에 행하는 시범 서비스로 정해진 사람만 서비스를 받을 수 있는 서비스이다. 2005년 8월에는 원하는 사람 누구나 시범 서비스를 받을 수 있는 오픈 베타(open beta)가 이루어졌다. 2006년에는 드디어 아프리카(afreeca)란 이름이 정식 오픈했다. 2012년 4월에는 아프리카(afreeca)에서 아프리카TV(afreecaTV)로 사이트 이름이 변경되었다.

아프리카TV는 방송 및 시청 전용 프로그램과 채널 목록, 채팅 기능 등을 제공했다. 아프리카TV 이용자는 '아프리카TV 플레이어' 또는 '아프리카TV 플레이어 2.0'을 설치해서 방송을 할 수 있다. 아프리카TV는 웹캠, 마이크, 컴퓨터만 있으면 누구나 방송을 할 수 있다. 사람들은 게임, 먹방, 스포츠 등 다양한 주제로 자신만의 방송 채널을 만든다. 아프리카TV의 주 시청자는 10대와 20대로 이들은 전체 시청층의 60%를 차지한다. 40대 이상의 텔레비전을 가장 친숙한 오락 매체로 여기는 세대는 직접 사람의 얼굴을 대면하거나 목소리를 듣는 식으로 인간관계를 맺는 반면, 10대들은 아프리카TV를 주로 이용하며 인터넷으로 채팅을 하면서 보다 더 밀접한 인간관계를 맺고 있다. 10대들은 아프리카TV를 통해 몇 천 개의 채널 중 자신이 관심 있는 방을 선택해 시청하기도 하고 방송 진행자나 다른 시청자 등과 쉴 새 없이 채팅을 주고받으며 다른 사람들의 생활을 배우고 친구를 만들고 자기 자신을 표현하기 때문에 현실 소통보다 인터넷 소통에 더 익숙하다.

아프리카TV는 2015년 7월 말 기준, 월 방문자가 800만 명을 넘어섰다. 실시간 평균 동시 방송 수 5,000개, 하루 평균 방송 수 10만 개 이상에 이르는 성장을 보인 것이다. 그러다 2016년 3월을 정점으로 이용자 감소추세가 나타난다. 2017년 이후에는 BJ와 이용자 이탈을 막기 위한 플랫폼 기능을 확장하고 서비스 확장에 힘쓰는 동시에 신규 BJ육성과 e스포츠 리그 활성화로 콘텐츠 다변화를 꾀하여 회원수 1,200만 명, 하루 접속자 350만 명, 평균 동시 방송 수 5,000개, 최고 동시 시청자 수 50만, 한 개의 채널에 동시 접속한 최고 시청자수 약 7만 명을 기록할 정도로 규모가 상당히 커졌다.

BJ(Broadcasting Jockey)라 불리는 방송 진행자는 동영상을 송출한다. 이에 시청자는 전용 프로그램을 이용해 송출 중인 채널의 목록 중에서 보고 싶은 채널을 선택해 접속하게 된다.

비제이, 즉 인터넷 방송 진행자는 방송 전문가가 아니어도 누구나 할 수 있다. 인터넷 방송에서는 시청자 또한 자신이 선호하는 비제이를 응원하면서 자연스레 시청자도 이벤트의 주인공이 될 수 있다. 이 뿐만 아니라 아프리카TV에서 활동하며 인지도를 높인 비제이가 공중파와 케이블 TV에 출연하여 활동의 폭을 넓힌 경우도 있다. 대표적인 예로는 최군(MBC 16기 공채 개그맨, 거성엔터테인먼트 소속)을 들 수 있다. 최군은 아프리카TV에서 BJ로 방송하던 중 개그맨 박명수에 의해 발탁되어 공중파로 진출했다. 인지도가 높은 비제이로는 김마메, MC인진, 왕쥬, BJ쇼리, 돌+I 신동훈, 범프리카, 돌프, 대도서관, 더 디바 등을 들 수 있다.

2011년에는 오직 아프리카TV 출신 BJ들이 진행하는 온게임넷의 'G맨 게임종결자'라는 프로그램이 정규 편성되어 방송되기 시작했다. 이제 방송은 게임 방송을 넘어서 택시 방송 등 직업 활동 방송까지, BJ도 젊은 층을 넘어서 70대 이상의 연령층까지, 인지도 면에서도 대중에게 잘 알려져 있지 않은 일반인부터 인지도가 높은 연예인까지 그 폭이 확대되고 있다.

2.2.3. 유튜버

유튜버(Youtuber)란 동영상 플랫폼인 유튜브에 정기적 또는 비정기적으로 동영상을 올리는 사람을 말한다. 넓은 의미로는 유튜버가 인터넷 방송진행자를 일컫는 말로도 사용된다. 그래서 유튜버는 V로거(Vlogger)의 한 사례라고도 할 수 있다. V로거는 비디오 블로거(video blogger)의 준말로 1인 방송을 하는 사람들을 일컫는다.

구글 계정만 있으면 누구나, 모두 유튜버가 될 수 있다. 유튜버는 자신이 제작한 동영상을 올리고 광고를 통해 수익을 얻을 수도 있는 새로운 직업이 되었다. 최근에는 장난감을 갖고 노는 동영상, 화장품 사용 후기, 게임 플레이 등을 올리는 유튜버가 인기를 끌며 이들은 한 달에 수억 원에서 수십억 원을 벌어들이기도 했다. 이러한 소식이 알려지자 2018년에는 유튜버가 초등학생 장래 희망 직업 순위 5위에 올랐다.

유튜브에 영상을 업로드하는 모든 사람들을 유튜버라고 지칭하는 한편, 특별히 본인이 만든 콘텐츠를 업로드 하는 사람은 유튜버의 일종이면서도 '유튜브 크리에이터(Youtube creator)'라고 달리 부르기도 한다. 유튜브 크리에이터라는 용어는 크리에이터(creator), 즉 창조적 제작자라는 의미를 부각시키려는 의도를 담고 있다. 유튜브 크리에이터들은 게임을 비롯하여 요리, 뷰티, 먹방, 일상, 유머 등 다양하고 개성이 강한 주제의 영상을 직접 창작해 큰 인기를 누리기도 한다.

유튜버들의 수가 늘어감에 따라 부정적인 측면이 나타나기 시작했다. 일부 유튜버는 구독자수를 늘리기 위해 자극적인 발언이나 행위를 하기도 하고 비도덕적인 행동들을 거리낌 없이 행하는 영상을 제작하기도 한다. 유튜버의 수익성이 높아지면서 경쟁이 치열해지자 이미 레드오션이 되어버린 유튜브 내에서 일부 유튜버들은 수단과 방법을 가리지 않는 경향을 보이는 것이다.

2019년 4월 기준으로, 가장 구독수가 많은 유튜버는 퓨디파이이다. 퓨디파이는

9,560만 명 이상의 구독자를 보유하고 있다. 2019년 5월에 들어서부터는 T-Series 라는 인도의 음악 유튜버가 퓨디파이를 추월했다. 퓨디파이는 2019년 5월 말에 구독자 수 1억 명을 돌파하였다.

현재 날이 갈수록 유튜버의 수가 증가하고 있다. 유명 유튜버는 구독자 수가 이미 너무 많아 한정적이지만, 계속적으로 유튜버 수가 증가함에 따라 구독자 수도 급격하게 변동 중이다. 구독자 수가 급증하는 유튜버도 있고 한 번에 떠서 높은 수익을 창출하는 유튜버도 있다. 유튜버의 상황은 미래를 예측하기 어렵다. 소비자들이 조금 더 신선한 콘텐츠를 원하는 경향이 있기 때문에 신생 유튜버에 대한 세간의 기대와 관심도 크게 증가하고 있다.

2.2.4. 파워블로거

파워블로거(Power Blogger)란 방문자 수가 많고 댓글도 많이 달리며 호응도를 지속해서 유지하는 인터넷 블로그 운영자를 말한다. 파워블로거는 대개 블로그를 운영하는 사람들 중 방문자 수 등 양적 측면뿐만 아니라 게시하는 콘텐츠의 질적 측면에서 특별히 영향력이 큰 집단이다. 파워블로거 중에는 블로그라는 미디어의 속성과 커뮤니케이션 참여자 사이의 정서적 유대와 정보교환의 대면성 등이 상호작용하여 제도권 미디어의 영향력을 뛰어넘는 경우도 있다.

파워블로거는 대개 해당 블로그의 고정 독자층을 형성해 '1인 미디어'로 활동한다. 파워블로거는 인터넷 여론을 지배하는 힘을 발휘할 수 있기 때문에 기업들은 이들을 '입소문 마케팅'의 핵심으로 주목한다. 최근에는 이들의 지나친 상업 활동이 부작용을 낳아 사회 문제로 거론되기도 했다.

인공지능시대의
창의적 사고와 소통

파워블로거는 여러 영역에 분포하지만 특히 요리, 육아, 다이어트, 인테리어, 여행 등 실용 분야에서 그 존재감이 두드러진다. 이들은 단순한 정보교환에 머물지 않고 상품을 추천하는가 하면 나아가 공동 구매를 추진하는 경우도 있다. 파워블로거의 이런 활동이 기업의 이해관계와 맞닿아 있기 때문에 이들은 직·간접적으로 기업 광고 활동의 협력자 구실을 한다고도 볼 수 있다. 2011년 '추천·보증 등에 관한 표시·광고 심사지침'의 관련 조항에는 블로거들의 상품 추천과 공동 구매 행위에 대한 몇 가지 규제가 마련되었다. 이러한 규제는 파워블로거의 영향력이 증가하고 있음을 반증하는 사례라 할 수 있다.

새로 마련된 규정에 따르면 파워블로거가 경제적 대가를 받고 추천이나 보증을 하는 경우, 블로거는 블로그에 상업적인 표시, 즉 광고라는 사실을 소비자가 알 수 있도록 공개해야 한다. 예컨대 파워블로거 A씨가 M사의 공기청정기를 공동 구매하면서 추천 글을 올리기로 하고 M사에서 수수료를 받기로 했다면 블로거는 '저는 M사로부터 해당 제품의 공동 구매를 주선한 대가로 일정 수수료를 받기로 했음'이라는 문구를 넣어야 한다. 또 블로거 C씨가 L사에서 새로 개발한 게임 프로그램을 무료로 제공받아 사용 후기를 인터넷 게임동호회 카페 게시판에 올리는 경우에는 '제품을 L사로부터 무료로 제공받았음'이라는 표시를 해야 한다.

3. 인플루언서의 강점과 한계

3.1. 생각할 거리

* 다음 인플루언서의 강점과 한계는 무엇일까?

순	인플루언서	강점	한계
①	패피		
②	BJ		
③	유튜버		
④	파워블로거		
⑤	기타		

3.2. 인플루언서의 강점

인플루언서의 강점을 크게 다섯 가지로 구분하면 다음과 같다.

첫째, 인플루언서들은 일반적으로 기존 광고 모델에 비해 제약이 적다. 이들은 시간에 구애받지도 않고 표현의 자유가 보장되기 때문에 다채로운 표현이 훨씬 용이하다. 따라서 인플루언서는 자유로움을 바탕으로 새로운 스타일의 콘텐츠 생산을 쉽게 만든다.

둘째, 인플루언서는 쉽게 콘텐츠를 전달하고 확산시킨다. 인플루언서들은 개개인이 많은 팬을 보유하고 있기 때문에 팬들 덕분에 콘텐츠 확산을 보다 안정적으로 이룰 수 있다. 콘텐츠 확산은 SNS 채널의 특성상 태그나 공유를 통해 이루어지거나 아니면 새로운 개인이 스스로 리뷰 콘텐츠를 재생산함으로써 이루어지기도 한다.

셋째, 인플루언서는 유명 연예인이나 모델, 운동선수보다 훨씬 친근한 이미지를 가지고 있다. 이들은 대부분 평범한 사람들이기 때문이다. 대부분의 인플루언서들은 마치 아는 오빠나 언니가 편한 분위기에서 친절하게 얘기를 들려주는 듯한 방식으로 정보를 전달하기 때문에 듣는 이나 보는 이의 마음을 편안하게 만들어준다. 그래서 실제로 고객들은 상품을 구매할 때 편안하고 자연스러운 인플루언서의 추천에 많이 의존하는 경향을 보인다.

넷째, 인플루언서를 마케팅에 활용하는 경우에는 마케팅 비용이 적게 드는 장점이 있다. 연예인이나 체육인, 예술가 등의 셀럽을 모델로 쓰기 위해서는 큰 금액을 지불해야 한다. 반면 인플루언서들은 평범한 사람들이기 때문에 몸값이 높지 않다.

가끔 일부 극소수의 인플루언서의 경우는 연예인과 유사한 금액을 받기도 하지만 대부분은 그렇지 못한 상황이다.

더구나 인플루언서들은 적은 몸값에도 불구하고 SNS상에서의 영향력은 연예인 못지않은 경우가 대부분이라 가성비가 높다고 할 수 있다. 즉, 인플루언서 마케팅은 적은 돈으로 높은 효과를 볼 수 있는 효율적인 마케팅 방법이라고 할 수 있다.

다섯째, 인플루언서는 도드라지지 않게, 즉 광고로 느껴지지 않는 콘텐츠를 제공하여 소비자를 편안하게 끌어들일 수 있다. 대개 인플루언서들은 자신만의 유머 코드나 혹은 공감 코드가 확실하기 때문에 어떤 콘텐츠라도 자신만의 스타일로 재해석하여 새롭게 만들어낼 수 있다. 따라서 판매를 위한 제품 광고용 콘텐츠를 만들 때도 인플루언서 고유의 유머나 공감 코드를 제품에 녹여내기 때문에 광고 같은 느낌이 덜하고, 보기에 꺼려지지 않아 상품에 대한 소비자의 접근을 쉽게 만들 수 있다.

3.3. 인플루언서의 한계

인플루언서는 강점 못지않게 한계 또한 엄연히 존재한다. 그 한계를 크게 세 가지로 나누면 다음과 같다.

첫째, 한 명의 인플루언서가 여러 곳의 마케팅을 동시에 진행하거나 아니면 반대로 다수의 인플루언서가 함께 프로젝트를 진행하는 경우, 인플루언서는 브랜드에 대한 낮은 충성도를 보일 가능성이 높다. 게다가 이러한 상황을 관리하거나 통제하기 어렵고 정보 전달보다 재미에 초점을 두는 인플루언서가 많기 때문에 상품의 기획 의도가 제대로 전달되지 않을 가능성도 높다.

둘째, 인플루언서의 팬은 대부분 10대에서 20대 사이로 한정적이다. 따라서 타깃 고객층과 품목이 제한적일 수밖에 없는 한계가 있다. 더구나 SNS와 동영상 플랫폼에 많은 시간을 들이는 사람은 소수이기 때문에 전문성을 강조해야 하는 제품은 인플루언서 마케팅에 적합하지 않다. 예를 들어 화장품에 관심 있는 사람들은 게임 분야의 인플루언서가 누군지 전혀 모를 가능성이 높다. 따라서 인플루언서는 특정 전문 분야를 넘나들며 관심받기가 무척 어렵다.

셋째, 현재 이미 많은 기업들은 인플루언서 마케팅을 활용하고 있다. 그런 만큼 SNS 이용자들은 인플루언서를 활용한 콘텐츠 홍수 속에서 무분별한 마케팅으로 인해 다양한 부작용을 겪게 된다. 어떤 경우는 단순히 인플루언서의 매력 홍보에만 초점을 두어 거부감을 일으키기도 하고 또 어떤 경우는 크게 차별화가 이루어지지 않은 비슷한 유형의 콘텐츠 남발에 싫증을 느끼게 하는 등의 부작용이 발생하기도 한다.

최근에는 기존 인플루언서의 한계를 극복하기 위해 홍보에 치중된 단편적인 홍보, 마케팅사업에 인플루언서를 활용하는 것이 아니라 브랜드 자체에 인플루언서 DNA를 키우는 데 집중하기도 한다.

3.4. 생각할 거리

* 다음 글을 읽고 떠오르는 생각은 무엇인가?

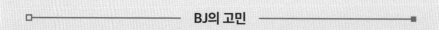

BJ의 고민

'1인 미디어 시대가 되었다.'라는 말은 어느 누구나 언제 어디서든 시간과 장소의 제약 없이 간편하게 실시간 라이브 방송을 할 수 있는 환경이 조성되었다는 의미이다. 실시간 개인 생방송이 가능하도록 미디어 플랫폼을 제공하는 회사는 일반 이용자 개인에게 스스로 시청 내용을 구성할 수 있는 권한을 제공하고 콘텐츠 생산의 주체가 될 수 있게 함으로써 새로운 경제적 가치를 만들어 내고 있다.

개인 생방송 미디어 플랫폼을 사용하는 이용자들은 생방송을 진행하는 BJ와 그 생방송을 소비하는 시청자로 구분된다. 그러나 BJ와 시청자의 위치는 항상 수시로 바뀔 수 있다. 현재의 BJ는 과거에 누군가의 시청자였고 현재도 누군가의 시청자이며 미래에도 그럴 것이다. 이러한 현상은 시청자도 마찬가지이다. 과거에 시청자였던 사람이 현재와 미래의 BJ가 될 수 있다. 따라서 BJ와 시청자는 그 위치가 중첩됨으로써 경계가 모호하다.

플랫폼 제공 회사는 BJ들을 베스트 비제이, 파트너 비제이, 엔젤 비제이, 연말 수상 비제이, 모바일 비제이 등과 같은 방식의 서로 다른 명칭으로 구분하면서 이들의 자격에 따라 차등 혜택을 제공하기도 한다. 이때 BJ의 자격은 인기도, 활동 내용, 기여도 등을 평가한 결과에 따른다. 비제이들에 대한 이러한 자격 부여와 차등 보상 체계는 단순한 순위 매기기나 피드백 차원을 넘어선다. 차등 혜택은 현금화할 수 있는 아이템 제도와 연결되어 있어 직접적인 물질적 차등 보상으로 귀결된다. 상황이 이러하기 때문에 1인 미디어의 시청자들은 수동적인 시청자로 머물기보다 적극적인 참여자 내지 조력자의 역할을 한다. 따라서 BJ와 시청자는 비록 가상의 관계라 할지라도 상호 긴밀한 공동체를 이룬다.

BJ의 인기도, 기여도 등을 평가할 수 있는 객관적 자료는 시청자의 수와 별풍선이다. 별풍선은 인터넷 방송 플랫폼 제공 회사에서 사용하는 사이버 머니이다. 별풍선은 시청자가 진행자인 BJ에게 선물하는 방식으로 이루어져 있다. BJ는 500개 이상의 별풍선이 모이게 되면 현금으로 환전하여 경제적 이익을 얻게 된다. BJ들은 수익을 높이기 위해 통계상 유의미한 시청자를 의식하게 되고 그러한 시청자의 시선을 사로잡을 수 있는 내용을 궁리하며 시청자에게 유리하게 방송 시간과 방송 횟수를 조정해 나가게 된다.

　　1인 미디어 방송의 BJ와 시청자의 관계가 물질적 교환의 관계로 가시화되면서 일부 BJ들은 점차 돈을 벌기 위한 볼거리 마련으로 거짓 행동이나 기회주의적 표현도 서슴지 않는 모습을 보이기도 한다. 마찬가지로 별풍선을 가지고 BJ에게 영향력을 행사할 수 있게 된 시청자 또한 BJ를 자기 욕구의 배설 상대로 취급하기도 한다. 이로써 양질의 사회적 순기능을 유도하는 콘텐츠를 만들고자 노력했던 진행자들마저 자극적인 방송, 별풍선 중심의 방송 유혹을 떨치기 어렵다는 고민을 호소하고 있다.

인공지능시대의
창의적 사고와 소통

4. 전문 프로슈머로서의 인플루언서

4.1. 생각할 거리

* 다음 글을 읽고 떠오르는 생각은 무엇인가?

전문 프로슈머 시대

프로슈머(prosumer)란 생산자(producer)와 소비자(consumer)가 결합되어 만들어진 신조어이다. 프로슈머의 프로(Pro)는 바로 생산자(Producer)에서 따온 단어로 소비자를 뜻하는 컨슈머(Consumer)의 앞에 또 다른 명사가 접목되면서 생겨난 합성어이다. 이 신조어는 1980년 미국 미래학자 앨빈 토플러(Alvin Toffler)가 그의 저서 『제3의 물결』에서 최초로 사용했다. 한국어에서는 프로슈머를 '생비자'로 사용하고 있는데, 이는 생산자와 소비자를 결합시켜 만든 합성어이자 신조어이다.

프로슈머는 생산자이면서 소비자의 역할을 하는 사람, 즉 '생산에 관여하는 소비자'를 일컫는다. 오늘날의 재화들은 생산자와 소비자가 함께 만들어 가고 있다. 소비자는 생산 공정에 직접 참여하지는 않는다 하더라도, 소비자로서의 요구(needs)를 생산자에게 표현하는 것만으로도 제품 개발의 방향과 생산에 영향을 미친다.

프로슈머는 인터넷 등 통신 매체의 발달과 함께 소득의 증가 및 여가 시간의 증대로 등장하게 되었다. 최근에는 소비자가 직접 상품을 개발하는가하면 동시에 생산자(기업)에게 아이디어를 제안하고 기업이 이를 수용하는 방식의 프로슈머 마케팅이 활발하게 사용되고 있다.

인터넷의 발달로 소비자의 생산 참여가 쉬워지고 참여기회가 많아지면서 공급

자와 소비자 간의 경계가 빠르게 허물어지고 있다. 기업들도 소비자들의 목소리를 적극적으로 활용하면서 '프로슈머 마케팅'을 행하고 했다.

어떤 제품이 출시되었을 때 그것을 가장 먼저 구입하는 얼리어답터(Early Adopter)가 있다. 얼리어답터는 선구적으로 제품을 사용해 보고 평가를 내린 뒤 주변 사람들이나 인터넷을 통해 제품 정보를 상세하게 알려주는 사람이다. 대부분의 일반적인 사람들은 얼리어답터와 같이 선구자 역할을 수행하는 분들로부터 신제품 정보를 얻고 그들의 사용 후기를 참고하여 상품 구매를 결정하게 된다. 이와 같은 얼리어답터는 '전문적인' 프로슈머 역할을 하는 똑똑한 소비자이자 인플루언서가 된다.

기업의 측면에서 보면 얼리어답터, 즉 전문 프로슈머이자 인플루언서가 신제품 초기 시장 정착의 성패를 좌우하기 때문에 이들의 영향력을 무시하기 어렵다. 상황이 이와 같기 때문에 기업에서는 제품 개발 단계에 있어서 프로슈머 마케팅을 통해 이들을 적극 활용할 수밖에 없다. 프로슈머는 곧 '소비자'이기 때문에 그들의 의견을 반영한다는 것은 많은 대중들의 의견을 수렴하는 것이기도 하다. 기업이 소비자의 의견을 적극적으로 반영할수록 이는 곧 고객만족으로 이어진다. 기업 또한 자체적으로 시장조사를 하는 것보다 전문 프로슈머이자 인플루언서를 활용하는 것이 훨씬 더 크게 비용을 절약하고 시간을 단축하는 효과를 볼 수 있다.

이제 일반인들도 기업이 만들어놓은 제품을 사서 쓰는, 즉 소비만 하는 소비자로만 머물러서는 안 된다. 우리 모두는 소비자이면서 생산자가 되어야 한다. 소비자가 수동적으로 소비만 한다면 소비자의 권리는 약화될 수밖에 없다. 따라서 소비자는 크든 작든 항상 목소리를 내야하고, 기업으로 하여금 소비자의 의견을 경청하고 반영하도록 해야 한다. 소비자들이 스마트한 프로슈머의 자세를 취한다는 것은 곧 스스로 인플루언서가 되는 것이다.

인공지능시대의
창의적 사고와 소통

참고문헌 및 참고자료

이동후, 이설희, "인터넷 개인방송 BJ의 노동 과정에 대한 탐색:아프리카 TV 사례를 중심으로", 한국
언론학회, 『한국언론학보』, 제61권 2호, 127-156쪽, 2017.

https://nomadtimes.tistory.com/123 [오늘의 노마드 타임즈]

단원 설정 배경

현대 사회란 정보기술의 빠른 발전으로 인공지능과 빅 데이터의 위력이 엄청나게 커진 사회를 말한다. 이 장은 이러한 환경 속에서 개인의 사생활 보장 또는 여타의 권리 보장이 어느 정도 이루어질 수 있는지를 살펴보기 위해 마련되었다.

현대 사회는 이미 인류 전체를 감시할 수 있는 수많은 인공위성과 함께 누구나 도청, 감청, 녹음, 녹화 등을 쉽게 할 수 있는 다양한 장비들이 넘쳐나고 있다. 이와 더불어 전자주민카드, 전자건강보험증서 등 각종 전자증서는 권력기관이 개인을 마음대로 통제할 수 있는 도구로 작용하고 있다. 이제 우리 사회는 소수의 권력기관이 모든 국민의 사생활을 손쉽게 엿보면서 전 국민을 권력의 입맛대로 통제하거나 유도할 수 있는 가능성이 커져 있다.

이 장에서는 인터넷 문화가 어떻게 일반 시민들을 감시하고 통제할 수 있는지를 살펴보고 역으로 이러한 감시자 내지 통제자를 견제할 수 있는 대응 방안이 무엇인지를 살펴보는 데 초점을 둔다. 더 나아가 우리 사회의 권리보장 문제를 이해하고 권리보장의 위기에 대처할 수 있는 방안도 함께 모색해 볼 것이다.

학습 목표

1. 인권이 무엇인지 정확하게 이해한다.
2. 판옵티콘의 양상을 구체적으로 살펴본다.
3. 시놉티콘의 활용 방안을 모색한다.

핵심어

인권, 판옵티콘, 시놉티콘, 시민, 권리 보장, 사생활

3강 | 판옵티콘과 시놉티콘
Panopticon & Synopticon

1. 감시와 통제

1.1. 생각할 거리

* 다음 문항 중 서로 연관성이 가장 큰 것은 무엇인가?

①	판옵티콘 Panopticon	a	전자기술에 의해 소비자의 정보를 집적해 놓은 소비자 데이터베이스
②	시놉티콘 Synopticon	b	다수의 시민들이 소수의 권력자를 감시하는 체계
③	수퍼 판옵티콘 Super Panopticon	c	학교, 공장, 병원, 감옥 등에서 이루어지는 한 사람에 의한 다수의 감시체계
④	가상 판옵티콘 Virtual Panopticon	d	가상 세계를 통해 소수의 권력자가 다수를 감시하는 체계

⑤	역 판옵티콘 Reverse Panopticon	e	소수의 다수에 대한, 또는 다수의 소수에 대한 쌍방향 감시가 가능해지면서 감시보다는 예방과 대비에 주력하는 상황
⑥	탈 판옵티시즘 Post Panopticism	f	신자유주의의 세계질서에 반대하는 저항 네트워크
⑦	프라이버시	g	개인의 사생활이나 집안의 사적인 일
⑧	통치적 합리성 Governmentality	h	권력이란 일반 시민을 속박만 하는 것이 아니라 생산적일 수 있다는 인식하에 권력이 공적 질서를 유지하기 위한 유용한 수단이 될 수 있다고 보는 것
⑨	인권 Human Rights	i	사람이라면 누구나 태어나면서부터 당연히 가지는 기본적 권리

1.2. 판옵티콘의 등장

판옵티콘(panoption)은 18~19세기 영국의 공리주의 철학자이자 변호사였던 제레미 벤담(Jeremy Bentham)이 고안한 감시체계에서 비롯되었다. 벤담은 원형감옥을 고안했는데, 그것은 감옥의 가장자리에 죄수들을 격리시키는 개인 방이 있고 원의 가운데에는 높은 감시탑을 누는 형태였다. 원형감옥 내 죄수들의 방은 밝게 빛이 드는 대신 감시탑은 어둡게 설계된다.

그 결과 죄수들은 자신들의 움직임 하나하나가 높은 감시탑의 감시원한테 노출되어 있다고 생각하게 된다. 이러한 생각 자체만으로도 죄수들은 압박감을 느낀다. 그로 말미암아 죄수들은 늘 긴장하게 되고 자기 자신의 행동을 스스로 조심하게 된다. 만약 감시탑에 감시원이 없다 해도 죄수들은 그러한 상황을 알 수 없다. 더구나 수감자는 감시자가 어디를 보고 있는지도 알 수 없다. 따라서 감시자의 존재 여부나 감시자의 시선과 상관없이 감시의 효과를 낼 수 있는 이러한 원형감옥은 최소의 감시원으로도 많은 죄수들에 대한 효율적인 통제가 가능하다.

'판옵티콘(panoption)' 내지 '파놉티콘'이라는 용어는 그리스어로 '두루'를 뜻하는 '판(pan)'과 '보다'를 뜻하는 '옵티콘(opticon)'이 합쳐진 말이다. 벤담은 1780년대 중반, 유럽과 러시아를 여행하던 중에, 동생인 새무얼 벤담이 감독하던 러시아의 조선소를 방문했다. 제레미 벤담은 조선소 공장의 구조에서 판옵티콘의 아이디어를 얻었다고 한다. 당시 조선소는 많은 노동자들의 작업을 소수의 감독들이 쉽게 감시할 수 있게 만들었다.

제레미 벤담은 '최대 다수의 최대 행복'이라는 공리주의적 사고를 가지고 있었다. 벤담은, 많은 인원을 효율적으로 감시하고 통제할 필요가 있는, 군대, 병원, 공장, 학교, 감옥 등에 판옵티콘 구조가 적격이라고 생각했다. 그는 1791년부터 여러 차례에 걸쳐 프랑스와 영국 정부에 판옵티콘 형식의 감옥 건축을 제안했으나 받아들여지지 않았다. 한참 후에야 미국 일리노이 주에 있는 스테이트빌(Stateville) 교도소가 판옵티콘의 기본 개념을 반영한 건축 양식을 도입했다.

벤담의 판옵티콘 개념은 1936년, 영국에서 태어나 미국에서 출세한 영화감독 겸 희극배우인 찰리 채플린(Charles Spencer Chaplin)의 코미디 영화 <모던 타임즈, Modern Times>에서 여실하게 보여진다. <모던 타임즈>는 기업의 경영주 또는 자본가가 감시 장치를 통해 끊임없이 노동자들을 감시하는 모습으로 등장한다. 자본가는 노동자들을 잠시도 쉴 수 없게 휴식을 통제한다. 거기에 더해 자본가는 노동자들이 기계의 속도에 맞춰 일을 하도록 노동자를 채근한다. 이렇게 하여 높아진 생산성을 토대로 자본가는 크게 수익을 얻으려는 탐욕을 채우려 할 뿐이다.

1949년, 찰리 채플린과 유사하게도 영국 소설가 조지 오웰(George Orwell)은 소설 『1984』를 통해 판옵티콘 개념이 구현된 미래 사회를 보여주었다. 이 작품에서 조지 오웰은 절대적 권력을 지닌 통치자 빅 브라더(Big Brother)가 국민 개개인의 일거수 일투족을 철저히 감시하고 엄격하게 통제하는 전체주의적 사회를 비판적으로 그려 냈다.

　1975년, 프랑스 철학자 미셸 푸코(Michel Foucault)는 『감시와 처벌(Surveiller et punir)』에서 벤담의 판옵티콘 개념을 철학적 사유로 재조명했다. 푸코의 판옵티콘은 근대국가의 권력 작용을 상징하는 개념이다. 푸코에 따르면, '근대의 권력자는 판옵 티콘적 사회구조를 통해 그의 권력을 군중에게 행사한다.'는 것이다.

　푸코의 견해에 따르면, 현재 우리 사회는 각종 CCTV와 컴퓨터 통신망, 데이터 베이스 등 전자적 기술 발전에 힘입어 출산부터 죽음에 이르기까지 개인의 정보를 집적하면서 마치 판옵티콘이 죄수들을 감시하듯 개개인의 삶을 철저하게 추적하고 감시하며 침해하는 전체주의적 권력 체계로 구축되어 있다. 즉 인공지능, 빅 데이터 등의 첨단정보기술은 개인적 프라이버시를 쇠퇴시키고 감시를 융성하게 하는 판옵 티콘 감시체계의 결정판을 만들어 낸 것이다.

　1975년, 푸코는 『감시와 처벌』에서 '권력'의 속성을 파헤쳤다. 이 책에서 푸코 는 '권력'을 일정한 양의 물리적 힘이 아니라 오히려 '살아 있는 모든 유기체와 모 든 인간사회를 관통하는 에너지의 흐름'으로 보았다. 푸코가 말하는 권력은 여러 형태의 정치적·사회적·군사적 조직들뿐만 아니라 '온갖 행위 유형들, 사유 습관들, 지식의 체계들 속에서 일상적으로 작용하는 무형의 유동적 흐름'이다. 권력은 판옵 티콘처럼 느껴질 뿐 확인되지 않는다.

판옵티콘에서 감시자의 시선이 확인되지 않을 때 죄수가 더욱 큰 공포를 느끼듯 마찬가지로 현대 사회에서의 권력도 시선의 불균형, 정보의 불균형에 의해 힘을 얻은 자가 그 힘을 기반으로 하여 지배자와 피지배자를 만들어 낸다. 그래서 힘깨나 쓰는 사람의 말은 도덕성과 무관하게 힘없는 사람의 말보다 힘과 무게를 가진다. 그래서 힘깨나 쓰는 사람의 말은 권력이 되는 것이다. 이처럼 힘 있는 말, 힘이 실린 말을 영어로는 '디스코스(discourse)'라고 하고 한자어로는 '담론(談論)'이라 한다.

세상에 떠도는 모든 힘 있는 말은 절대로 중립적이거나 객관적일 수 없다. 힘 있는 말에는 권력이 담겨 있기 때문이다. 세상은 누구의 말이 힘 있는 말인지를 겨루는 권력의 싸움터이다. 그리하여 모든 말, 담론, 디스코스는 항상 정치적일 수밖에 없다.

1.3. 수퍼 판옵티콘(super panoption)과 가상 판옵티콘

수퍼 판옵티콘은 전자 판옵티콘이라고 달리 표현되기도 한다. 미국의 영화감독, 마크 포스터(Marc Forster)는 소비자 데이터베이스를 '수퍼 판옵티콘(super panopticon)'이라고 칭했다. 수퍼 판옵티콘의 특성은 '감시를 당하는 사람이 오히려 감시자에게 필요한 정보를 제공하는 것'이다. 물리학자 홍성욱 교수는, 가상 세계(virtual world)를 통한 판옵티콘의 권능 강화라는 측면에서 볼 때 '가상 판옵티콘(virtual panopticon)'으로 부를 수 있다고 말한다.

21세기를 맞이하면서 '감시' 기술은 거대한 성장산업으로 비약적인 발전을 거듭하고 있다. 동시에 각종 전자감시 기술은 개인의 프라이버시(privacy)에 근본적인 위협으로 대두되고 있다. 2003년 7월, '노동자 감시 근절을 위한 연대모임'의 조사에 의하면, 한국에서는 전체 사업장의 89.9%가 한 가지 이상의 방법으로 노동자를 감시하고 있고 전체 사업장 평균 2.5가지의 감시 장비가 설치되어 있는 것으로 밝혀졌다. 이 외에도 가사 도우미, 간병인, 아이 돌보미 등은 "24시간 감시에 숨이 막힌다."는 하소연으로 심리적 고통을 호소하고 있기도 하다.

2003년, 러시아 모스크바 당국에서는 공무원들의 근무 태만을 감시하기 위해 공무원들의 몸에 감지기를 부착시켜 놓고 인공위성 추적 시스템을 도입하는 방안을 둘러싸고 논란이 벌어졌다고 한다. 이 방안은 공무원들이 규정에 없는 휴식을 취하는지 여부를 점검하거나 열심히 일하지 않을 경우 처벌하기 위한 수단으로 쓰일 것으로 보인다. 이 방안은 주로 환경미화원과 배관공, 전기공 등의 몸에 감지기를 부착하는 것으로, 이들의 감독관은 논리상 이를 근거로 부하직원들의 지각과 과도한 휴식 여부, 업무시간 중 다른 일을 하는지 등의 여부를 모두 파악하여 처벌할 수 있게 된다.

오늘날 전자감시 기술은 인간의 신체 속에까지 파고 들어갈 만반의 준비를 갖추고 실행 명령을 기다리고 있는 상황이다. 신체 내장 칩은 팔이나 다리가 절단된 장애인들을 위한 기계-팔, 기계-다리를 비롯하여 당뇨 환자의 혈당 측정, 심장병 환자의 심장 박동 관찰 등을 위한 선의의 용도로 사용하려는 의도를 가지고 출발했다. 그러나 전자감시 기술은 죄수, 불법체류자, 성범죄자, 상습 음주 운전자 등에게 감시 장치 칩을 넣는 식으로 남용될 가능성이 있다. 예컨대 어린아이의 몸에 감시 장치 칩을 내장하면 위치 추적이 용이하여 아이의 안전을 세심하게 배려할 수 있다. 그렇지만 그것이 과연 좋은 결과만 낳을 것인지, 아니면 그 기술이 다른 좋지 않은 용도로 사용될 위험은 없을지 깊이 있게 따져보아야 한다. 종국에는 신체 내장 칩 기술이 빅 브라더(big brother)로 행세하는 최악의 상황을 낳을 수도 있기 때문이다.

빅 브라더(big brother)는 영국의 소설가 조지 오웰의 디스토피아 소설, 『1984 (Nineteen Eighty-Four)』에서 처음 등장한 말이다. 빅 브라더는 정보의 독점을 통해 사회를 통제하는 권력을 상징한다. 소설 속의 빅 브라더는 텔레스크린을 통해 사회 곳곳을 끊임없이 감시한다. 이로 말미암아 개인들은 사생활 침해에 시달리게 된다.

1.4. 시놉티콘과 역판옵티콘

물리학자 홍성욱 교수에 의하면, 가상 판옵티콘, 달리 표현하여 전자 판옵티콘은 제레미 벤담의 판옵티콘과 질적인 차이를 보이고 있다. 전자감시의 경우에는 종종 역(逆) 감시가 가능하다는 것이다. 노르웨이의 범죄학자 토마스 매티슨(Thomas Mathiesen)은 역 감시, 즉 다수가 소수의 권력자를 감시하는 언론의 발달을 시놉티콘(Synopticon)이라 명명했다. 시놉티콘은 소수의 권력자와 다수의 대중이 동시에(syn) 서로를 보는 메커니즘이라는 뜻에서 붙여진 이름이다. 홍성욱 교수에 따르면 시놉티콘은 인터넷과 같은 다 대 다(多 對 多, many-to-many) 소통이 가능해지면서 벤담의 판옵티콘이 역감시, 즉 역판옵티콘으로 진화한 결과라는 것이다.

1994년에 일어난 멕시코 사파티스타 반군의 민족해방운동(EZLN, Ejercito Zapatista de Liberacion Nacional)은 시놉티콘의 좋은 사례이다. 사파스티나 민족해방군은 밀림에 숨어 지내면서 랩톱(laptop)과 모뎀(modem)을 사용해서 주로 인터넷으로 다른 해방군 조직에 명령을 전달할 정도로 첨단 기술을 적절하게 사용했다고 알려졌다. 사파스티나 민족해방군은 인디오들의 비참한 생활상을 멕시코 의회에 알리면서 원주민 권리법안, 즉 원주민자치권을 비롯하여 토지소유권과 자원이용권의 의결을 주장했다.

당시 세계 각국의 진보적인 그룹들은 사파스티나 민족해방군에 대한 멕시코 정부의 유혈진압에 반대하고 민족해방군의 이념을 지지하고 있었다. 진보 그룹들은 인터넷에 네트워크를 만들고 멕시코 정부에 압력을 넣었다. 이 네트워크는 농촌을 거점으로 한 사파티스타 민족해방군과 민족해방군을 지지하는 멕시코시티의 반정부 대학생들, 이를 지원하는 전 세계의 다양한 지지 그룹 등의 주선으로 개인의 세력을 결집해서 서로 정보를 교환하고 여론을 형성하여 멕시코 정부가 민족해방군을 강경 진압하기 어렵게 만들었다.

해방운동 이후 이 네트워크는 신자유주의 세계질서에 반대하는 네트워크로 발전했다. 이와 같은 저항 네트워크는, 정보통신기술이라는 전자 판옵티콘을 권력자를 견제하는 '역파놉티콘(reverse panopticon)'으로 탈바꿈시켰다.

1992년 미국 로스앤젤레스에서는 최악의 폭동사태를 초래한 사건이 있었다. 1991년 3월, 미국의 한 시민은 백인 경찰이 흑인 로드니 킹을 구타하는 장면을 사진으로 찍고 흑인에게 죄를 뒤집어씌우려는 백인 경찰의 대화를 녹화했다.

당시 로드니 킹은 교통 신호를 무시하고 시내를 고속 질주했다. 이에 몇 명의 백인 경찰이 로드니 킹을 자동차에서 끌어내린 후 무차별 구타를 가했다. 백인 경찰의 구타는 피의자가 의식을 잃고 길바닥에 나동그라진 후에도 계속되었다. 백인 경찰관의 명백한 과잉 진압 행위에도 불구하고 로스앤젤레스 배심원들은 폭행 경찰에게 무죄 평결을 내렸다. 이 소식을 들은 흑인들이 거리로 몰려나와 무차별적인 파괴와 약탈을 시작하면서 역사상 최악의 폭동사태가 일어났다. 이와 같이 사진과 녹화로 현장을 기록한 행위는 인터넷을 사용하지 않아 전자 판옵티콘으로 볼 수는 없지만 역판옵티콘 또는 시놉티콘의 한 사례로 간주할 수 있다.

오늘날의 첨단 기술은 기술 자체는 판옵티콘인데 결과적으로는 역판옵티콘인 경우가 많다. 즉 현대 기술은 판옵티콘이면서도 역판옵티콘으로 작용하는 이중적 속성을 가지고 있다. 좀 더 자세히 설명하자면, 첨단 기술이 감시 기능과 동시에 역감시의 기능을 하게 된 것이다.

인터넷, SNS 등을 통해 정보가 확대되면서 현대 사회에서는 거대권력을 압도할 정도로 미시권력의 힘이 더욱 강해졌다. 이로 인해 정보를 독점하고 있는 소수에 의한 다수의 감시가 역으로 힘없는 다수에 의한 소수의 권력자 감시, 즉 시놉티콘도 함께 가능해졌다. 이는 인터넷의 익명성으로 인해 사람들이 보다 쉽게 사회 이슈에 대해 비판적 의식을 교류하고, 부정적 현실을 고발하며, 중요 사안에 대해 서로 원활하게 의견을 교환하는 등 권력자들을 감시할 수 있는 환경이 조성되었다는 것을 증명하는 것이기도 하다.

1.1. 정답 ① c, ② b, ③ a, ④ d, ⑤ f, ⑥ e, ⑦ g, ⑧ h, ⑨ i

2. 판옵티콘과 시놉티콘의 진화

2.1. 생각할 거리

* 어떤 사례가 다음 사항과 연관될 수 있는가?

순		사례
①	판옵티콘	
②	시놉티콘	

인공지능시대의
창의적 사고와 소통

③ 기타

2.2. 정보 판옵티콘과 통제사회

정보 판옵티콘이란 전자 기기를 이용한 감시체계를 가리키는 말로써 전자 판옵티콘이라고도 불린다. 여기서 말하는 '정보'란 벤담의 판옵티콘에서의 '시선'을 대신해서 규율과 통제의 기제로 작동하는 것을 말한다. 시대가 변하면서 감옥의 통제와 규율의 기제는 '시선'에서 '정보'로 진화했다. 이러한 측면에서 정보 감시는 시선에 근거한 감시 메커니즘의 연장선상에 있다고 볼 수 있다.

벤담의 판옵티콘과 정보 판옵티콘은 '불확실성'에서도 공통점이 있다. 판옵티콘에 갇힌 죄수가 자신이 현재 감시를 당하고 있는지 아닌지를 정확하게 모르면서도 항상 감시를 당하고 있다고 느끼듯이, 전자 판옵티콘의 정보망에 노출되어 있는 사람들도 자신의 행동이 다른 이에 의해 어떻게 열람될지 확신할 수 없기 때문에 늘 자신의 행동거지나 작업에 스스로 주의를 기울이게 된다.

기술의 엄청난 발전과 함께 각종 감시 시스템은 벤담의 판옵티콘에서 전자 판옵티콘으로 나아가면서 새로운 현상을 낳고 있다. 오프라인 상의 수많은 CCTV는 개개인들한테 여전히 감시당하는 느낌을 주지만 젊은 세대는 막상 CCTV의 시선을 크게 불편해하지 않는다. 그 원인은 CCTV가 많아지면서 감시가 일상화되어 불편한 느낌이 무뎌졌기 때문이기도 하고 개인의 힘으로는 절대 피할 수 없는 상황이기 때문에 스스로 저항 의지를 포기해버렸기 때문이기도 하다.

정보 판옵티콘 시대로 접어들면서 감시의 규모는 그 이전 시대보다 훨씬 더 방대해졌다. 이제는 개인 단위가 아니라 국가 단위의 규모로 정보를 입수하게 된다. 수백 개에서부터 수억 개에 이르기까지 개개인에 대한 정보를 한 점으로 모을 수 있는 빅 데이터 기술은 정보 판옵티콘의 위력을 강화시킨다. 벤담의 판옵티콘에서는 죄수들에 대한 정보가 감시탑 정도의 한정적인 공간에 머물렀다. 감시탑을 정보가 모이는 중앙이라 한다면 정보 판옵티콘은 벤담의 판옵티콘에 비해 그 중앙의 위치가 뚜렷하지 않다.

벤담 판옵티콘과 정보 판옵티콘 사이에는 뚜렷한 차이가 있다. 벤담 판옵티콘의 감시 기제인 시선은 그 영향범위에 한계가 있었다. 하지만 정보 판옵티콘의 감시 기제인 '정보'는 컴퓨터를 통해 국가적이고 전 지구적으로 수집되어 다양하게 영향을 미치기 때문에 영향범위의 한계가 사라진다. 프랑스 철학자 질 들뢰즈(Gilles Deleuze)는 이러한 인식을 한 단계 더 추상적인 차원으로 일반화시켜 지금 우리가 살고 있는 사회가 푸코의 규율 사회를 벗어난 새로운 '통제 사회(control society)'라고 주장했다. 들뢰즈에 의하면, 규율 사회는 증기 기관과 공장이 지배하며 요란한 구호에 의해 통제되는 사회였지만, 통제 사회는 컴퓨터와 기업이 지배하고 숫자와 코드(code)에 의해 통제되는 사회이다. 벤담의 판옵티콘이 규율 사회에 적합한 감시의 메커니즘이라면 정보 판옵티콘은 통제사회에 적합한 감시의 메커니즘이라는 것이다.

감시의 질적인 측면에서 볼 때, 벤담의 판옵티콘과 정보 판옵티콘 사이에는 또 다른 차이가 있다. 벤담의 판옵티콘은 죄수를 감시하는 간수가 '중앙'에 있는 탑에 숨어서 주변의 감방을 감시했다. 이때는 감시자가 피감시자를 어느 정도 파악하고 있는 상태에서 타겟 감시를 할 수 있었다. 벤담의 판옵티콘은 감시 공간이 감옥으로만 제한되어 있었기 때문이다.

정보 판옵티콘의 경우는 앞서 설명한 대로 '중앙'의 위치가 뚜렷하지 않다. 예를 들어 CCTV의 경우, 우리를 감시하는 모든 CCTV는 각각 독립적이면서도 도처에 분산되어 존재한다. CCTV와 같은 경우에는 감시자가 피감시자를 일일이 알아서 규율을 강제할 수 없다. 대부분의 일반 사람들은 CCTV가 자신을 찍고 있다는 것을 인식하지 못하거나 인식한다 하더라도 크게 개의치 않은 채 생활할 수밖에 없다. 정보 판옵티콘의 전자감시는 공간의 제약 없이 도시, 국가, 세계 등 전 지구적으로 감시의 영역을 넓혀 나갈 수 있다. 동시에 감시자가 있던 중앙의 감시탑과 같은 공간도 다양한 네트워크의 그물망으로 분산되어 감시자가 많아지면서 이에 따라 감시 권력도 분산되는 현상이 나타난다.

전자 판옵티콘이 아날로그적 감시와 구별되는 것은 중앙이 뚜렷하지 않은 탈중심화 현상을 보인다는 점이다. 이것은 모든 중심이 사라지는 포스트모던의 탈중심화 현상이 감시 체제에도 적용되어 위계질서가 불분명해지는 현상이다. 예를 들어 경찰 순찰차에 장착된 컴퓨터는 상대가 누구라도 즉석에서 신분을 확인할 수 있는 즉석 조회를 가능하게 만들었다. 경찰차의 즉석 조회 프로그램은 중앙 감시탑의 역할이 모든 순찰차로 분산되는 것으로, 이로 말미암아 모든 순찰차는 중앙 감시탑과 동일한 감시 권력을 획득한다. 이처럼 중앙으로 감시능력이 집중되지 못하고 주변으로 분산되면 사실상 더 광범위한 감시가 이루어지게 된다. 예를 들면, 순찰차에 탄 경찰관은 자신이 시민을 감시하는 것으로 생각하지만 동시에 경찰 자신도 부지불식간에 감시를 당하게 된다. 순찰 노중 경찰관이 조회한 모든 상황이 전부 기록으로 남기 때문이다.

유고슬라비아 출신의 철학자이자 문화비평가인 슬라보예 지젝(Slavoj Zizek)은 포스트모던의 관점으로 푸코를 비판한다. 푸코는 중앙 감시탑의 감시하는 시선을 절대시했다. 이에 반해 지젝은 감시자의 시선이 항상 절대적일 수 없다고 반기를 든다. 지젝에 따르면, 감시자는 대상을 감시하지만 동시에 감시자의 감시 행위가 역으로 감시당한다는 사실을 감시 행위 중에 감시자가 스스로 인지하게 됨으로써 감시자도 감시 대상 못지않게 불안을 느끼게 된다. 오히려 감시자의 불안이 감시 대상을 능가할 수도 있다는 것이 지젝의 주장이다. 왜냐하면 감시자는 본인이 감시도 하고 감시도 당하는 '감시-역감시' 상황을 모두 알고 있기 때문에 아무것도 모른 채 감시당하는 대상보다 심리적인 압박감이 더 클 수 있다는 것이다.

2.3. '탈판옵티시즘(Post Panopticism)'과 프라이버시

사회학자 로이 보인(Roy Boyne)은 사회적 질서가 감시에서 유혹(seduction)으로 옮아갔다고 주장한다. 기술 발전에 바탕을 두고 있는 현대 사회에서는 판옵티콘이라는 외형 자체가 불필요하게 되었다는 것이다. 로이 보인에 의하면, 현대 사회는 쌍방향 감시가 가능해졌기 때문에 '탈판옵티시즘(Post Panopticism)'의 상황이 되었다고 한다. 그래서 현대 사회는 감시보다는 오히려 대비와 예방에 더 주력하고 있다는 것이다.

물리학자 홍성욱 교수는 역-감시 또는 시놉티콘의 만연은 사람들에게 프라이버시를 침해하는 감시 자체를 당연한 것으로 받아들이도록 하는 내성을 만든다고 주장한다. 20세기의 가치관을 경험한 기성세대는 프라이버시 침해를 부당하게 여긴다. 반면 21세기를 사는 젊은 세대들은 이전 세대 사람들과 달리 스스로 프라이버시를 노출하면서 오히려 자기 자신을 드러내는 데 힘을 쓴다는 것이다. 이처럼 각 세대마다 프라이버시에 대한 인식에 있어서 차이가 존재하는 것도 프라이버시를 위협하는 요소가 되고 있다.

사전상의 의미로, 프라이버시(privacy)는 일차적으로 개인의 사생활이나 집안의 사적인 일, 또는 그것을 남에게 간섭받지 않을 권리이며 더 나아가 개인 또는 조직이 소유하는 데이터나 개인 및 조직에 관한 데이터의 수집이나 보관, 이용을 제한하는 권리이다. 개인에게 이러한 권리를 주는 것은 개인에 관한 정보가 다른 개인 또는 조직 사이에서 부당하게 교환됨으로써 불이익을 입을지도 모르기 때문이다.

프라이버시는(privacy)는 한국어로 '자기 생활' 또는 '사생활'로 번역되는데, '박탈'을 뜻하는 라틴어 프리바투스(privatus)에서 유래했다. 프리바투스(privatus)란 공직이 없는 사람을 인간으로서 가지는 적절한 기능으로부터 차단한다는 의미이다. 영국 예일대 영문학 교수인 퍼트리샤 마이어 스팩스(Patricia Meyer Spacks)는 그녀의 저서 『프라이버시(Privacy : Concealing the Eighteenth-Century Self)』(2003)에서 주장하기를, 옛날에는 공직이 없는 여성과 아이들, 사회적 약자 등은 사적인 생활이 오히려 위험했고 대중의 시선 속에 노출되어야 학대를 덜 받을 수 있었다고 한다. 사정이 이러했기 때문에 과거엔 프라이버시가 제대로 대접을 받지 못했다.

1890년 미국 보스턴의 변호사 새뮤얼 워런(Samuel D. Warren)과 검사 루이스 브랜다이스(Louis D. Brandeis)는 「프라이버시권(The Right to Privacy)」이라는 제목의 논문을 『하버드로리뷰(Harvard Law Review)』에 게재하면서 프라이버시 보호를 제기했다. 이 논문에서 저자들은 '홀로 있을 권리(the right to be let alone)'를 내세우면서 자신에 관한 정보를 통제할 수 있는 권리를 주장했다. '홀로 있을 권리(the right to be let alone)'는 원래 미국에서 대법관을 지냈던 토머스 쿨리(Thomas M. Cooley)가 1888년에 쓴 「불법행위에 관한 연구(Treatise on the Law of Torts)」에서 이미 제시된 것인데, 새뮤얼 워런과 루이스 브랜다이스에 의해 널리 알려지게 되었다고 한다. 새뮤얼 워런과 루이스 브랜다이스는 그들의 논문에, '즉석 사진과 언론이 개인 생활과 가정생활이라는 성스러운 영역을 침범했다.'고 문제를 제기한 후 '수많은 기계장치는 벽장 속에서 속삭이는 이야기도 지붕 꼭대기에서 까발려지게 할 것'이라고 경고했다. 이후

칠십 년이 지난 1971년 미국 법률학자 아서 밀러(Arthur R. Miller)는 미국에 디지털 메모리가 확산되는 상황에서 연방정부가 국가적 데이터은행을 만들려고 하자, 이를 '프라이버시에 대한 공격(assault on privacy)'으로 이름 짓고 반대하면서 동명의 저서 『프라이버시에 대한 공격(The Assault on Privacy)』을 출간했다. 이에 1974년 마침내 연방사생활보호법(U.S. Privacy Act)에 따라 사생활 침해가 불법행위로 규정되면서 개인에 관한 정보를 공포하는 것이 금지되었다.

2000년을 전후로 프라이버시는 사실상 존재하기 어려운 개념이 되었다. 1999년, 선 마이크로시스템스(Sun Microsystems)의 공동 창립자인 스콧 맥닐리(Scott McNealy, 1954~)는 "프라이버시는 죽었다. 잊어버려라(You have zero privacy anyway. Get over it)"라고 주장하는가 하면 캐나다의 컴퓨터 전문가 캘빈 고틀립(Calvin C. Gotlieb) 교수도 프라이버시는 "그 시대가 왔다가 가버린" 개념이라고 주장했다. 정보 기술 덕분에 웹으로 연결된 컴퓨터에 담긴 모든 데이터는 해킹에 의해 도난, 감시, 변조, 파괴당할 수 있다. 도로, 자동차, 전자 기기, 모든 사무실, 모든 가정 등이 상호 간의 네트워크로 연결되는 유비쿼터스 시대에 프라이버시는 보호하기 어려운 개념이 된 것이다. 캐나다 요크대학 정치학과의 렉 휘태커 교수는 21세기의 이러한 현상을 '개인의 죽음'이라 명명했다. 휘태커는 20세기를 '감시 국가', 21세기를 '감시 사회'로 규정한다. 21세기는 20세기와는 굉장히 다른 형태의 권력 복합체로서 20세기가 국가 중심의 감시 권력이 영향을 미쳤던 것과는 전혀 다른 방식으로 21세기는 세계화된 감시 장치가 권위, 문화, 사회, 정치에 절대적 영향력을 행사한다고 주장한다.

21세기 사회에서는 인류 역사상 유례가 없는 방식으로 지구 전역이 항상 도청되고 항상 녹화되고 있다. 캘빈 고틀립의 말대로 21세기에는 프라이버시를 희생시켜 얻는 보상이 너무 흔해져서 모든 실용적인 목적에 더 이상 프라이버시는 존재하지 않는다. 프라이버시 문제에 대해 지속적인 운동을 펼치는 정치가도 없고 프라이버시를 지지하는 운동을 벌이자는 투표도 없다. 오히려 많은 정치인들이 법과 질서, 공공 치안을 위한다는 명분으로 감시를 확대하자는 편에 서서 감시를 확대할 방안을 옹호하고 있다.

1960~1970년대 미국에서 개발된 화상전화는 기술적인 결함 때문에 문제가 되었던 것이 아니라, 사람들이 전화를 받는 자신의 모습을 상대방에게 보여주기 싫어한다는 이유 때문에 실패했다고 한다. 그렇지만 21세기의 젊은이들은 도리어 화상 채팅에 열중하는 모습을 보인다. 웹캠으로 찍은 사진이나 스티커 사진을 공개적으로 인터넷에 올리면서 친구할 사람을 찾는 일은 이제 다반사다. 젊은이들에게는 실명으로 올리는 사랑 고백터도 거리낌이 없다. 아니, 오히려 인기를 끌고 있다. 자신의 내밀한 감정인 사랑도 공개적으로 전시하는 것이다. 젊은 세대가 자신의 사생활이 담긴 사진을 공개하는 일은 비일비재하다. 이들은 자신의 자세한 신상 정보가 올라가 있는 홈페이지, 인터넷상에서 쓰는 일기, 웹캠으로 찍은 자신의 공적인 업무, 집에서의 은밀한 사생활까지도 스스로 거침없이 공개하고 있다.

21세기의 젊은이들은 치명적인 감시기술에 맞서 프라이버시를 지키려는 허망한 노력을 시도하지 않는다. 오히려 프라이버시를 과감히 포기하고 대신 익명의 군중이 난무하고 사적 개인의 종말이 다가와 실존이 위태로운 세상에서 자신만의 보통 개인으로서의 고유한 정체성을 지키는 편을 택한 것으로 보인다.

2.4. 통치적 합리성(governmentality, governmental rationality)

'통치적 합리성'은 '통치성'으로 줄여 말해지기도 하고 다른 말로 '근대 국가의 합리성' 또는 '통치하는 이성(reason)'이라고 달리 표현되기도 한다. 통치적 합리성은 "어떻게 국민은 지도되고 관리되어야 하는가?"라거나 "우리 삶을 어떻게 조직할 것인가?"라는 질문을 통해 나의 문제, 우리의 문제, 사회의 문제, 국가의 문제를 사유하는 방식이라 할 수 있다.

불리학자 홍성욱 교수는 푸코가 『감시와 처벌』을 출간한 이후 통치적 합리성이라는 개념에 대해 고민했다는 점을 거론하면서 감시의 '두 얼굴'에 주목한다. 권력이란 감시하고 규율을 강제하는 것처럼 개인을 속박만 하는 것이 아니라, 오히려 생산적일 수도 있다는 것이다.

"19세기를 통해 정부가 국민 개개인의 정보를 수집하고 이를 통계적으로 처리한 것은 국민에 대한 관료제의 통제를 강화하는 것이었다. 아울러 이것은 복지국가와 공민권에 대한 보호를 가능하게 함으로써 개개인의 권리를 신장하는 결과를 낳기도 했다. 이때 공민권(公民權)이란 개인이 선거권과 피선거권을 가지고 정치에 참여할 수 있는 자격을 일컫는다. 작업장이나 기업 조직에 대한 감시는 노동자나 직원을 통제하는 기능 외에도 작업을 합리적으로 '조정'하는 기능도 함께 수행한다."

한 개인은 자연인 개인으로 존재하는 것이 아니라 사회적 개인 또는 법적 주체로 존재한다. 인간으로서 당연히 갖는 기본적인 권리라고 여겨지는 '인권(人權)'은 한 개인이 사회 또는 국가의 구성원으로서 마땅히 누리고 행사하는 기본적인 자유와 권리를 말한다. 사적기업에서 일하는 시민 개인은 사적 규범이 제공하는 보건이나 안전에만 의지해서는 인권을 제대로 보장받을 수 없다. 이때 사적 규범은 국가가 제공하는 보건법, 안전법 등 법의 이름으로 관리할 수 있는 공적 규범에 종속되어야 한다.

예컨대 근로자가 자율적으로 조직하는 노조의 경우, 근로자 개개인의 경제적, 사회적 지위를 향상시키려는 목적을 달성하려면 법의 이름으로 관리할 수 있는 공적 규범이 사적 규범을 종속시킬 수 있어야 한다. '노동조합 및 노동관계 조정법'(줄여서 '노조법'이라 한다)과 같은 공적 규범이 상위법으로서 회사의 노조 설립 방해 내규와 같은 사적 규범을 감시하고 통제할 수 있어야 한다는 것이다. 그러한 감시와 통제의 결과로서 시민 개인은 자신의 인권을 보장받을 수 있다. 이때 법은 국가가 국민을 통솔하고 지휘 감독할 수 있는 관리인과 같은 지위를 갖게 된다.

국가의 통치는 궁극적으로 개인의 인권을 지키고 개개인이 행복을 누릴 수 있는 안전한 사회를 만들기 위해 행사되어야 한다. 역설적으로 통치적 합리성의 관점에 의하면 개개인의 인권을 지키고 안녕과 행복을 보장하기 위해서는 공적 규범이 한 명의 개인뿐만 아니라 하나의 사회 혹은 국민 전체를 통치할 수 있어야 한다.

신자유주의시대인 오늘날 우리가 나의 삶의 문제를 하나의 '비즈니스'로, 나를 하나의 '기업'으로 대한다고 할 때 그것은 단순한 은유가 아니다. 이러한 은유는 우리 삶과 사회를 조직하는 방식으로써의 신자유주의적 '이성(reason)', 혹은 신자유주의적 '합리성'이라는 사유형태이다. 즉 기업과 기업의 경쟁, 만인에 의한 만인의 경쟁이라는 시장의 고유한 조직방식을, 시장을 넘어 사회 그 자체에 부과하는 것이다. 이제는 상품과 상품의 경쟁 대신에 배움의 고유성이 스펙이라는 명칭으로 서로 경쟁하고 노동의 고유성이 몸값이라는 이름으로 경쟁한다.[1]

통치성은 '전체화하면서 동시에 개별화하는 권력이다.' 전체화되고 개별화되는

---

1 출처 : https://totobooks.tistory.com/29 [토토네 서재]

인공지능시대의
창의적 사고와 소통

과정 속에서 우리는 주체화된다. 학점, 영어점수, 수능점수를 통해 우리는 일률적인 잣대로 평가받으면서 국가 전체의 학업성취도로 전체화되고, 개인의 개별적인 점수로 개별화된다. 배움의 고유성을 포괄적으로 개량하기 위해 정기시험과 쪽지시험, 과제, 출석 등 다양한 방식으로 개개인의 배움이 측정되고 점수화되면서 관리되는 것이다. 그 과정 속에서 우리는 어느 학교의 학생, 어떤 지역의 학생, 마지막으로는 대한민국의 학생이라는 균질한 정체성을 배정받고, 동시에 개별적인 각각의 학생으로서 만인에 의한 만인의 경쟁자로써 다른 학생과 만난다. 이 과정에서 전체 학교와 개별적 학생이라는 관계가 형성된다. 학생과 학생 사이, 학생들과 교사들 사이에서 만들어지는 만남과 여러 가지의 상호작용은 기본적으로 무시된다. 허락되는 것은 학교와 학생 사이 혹은 회사와 노동자 사이 혹은 국가와 개인 간의 관계이다. 즉 개인과 개인은 경쟁이 치열한 시장에서 만날 뿐 그들 사이에 '사회는 없다.'[2]

사회적 기업의 '사회(social)'에는 서로 상반되는 두 가지의 사회가 공존하고 있다. 하나는 고전적 정치경제학이 가정하는 '시민 사회'로서의 사회이다. 이것은 개인으로 만나 시장에서 거래하고 국가와 개별적 관계를 가지는 법-인격들의 총합으로서의 시장을 사회라고 간주하는 모델이다. 다른 하나는, 국가의 층위와 구별되는 일종의 '삶 공동체'로서의 사회이다. 삶 공동체 사회에는 가치를 시장화하는 사회적 기업이 있고, 경제에 사회적 관계를 강요하는 사회적 기업이 있다.[3]

사회적 기업은 경제적 가치만을 추구해 온 전통적 기업과 다르다. 전통적 기업이 물질적 이윤만을 추구했다면 이와 달리 사회적 기업은 사회 취약 계층에게 일

---

2   앞 사이트.

3   앞 사이트.

자리나 복지 서비스를 제공하고 지역 주민의 삶의 질을 높이기 위한 사회적 가치를 추구한다. 사회적 기업은 주주나 소유자 등 자본가를 위한 이윤의 극대화를 추구하지 않고 이윤을 지역 공동체에 다시 투자하여 지역사회에 공헌할 의도를 가장 우선시하는 기업이다.

통치적 합리성이란 국가란 무엇인가라는 고유한 물음과 이 물음이 파생시키는 다양한 지식과 제도, 기술들을 포괄하는 개념이다. 생명정치 혹은 생명권력이란 통치 대상인 국민의 삶 중에서 특히 출산부터 성장, 결혼, 임신, 질병, 노화, 죽음에 이르기까지, 주로 생명으로서의 삶에 대해 관심을 가지고 행사되는 근대적 권력의 형태이다.[4] 이 통치적 합리성은 한편으로는 권력의 근대적 형태 전반에 관한 사유이면서 또 다른 한편으로는 새로운 관점의 자유주의 권력 분석 방식이기도 하다.

2.5. 생각할 거리

* 다음 글을 읽고 어떤 의문점이 생기는가?

사생활의 종말

21세기에 들어서면서 사람들은 이제 더 이상 국가나 기업의 전면적이고 노골적인 감시에 저항하지 않는다. 개인들은 국가가 요구하는 대로 주민등록증 발급을 위한 전자 지문등록 요구에 순순히 응한다. 또 개인들은 기업이 요구하는 대로 순순히 개인 정보를 알려주고 개인 정보 활용에 동의한다.

---

4   앞 사이트.

근대의 원형감옥이 많은 수의 죄수를 감시하면서 처벌을 제재의 도구로 사용했다면, 현대의 원형감옥은 소비자를 감시하면서 혜택을 제재의 도구로 사용한다. 현대 원형감옥에서 이루어지는 최악의 제재는 누군가를 혜택에서 배제하는 것이다.

21세기형 감시의 강점은 사람들이 자발적으로 감시에 참여하도록 만드는 것이다. 대부분의 사람들은 혜택이라는 달콤한 유혹에 이끌려 직접 원형감옥으로 걸어 들어가는 셈이다. 원형감옥으로 들어선 대부분의 사람들은 원형감옥에 참여함으로써 얻는 긍정적 혜택 때문에 자신에게 돌아올 불리한 점이나 앞으로 자신에게 들이닥칠 위험을 잘 깨닫지 못한다. 개인정보가 유출되어 원치 않는 신상이 털리고 통장에 있던 돈이 순식간에 빠져나가는 경험을 하고 나서야 사람들은 자신이 원형감옥 속에 있다는 것을 알아차리게 된다.

'시장의 감시'는 아이러니한 특성을 가지고 있다. 시장의 감시는 겉으로 드러나는 것과 실제의 사실 사이에 괴리를 발생시킨다. 즉 겉과 속이 다르다는 것이다. '시장'이라는 원형감옥은 사람들이 필요로 하는 것을 이해하고 그러한 욕구를 채워주는 방식에 근거하고 있다. 즉 시장은, 겉으로는 사람들의 요구에 맞춰 공급을 해준다는 명분 있는 자세를 취하지만 속으로는 잠재되어 있었던 욕구를 불러일으키거나 존재하지 않았던 욕구를 만들어 내어 소비자를 착취한다.

예컨대 자본주의 시장은 최근 몇 년 동안 '게이 시장'의 가능성을 살펴왔다. '게이 시장'의 출현은 게이와 지역사회 및 레즈비언과 지역사회 간의 관계를 재구조화하는 데 있어서, '성적 지향에 근거한 차별'을 철폐하는 방향으로 나아가는 데 중요한 걸음이 된다. 게이 시장은 겉으로는 소수자와 주류집단과의 차이를 인정하고 소수자의 입지를 정당화해준다는 점에서 명분이 있었지만 속으로는 팔 수 있을 때까지 판다는 이윤 추구의 목적이 깔려있었다.

명품 시장의 경우, 이 시장은 구매력을 가진 사람들 사이에서만 교류가 이루어진다는 한계를 가진다. 물론 이러한 지적은 철저히 자본의 시선에 의한 것이다. 자본주의는 역사적으로 항상 수많은 차이와 저항을 포섭해내는 놀라운 능력을 보여주었다. 자본주의는 이윤이 발생하는 것이라면 무엇이든 포섭해내는 포식자로서의 역량을 가지고 있기 때문이다. 명품 시장에서는 고가의 한정판을 만들어 소수의 돈 많은 사람들만을 상대한다. 명품을 구입하려는 사람들은 기업이 요구하는 대로 순순히 개인정보를 내어주는가 하면 명품을 구입한 후에도 같은 제품을 구매한 사람들끼리 사용 후기를 사진과 글로 공유하는 등 자신의 사생활을 기꺼이 노출한다.

소비자는 명품 시장의 한정판 판매 전략 때문에 명품을 구입한 자와 그렇지 못한 자로 구분되거나 고가의 판매 전략 때문에 구매력이 있는 자와 그렇지 못한 자로 나뉜다. 이와 같이 '상품화된 차이'가 차별을 위한 기록이 되기도 한다. '상품화된 차이'는 누군가의 권한을 박탈하고 배제하는 근거가 되기도 한다. 구매의 권한이 박탈되거나 구매를 거절당한 누군가는 소비의 매력과 혜택에서 배제되지만, 동시에 감시의 눈길에서도 벗어난다. 이와 같이 강제 배제된 소비자는 본인의 의사와는 상관없이 명품 시장이라는 원형감옥에서 나올 수 있는 것이다.

감시문제의 복합성은 소위 '아래로부터의 감시', 즉 힘없는 자들이 힘 있는 자를 감시하는 식의 '감시-역 감시'가 이루어지는 상호감시의 상황에서 더욱 분명해진다. 이러한 '상호감시' 상황에서 정치인의 사생활이 대중매체에 공공연히 노출된 경우를 예로 들어 생각해 보자. 이러한 경우에 발생할 수 있는 후유증은 공사 구분이 불분명해지고, 실제 세계와 공상 세계를 구분하는 것도 점차 어려워지는 현상으로 나타난다.

공인으로서의 정치인의 입지는 노출된 사생활 때문에 위험에 처하게 된다. 정치인의 사생활을 보도하는 뉴스는 '대중의 알 권리'를 내세워 정치인을 곤경에 빠뜨리게 되고 그 '알 권리' 때문에 사생활이 털린 정치인은 오락거리로 전락하게 되면서 다시 그 오락거리는 뉴스가 된다. 유명 연예인의 경우, 미혼부로 20년을 살아온 한 배우가 미혼 상태로 가난에 시달리면서도 긴 시간 동안 아이 아버지로서의 삶에 충실했다는 사생활이 노출되면서 미담의 주인공으로 부상한다. 이를 계기로 여러 기업과 방송 매체에서는 이 배우의 미담 이미지를 활용하기 위해 각종 광고와 방송 프로그램에 출연시켜 배우의 삶을 회복시켜 주었다. 이와 같이 현대 사회는 사생활이 공적 삶에 영향을 미치기도 하고 공적 삶이 사생활에 영향을 미치기도 하는 등 공사 구분이 불분명하다.

상호감시가 만연된 사회에서는 한 사람의 인생에서도 어느 순간은 프라이버시가 보호되어야 득이 되는 경우도 있고 또 다른 순간은 프라이버시가 노출되어야 득이 되는 경우가 발생하는 등 프라이버시 권리는 유동성이 크다. 최근에는 '프라이버시 권리'가 오히려 '대중의 알 권리'를 방해하는 장벽으로 간주되기도 한다.

상호감시 상황에서 '대중의 인기를 등에 업고 권력을 유지하려는 정치인' 유형의 포퓰리스트들은 '아래로부터의 감시'가 가진 역설을 감춘다. 역설이란 겉으로는 모순되지만 그 속에 진실을 담고 있는 표현을 말한다. 구체적으로 예를 들면 역설이란 '자신의 매력을 강조하면 할수록 매력이 줄어든다.'거나 '교통이 발달하면 할수록 우리는 점점 더 시간에 쫓기며 산다.'와 같은 식이다. 자유주의자들은 감시의 침해로부터 개인을 보호하거나, 그러한 침해를 최소화하는 법적 보호장치를 만들어 프라이버시를 보호하는 것이 인권을 지키는 해답이라고 주장한다.

'프라이버시 보호'는 본질적으로 정보의 자유와 갈등관계에 있다. '프라이버시 보호'는 감시의 눈으로부터 벗어날 수 있는 장점이 있지만 현대 사회의 환경에서는 보수주의적 선택이 될 수 있는 위험성이 있다. 반대로 '프라이버시 포기'는 감시의 대상이 되면서 동시에 역감시의 가능성에 열려있지만 역감시의 '감시' 자체의 중요성을 강화하고 익숙하게 하여 오히려 결과적으로 감시를 한층 더 강화하도록 유도하는 측면이 있다는 점을 명심해야 한다.

참고문헌 및 참고자료

강준만, "미셸 푸코, '판옵티콘'이란 무엇인가", 『대중문화의 겉과 속, 2』, 인물과사상사, 2003.

강준만, "프라이버시는 '그 시대가 도래했다가 가버린' 개념인가? : 프라이버시의 종언", 「프라이버시」, 『미디어 법과 윤리』, 제4장, 인물과사상사, 2016.

강준만, "홀로 있을 권리", 「프라이버시」, 『미디어 법과 윤리』, 제4장, 인물과사상사, 2016.

김학재, "'감시'에 반대하는 '자유민주주의적 시선'-렉 휘테커의 『개인의 죽음(The End of Privacy)』", 미디어운동 연구저널 ACT, 제50호, 2008. 4. 17.(https://mediact.tistory.com/633 [MEDIACT])

렉 휘태커, 이명균·노명현 역, 『개인의 죽음 : 이제 더 이상 개인의 프라이버시는 존재하지 않는다』, 생각의나무, 2001.

로이 보인 저, 김보현 역, 『포스트모더니즘과 사회』, 한신문화사, 1992.

로이 보인 저, 홍원표 역, 『데리다와 푸꼬 : 동일성과 차이』, 현대프랑스철학총서, 29, 인간사랑, 1998.

미셸 푸꼬, 오생근 역, 『감시와 처벌』, 나남, 1994.

서동진, 『자유의 의지 자기계발의 의지』, 돌베개, 2009.

홍성욱, 『파놉티콘-정보사회 정보감옥』, 책세상, 2002.

http://blog.naver.com/8uuu/80015967071

http://blog.naver.com/kongsai101/10014152426

<u>단원 설정 배경</u>

이 장은 최근 들어 전 지구적으로 감시가 확장되면서 한 개인이 어떤 입장에 놓이느냐에 따라 감시에 대해 정반대의 태도를 취하는 유동적인 대응 현상을 메타적 관점으로 살펴보기 위해 마련되었다. 어떤 경우에는 감시가 만연된 사회 속에서 인권 침해를 불쾌해하면서도 또 다른 경우에는 자신을 드러내기 위해 적극적으로 사생활을 노출시키면서 인권 침해를 묵인하고 있다.

감시당할 수도 있고 감시할 수도 있는 현대 사회에서 개인은 감시에 대해 막연한 두려움을 갖게 된다. 어떤 개인도 피해자가 될 수 있다는 막연한 두려움은 감시와 관련된 사건을 직접 겪거나 소식을 접하면서 타자에 대한 공포로 진행된다. 그런 와중에도 신용카드를 사용하고 인터넷 쇼핑몰을 이용하는 사람들은 스마트폰을 통해 자신의 정보를 불특정 타자에게 서슴없이 내어 준다.

감시에 대한 폐해를 훤히 알면서도 사람들은 점점 스마트폰에 빠져들면서 감시당하는 길로 깊숙하게 들어간다. 감시를 선택한 개인은 기꺼이 감시에 복종하는 자세를 취한다. 마치 감시당하려고 안간힘을 쓰는 것처럼 말이다. 이 장에서는 감시에 저항하면서도 감시를 수용하는 현대인들의 이율배반적인 모순된 태도에 대해 살펴봄으로써 마치 나선형으로 꼬인 리본처럼 뫼비우스의 띠를 만들고 있는 우리 사회를 탐색하는 동시에 우리 자신을 스스로 성찰해 보고자 한다.

<u>학습 목표</u>

1. '친절한 권력'의 위험성을 파악한다.
2. 스마트 권력의 심리전을 이해한다.
3. '바놉티콘'의 개념을 정확하게 이해한다.

<u>핵심어</u>

스마트 권력, 디지털 판옵티콘, 디지털 바놉티콘, 심리정치, 프로젝트, 서브젝트

4강 | 바놉티콘과 심리정치
Banopticon & Psychological Politics

1. '바놉티콘'이란 무엇인가

1.1. 생각할 거리

* 다음 사항은 어떻게 연관될 수 있는가?

①	폭력적 권력	a	노예처럼 남의 지배를 받게 되거나 남의 간섭에 매이게 되는 현상
②	친절한 권력	b	금지하고 방지하고 억압하는 부정성의 원리 대신 허용하고 장려하고 활성화시키는 긍정성의 원리에 따라 상대방이 자발적으로 스스로를 발가벗기고 스스로 고백하도록 유도하는 힘
③	예속화	c	본인의 의사를 무시하고 원하지 않는 일을 하게 하는 강제력
④	호모 루덴스	d	놀이하는 인간으로서 풍부한 상상의 세계로부터 다양한 창조 활동을 전개하는 존재

⑤	바놉티콘 banopticon	e	국경을 초월하는 다국적 기업, 중앙은행과 연기금으로 대표되는 금융기관, 미국과 유럽, 일본을 아우르는 경제 강국들, 세계무역기구와 세계은행, 국제통화기금 등의 경제, 금융 관련 국제기구 등 지구촌 경제 전반을 주무르는 세력을 일컫는 단어
⑥	경제 권력	f	빅 데이터상에서 무의미한 자료로 분류되어 쓰레기로 취급하거나 무가치한 존재로 낙인찍어 배제하는 기구
⑦	프로젝트 project	g	계속해서 스스로를 기획하고 창조해가는 자유로운 존재
⑧	서브젝트 subject	h	남의 지배하에 있는 예속된 존재
⑨	다중	i	감정이 능력이자 자본이 되어 경제 영역에서 중요한 가치를 지니게 되고 경제적 법칙이 감정 영역에서 중요한 원리가 되는 현상
⑩	감정 자본주의	j	군사력과 같이 강제로 상대를 지배할 수 있는 하드파워나 문화와 같이 매력으로 상대를 끌어들여 원하는 결과를 얻어내는 소프트파워, 이 둘 중 어느 한쪽에만 비중을 두지 않고 양자를 효과적으로 결합시켜 활용하는 힘
⑪	스마트 권력	k	권력자를 탄핵하기 위해 '촛불 집회'에 모인 사람들처럼 각자 개인으로서의 정체성을 가지고 개별적으로 행동하면서도 특정한 사안에 동의할 때 공통의 목적을 가지고 공동으로 행동하는 사람들

1.2. 빅 데이터(Big data)와 디지털 바놉티콘(Digital banopticon)

우리가 살고 있는 현재는 지구에 있는 모든 것이 데이터가 되는 세상이다. 심지어는 살아 숨 쉬는 모든 것이 데이터로 저장된다고 할 정도이다. 우리의 삶이 디지털로 이루어지면서 사람들은 엄청나게 많은 데이터를 만들어 내고 있다. 2천 년을 전후해서 해마다 인류가 만들어 내는 데이터양은 과거 5천 년이 넘는 세월 동안 인류가 생산한 모든 데이터보다 많다. 이것을 말 그대로 '엄청나게 거대한 데이터', 즉 '빅 데이터(big data)'라고 한다. 엄청난 크기와 다양한 종류의 데이터가 어마어마한 속도로 모아지자 사람들은 방대한 데이터 속에 파묻혀 빅 데이터의 의미를 헤아릴 수 없을 지경에 이르게 되었다.

그런데 컴퓨터 성능이 발전하고 클라우드 서비스와 하둡(Hadoop) 같은 분석 도구가 상용화되자 대용량 정보가 저렴한 비용으로 처리되기 시작했다. 클라우드 서비스(Cloud Service)는 개인용 컴퓨터 안에서만 저장, 연산, 정보처리, 정보 생성 등의 모든 것을 처리할 수 있는 세상에서 인터넷 단말만 있으면 어디서든 인터넷을 통하여 영화, 사진, 음악 등 미디어 파일 문서와 주소록 등 사용자의 콘텐츠를 서버에 저장해 두고 스마트폰이나 스마트TV를 포함한 어느 기기에서든 다운로드한 후 사용할 수 있는 서비스이다. 하둡(Hadoop)이란 여러 개의 저렴한 컴퓨터를 마치 하나인 것처럼 묶어 대용량 데이터를 처리하는 기술이다. 이와 같은 기술의 발달로 드디어 우리는 빅 데이터 속에서 가치 있는 정보를 발굴하고 의미 있는 정보를 얻어낼 수 있게 되었다.

빅 데이터를 통해 벤담의 판옵티콘 개념에도 극적인 변화가 일어났다. 벤담의 판옵티콘은 규제와 검열로 사람들을 통치하는 정치권력 행사의 일환이었다. 게다가 벤담의 판옵티콘은 원근법적 시점의 제약에 묶여 있었다. 벤담의 판옵티콘은 중심 투시법 내지 일점 원근법으로 중앙탑이라는 하나의 소실점과 위에서 내려다보는 부감 시점을 사용해서, 소수의 감시자가 다수의 죄수를 통제하는 효율적인 감시기능을 발휘했다. 벤담의 판옵티콘은 어디까지나 아날로그적인 시점을 가지고 있었기 때문에 수감자들을 물리적으로만 통제했을 뿐 수감자들이 속마음에 담고 있는 소망이나 자율의지까지를 감시하지는 못했다.

빅 데이터로 작동하는 디지털 판옵티콘은 시점이 없다. '시점이 없다는 말'은 모든 각도에서 감시할 수 있는 '전 방위 시선'이 제공된다는 뜻이기도 하다. 디지털 판옵티콘은 시점에 제한이 없기 때문에 사람들의 관심이 미치지 못하는 사각지대마저 없애 버린다. 벤담의 판옵티콘에서는 감시자가 수감자들의 은밀한 속마음까지는 알 수 없었다. 수감자들의 심리상태는 감시자가 결코 볼 수 없었고 통제할 수 없었던 사각지대였다. 이에 비해 디지털 판옵티콘은 사각지대마저 볼 수 있고 통제할 수 있는 전방위적인 감시 역량을 갖추게 되었다. 빅 데이터 덕분에 디지털 판옵티콘은 인간의 심리까지 들여다볼 수 있게 된 것이다. 벤담의 판옵티콘이 '지금, 여기'의 현재만을 통제하려 했다면 디지털 판옵티콘은 현재를 바탕으로 미래까지 통제하려는 야심을 보인다. 벤담의 판옵티콘은 형벌이 집행되고 있는 수감자의 현재 상태에만 초점을 맞추었다. 이에 비해 디지털 판옵피콘은 한 사람의 인생 전체를 전방위적으로 기록하고 분석하면서 다가올 미래까지 예측해낼 수 있는 스마트 권력을 획득하게 되었다.

스마트 권력은 스마트 기기와 스마트 서비스가 평등의지와 결합하면서 발생했다. 스마트 기기는 기존에 가지고 있는 정보 기기의 기능 이외에도 언제 어디서나 무선 통신으로 인터넷 접속이 쉽고 휴대하기 간편하며 음성이나 화상 통신을 할 수 있는 정보 기기를 말한다. 스마트 서비스는 이용자가 처한 상황을 감지하고 분석하여 이용자가 원하는 서비스를 쉽고 빠르고 편리하게 제공하는 똑똑한 서비스를 말한다.

그간 우리는 인구, 영토, 경제력, 군사력 등 물리적인 것들이 전략이나 의지에 의해 발현되는 힘을 권력이라고 믿었다. 권력이 발생한 초창기에는 군사력이나 경제력과 같은 하드 파워가 중심을 이루었다. 하드 파워는 미국의 이라크 침공이나 러시아의 그루지아 침공 등에서 볼 수 있는 것처럼 강압과 응징을 내세운다. 점차 문화적 교류, 인적 교류, 외교술, 언론전 등이 외교 무대에서 크게 영향력을 발휘하자 이러한 형태의 능력이 소프트 파워라고 지칭되었다. 소프트 파워는 올림픽이나 남북 예술인 문화교류처럼 신뢰나 매력으로 상대를 끌어들여 원하는 결과를 얻어내는 힘이다. 그 이후 스마트 기기의 위력이 차차 거세어지자 소프트 파워가 점차 쇠퇴하면서 2000년대 후반에 들어서면서부터는 미국을 중심으로 스마트 파워의 개념이 부각되기 시작했다. 2009년 1월, 미국 국무장관 힐러리 클린턴은 미 상원의 인사청문회에서 "우리 미국은 동원 가능한 모든 외교정책 도구를 활용하는 '스마트 파워'를 사용할 것이다."라고 공식 천명하면서부터 전 세계적으로 스마트 파워가 중요하게 논의되기 시작했다. 현재 미국을 비롯한 IT강국 중심으로 인류는 그간의 경험을 바탕으로 하드 파워와 소프트 파워를 영리하게 조합함으로써, 타국이 자국의 목표에 자발적으로 동의하게 만드는 스마트 파워, 즉 스마트 권력을 건설하기 위해 혈안이 되어 있다.

우리는 하루에도 수없이 디지털 기기를 클릭하고 검색어를 입력한다. 클릭하고 입력하는 모든 행위는 빠짐없이 데이터로 저장된다. 웹에서 이루어지는 모든 동작, 행동, 몸가짐 등 우리의 모든 행동거지는 완벽하게 관찰되고 기록되어 데이터가 되는 것이다. 이러한 데이터를 근거로 디지털 판옵티콘은 우리의 습관, 인격, 심리상

태까지 우리가 스스로에 대해 알고 있다고 생각하는 것보다 더 정확하고 완벽하게 우리를 분석하고 파악해 낼 수 있다.

디지털 판옵티콘은 빅 데이터를 통해 개인의 사생활 패턴과 무의식까지 들여다볼 수 있게 되면서 특정 개인이 현재 욕망하는 것들뿐만 아니라 앞으로 욕망하게 될 미래의 것들까지 미리 파악하여 일 대 일 개인 맞춤형 서비스를 제공한다. 우리는 빅 데이터에 의해, 알 수조차 없었던 물건을 앞으로 구입해야 할 상품으로 추천받게 되고 의식조차 하지 못했던 것들을 앞으로 선택하게 될 것들로 소개받는다.

결국 빅 데이터(Big data)는 빅딜(Big Deal)로 수렴되면서 새로운 경제 권력으로 부상하고 있다. 경제 권력이란 자본의 힘이 커지면서 구매력이 큰 개인이나 집단을 지칭하는 용어가 되었다. 최근에는 다국적 기업, 중앙은행과 같은 금융기관, 세계무역기구와 세계은행, 국제통화기금 등 지구촌 경제 전반을 주무르며 전 세계 곳곳에 영향력을 행사하는 집단을 경제 권력이라 한다. 경제 권력으로 불리는 극히 소수의 엘리트 집단은 거대한 자본의 흐름을 좌지우지하는가 하면 각 경제 권력들 서로 밀접한 관계를 유지하며 국가와 인종을 초월하여 지구촌 경제 전반을 장악하고 있다. 이제는 누가 양질의 빅 데이터를 가지고 어느 정도의 영향력을 행사할 수 있느냐에 따라 새로운 경제 권력이 만들어진다.

빅 데이터의 측면에서 보자면, 개인 관련 데이터는 상품화되면서 금전적 거래 대상이 된다. 결과적으로 인간 자신이 상품이 되는 것이다. 데이터가 돈이 되는 세상에서 사람은 두 부류로 구분된다. 빅 데이터는 돈이 되는 사람과 그렇지 못한 사람을 구분한다. 경제적 가치가 있는 사람은 다시, 일반 고객, 우수 고객, 최우수 고객 등으로 세분화된다. 경제적 가치가 적은 사람은 주목의 대상이 아니다. 경제적 가치가 없는 사람은 신용불량자로 분류되면서 인간쓰레기 취급을 받는다. 신용불량에는 연좌제가 있다. 아버지가 신용불량자로 평가되면 자녀한테도 신용대출이 되지 않는다. 부부 중 한 사람이라도 신용불량이면 정부 지원 금융에서 대출을 못 받게 된다. 이것을 금융 연좌제라고 한다.

디지털 세상은 오직 돈 위주로 사람을 평가한다. 쉽게 말해 인간은 '돈 쓰는 사람', 즉 소비자로서 가장 먼저 규정된다. 도둑질을 하고 사기를 쳤더라도 신용카드만 많이 사용하면 우수 고객이 된다. 도덕적으로 성실하게 살아도 신용카드 사용 금액이 낮으면 제대로 대접을 받지 못한다. 대접 못 받는 정도가 아니라 관심 밖의 버림받는 대상이 된다. 그래서 소비자는 끊임없이 돈을 쓰면서도 버림받는 대상으로 전락하게 되지 않을까를 걱정하며 전전긍긍하게 된다.

빅 데이터 세계에서는 디지털 판옵티콘과 동시에 디지털 바놉티콘이 생성된다. 한국 출신의 독일 철학자 한병철 교수에 의하면, 디지털 판옵티콘은 시스템 내에 들어와 있는 사람들을 감시하는 기구이고 디지털 바놉티콘은 누군가를 시스템에서 배제하는 기구라는 것이다. 웹상에서 회원으로 인정되는 순간 그는 디지털 판옵티콘에 갇힌 수감자가 되지만 여러 가지 혜택을 누리게 된다. 디지털 판옵티콘에서는 시스템 안에 들어와 있는 사람들을 정회원, 우수 회원, 최우수 회원으로 등급화한 후 혜택을 차등 지급하는 세심함까지 보인다. 그러나 비회원, 탈퇴회원이 되면 그는 시스템상에서 불청객으로 낙인찍히면서 시스템에서 배제된다. 디지털 판옵티콘에서는 비회원을 시스템 안으로 끌어들여 미래의 회원으로 만들기 위한 노력도 게을리하지 않는다. 예비 회원 제도가 그것이다. 예비 회원은 관리자의 의도대로 잘 따라주어야만 정회원으로 승인받을 수 있다.

디지털 판옵티콘은 벤담의 판옵티콘이 그래왔던 것처럼 빅 브라더가 되어 여전히 감시와 훈육의 기능을 수행한다. 반면 디지털 바놉티콘은 시스템의 효율을 높이고 시스템을 안전하게 유지하기 위해 비회원이나 탈퇴회원이 시스템에 발을 붙이지 못하게 '존재하지 않는', '없는'이라는 수식어를 붙여 부재 상태로 내몰고 있다. 엄연히 세상에 존재하지만 시스템상에서 배제된 부재 상태의 존재는 시스템상에서뿐만 아니라 세상에서도 소외될 확률이 높다. 자동적으로 왕따가 되는 것이다. 상황이 이렇다보니 결국 사람들은 디지털 바놉티콘의 위력에 굴복하지 않을 수 없게 된다. 데이터가 인간의 행동을 감시하는 데 그치지 않고 인간의 심리를 조종하게 되는 것이다. 사람들은 감시당하는 두려움보다 소외당하는 두려움을 더 크게 느끼기 때문에 점차 시스템의 명령에 따라 시스템의 이익을 위해 복무하게 되고 시스템에 길이 들면서 시스템에 순치(馴致)된다.

폴란드 사회학자 지그문트 바우만(1925~2017)은 그의 저서 『친애하는 빅 브라더(Liquid Surveillance)』를 통해, 감시에 대한 무감각은 배제를 용인하게 만든다고 주장한다. 국가는 자발적으로 제공된 국민들의 개인 정보를 기초로 하여 테러 용의자나 범죄자들을 정상인들과 구분하여 배제할 수 있다. 기업은 시스템상 자동적으로 제공된 개인의 신상 정보를 통해 소비 능력을 상실했거나 더 이상 소비하지 않는 사람들을 선별해서 서비스 제공에서 배제한다. 따라서 배제당하지 않기 위해 사람들은 국가나 기업이 요청하는 개인의 신상 정보를 제공하지 않을 수 없게 된다. 사람들은 국가나 기업의 배제에 저항하지도 않고 의문을 표하지도 않으며 오히려 본인 자신이 배제의 원인을 제공했다고 여기게 된다. 더 나아가 배제에 대한 두려움 때문에 사람들은 시스템상에서 자신이 아직 쓸모 있는 존재임을 증명하기 위해 서비스 제공 기간을 갱신하는 데 전력을 기울일 뿐이다.

인공지능시대의
창의적 사고와 소통

2. 프로젝트(project)와 서브젝트(subject)

2.1. 생각할 거리

* 다음 신문기사를 읽고 어떤 생각이 드는가?

순	기사 내용	내 의견
사건1	에드워드 스노든은 2013년 미국 국가안보국(NSA)이 부당한 일을 하고 있다고 밝혔다. 그것은 국가안보국이 지구의 모든 데이터를 쓸어 모아 개인들을 감시하고 있다는 것이었다. 이에 대해 미국 국민 60%는 스노든이 '부정적인 결과를 초래했다.'고 비난했다. 60%의 미국 국민들은 국가안보를 위해 NSA의 감시활동은 필요한 것이고 당연한 것이라고 입을 모았다.	
사건2	한 지역의 시민들은 자신들의 안전을 위해 골목 구석에 있는 술집 근처에 CCTV를 설치해달라고 정부에 요구했다. 그러나 술집에서는 CCTV가 영업을 방해한다는 이유로 시민들의 요구를 비난하고 나섰다.	
사건3	한 아파트에서는 이중주차 문제로 민원이 발생하자 모든 주민들에게 자동차 앞 유리에 스마트폰 번호를 부착해달라고 요청했다. 이에 일부 주민들은 스마트폰 번호 노출이 범죄에 악용될 소지가 있다 하여 관리사무소의 요청을 거부했다.	

사건4	한 카드사의 고객 정보가 유출되었다. 이에 소비자들은 카드사의 관리 소홀에 대해 향후 발생하는 피해의 책임이 카드사에 있으니만큼 카드사가 피해 금액에 대한 보상을 해야 한다고 주장했다. 이들에 따르면, 소비자들은 신용카드를 사용해야 하고, 신용카드를 사용하려면 어쩔 수 없이 울며 겨자 먹기 식으로 카드사에서 요구하는 개인 정보 제공에 동의할 수밖에 없기 때문이라는 것이다.	
사건5	한 대학 신입생이 독서토론 동아리에 가입했다. 이 신입생은 동아리 회원들이 모두 유명 브랜드의 명품 의상을 입고 명품 가방을 들고 다니는 것에 깜짝 놀랐다. 이 신입생은 누가 뭐라 하지 않는데도 불구하고 이 독서토론 동아리에 계속 참석하기 위해 학업보다 돈 버는 것에 더 집중하기 시작했다. 3년이 지난 지금 이 학생은 본인이 학생인지 알바생인지 정체성에 혼란을 겪고 있다고 고충을 털어놓고 있다.	

2.2. 자유의 종말

한병철 교수는 주체(主體), 즉 서브젝트(subject)를 '예속되어 있는 자'라고 규정한다. 오늘날 우리는 예속된 존재로 살기보다 프로젝트(project)로 사는 삶을 선택한다. 프로젝트(project)는 '끊임없이 스스로를 기획하고 창조해가는 자'로 인식되기 때문이다.

한병철에 의하면, 현대의 프로젝트적 삶은 마치 신하가 군주에게 충성을 바치듯 '시스템에 충성을 바치는 자', '시스템 건설에 동참하는 자'라는 것이다. 우리는 흔히 프로젝트를 어떤 일에 적극적으로 나서서 그 일을 주도해 나가거나 의사소통을 이끄는 당사자로 여기기 때문에 프로젝트적 삶이 시스템에 충성을 바치는 삶이라는 사실을 종종 잊게 된다.

현대 사회는 감시-역 감시가 전 세계적, 전방위적으로 일어나기 때문에 점차 투명한 사회가 되어 간다. 디지털 판옵티콘 속의 개인들은 서로 열심히 소통하며 그 과정에서 타의에 의해서든 자의적으로든 사생활이 개인 정보의 형태로 노출됨에 따라 속이 훤히 들여다보이는 유리 인간으로 재탄생한다. 소셜미디어 덕분에 현대인들은 자기를 드러내고자 하는 노출 욕망과 남을 들여다보고자 하는 관음 욕망을 마음껏 분출할 수 있게 되었다. 그 과정에서 우리는 모든 것이 완전히 털리고 발가벗겨진 유리 인간의 상태가 된다. 그 결과 현대 사회는 더욱 더 서로의 삶을 감시하고 이용하는 디지털 판옵티콘의 세계를 확장하게 된다는 것이다.

디지털 판옵티콘에서 개인은 서로 열심히 소통한다. 그 과정에서 개인은 서로가 서로를 해킹하면서 네트워크화 된다. 숨김, 비밀은 더 이상 보장되지 않는다. 소셜미디어를 통해 서로가 서로를 해킹하고 크로스 체크하면서 모든 것들이 수면 위로 떠오르게 된다. 무제한의 자유를 누리면서 서로 열심히 소통하면 할수록 개인은 무제한의 통제와 감시에 놓이게 되는 것이다. 한병철에 따르면, 디지털 판옵티콘은 만인을 만인에 대한 감시 상태에 놓으면서 빅 브라더와 판옵티콘 수감자의 구분이 사라지게 만드는데, 이러한 상태를 대부분의 개인은 '자유'라고 오해하고 사회는 '투명해졌다'고 착각하게 만든다.

디지털 판옵티콘 속의 개인은 외부의 강제나 타인의 억압으로부터 해방되어 '자유'를 얻었다고 오해하면서 도리어 자기 스스로를 강제하고 억압하는 자기 공격, 자기 억압을 서슴지 않는다. 왜냐하면 현대 사회가 지속적인 성과를 요구하기 때문이다. 벤담의 판옵티콘이 '하지 말라'는 금지와 '해야 한다'는 규율로 개인을 통제했다면 디지털 판옵티콘은 '할 수 있다'는 격려를 통해 스스로를 자발적으로 착취하도록 유도한다는 것이다. 이것을 한병철은 '친절한 권력'이라고 부른다. '나는 할 수 있다. 너는 할 수 있다. 우리는 할 수 있다.(I can do. You can do. We can do it.)'는 무한 가능성에 대한 예찬과 '나는 너를 믿는다.' 등의 기대에 찬 구호는 달콤한 악마의 유혹처럼 친절함으로 포장된 친절한 권력을 행사하는 한 방법이다. 친절한 권력은 '자유' 또는 '자율' 등 자발성의 가면을 쓰고 '바쁘다 바빠.'를 외치며 스스로를 대견해하는 현대인을 소진 증후(burn out)의 상태로까지 몰아붙인다. 현대 사회에서는 자신이 자신을 격려하며 열심히 일을 하면 할수록 성취감보다 우울감을 느낄 뿐이다. 왜냐하면 노동, 끊임없는 노동, 휴식 없는 노동은 인간을 자유롭게 하지 못하기 때문이다. 진정한 자유를 느끼지 못하는 인간에게는 행복감 대신 불행한 감정이 싹트게 된다. 불행감으로 인해 우울한 감정이 오래 지속되면 누구든 우울증을 앓게 된다. 즉 현대 사회는 집단 우울증을 유발한 위험성이 높은 사회로 질주하고 있는 것이다.

인간은 본질적으로 노동하는 것보다 놀기를 좋아하는 호모 루덴스이다. 호모 루덴스(homo ludens)란 네덜란드 철학자 요한 하위징아(Johan Huizinga, 1872~1945)가 주장한 개념으로 '노는 인간' 또는 '놀이하는 인간', '유희하는 인간' 등으로 번역할 수 있다. 하위징아는 그의 저서 『호모 루덴스 (Homo Ludens)』에서 놀이는 문화의 한 요소가 아니라 문화 그 자체가 놀이의 성격을 가지고 있다고 주장했다. 20년 후인 1958년에 출간된 『놀이와 인간』에서 프랑스 사회학자인 로제 카유아(Roger Caillois, 1913~1978)는 하위징아가 놀이 분류의 기본 범주로 제시한 '경쟁'과 '모의' 위에 '운'과 '현기증'이라는 두 가지 범주를 추가해서 인간은 어떻게 노는 것을 좋아하는지를 크게 네 가지로 분류하여 표현한 바 있다.

한병철은, 개인의 자유 경쟁 속에서 자유롭게 해방되는 것은 개인이 아니라 자본이라고 주장한다. 오늘날 우리는 자기 자신의 욕구를 충족시키기 위해서 자신이 원하는 만큼 자유롭게 일하는 것 같지만 실상은 자본의 욕구를 위해서 일한다는 것이다. 오늘날은 어떤 계급도 자본의 욕구로부터 자유롭지 못하다. 어느 누구도 자본의 욕구로부터 빠져나갈 수 없게 된 것이다. 그럼에도 불구하고 어느 누구도 자본의 욕구가 작동하는 시스템 자체에 저항하지 않는다. 모두들 자본의 욕구에 예속되어 자신이 자신을 착취하면서 자본의 시스템에 복무할 수밖에 없는 환경에 처해있기 때문이다.

3. 감정 자본주의와 다중(多衆, multitudes)

3.1. 생각할 거리

* 다음 사항을 읽고 어떤 생각이 드는가?

관종 심리

페이스북을 만든 미국의 마크 저커버그는 사람들의 외로움을 해결해주고 싶었다고 주장한다. 저커버그에 의하면 사람들은 주목받지 못하거나 무시당하거나 도외시되거나 유배되는 등 누군가로부터 배제되는 것을 그 무엇보다도 끔찍하게 싫어한다는 것이다. 즉 우리 인간은 모두 관종이라는 것이다. 관심받고 싶어 하고 관

심받지 않고서는 살아갈 수가 없는 존재가 사람이다.

페이스북 사용자들 간에는 '비밀이 있는 사람은 믿을 만한 사람이 아니다.'라거나 '자신을 공개하지 못하는 사람은 어딘가 석연치 않다.'는 사고방식이 널리 퍼져 있다. 페이스북은 '나'를 파는 시장이기 때문이다. '나'는 소비자이다. 소비자가 소비하는 이유는 '나'에게 투자해서 '나'를 상품 가치가 있게끔 만들어 '나 자신'을 시장에 내놓으려는 목적을 가지고 있기 때문이다.

페이스북 이용자들은 좋은 옷을 입은 사진을 올리거나 미용실에서 최근 유행하는 스타일로 다듬은 머리 모양, 피부 관리를 받는 모습, 멋진 차를 타고 다니는 모습 등으로 외적 가치를 높이려고 노력한다. 그래야 자신이 페이스북 시장에서 소비될 수 있는 존재로 관심을 받을 수 있기 때문이다.

사람들은 서비스를 공짜로 사용할 수 있는 기회가 생긴다면 하루에도 몇 번씩 자신의 신상정보를 넘긴다. 평소에는 스마트폰 번호조차 공개하기를 꺼리던 사람들도 회원등록을 위해서는 의심 없이 업체가 요구하는 대로 모든 것을 줘버린다. 사람들은 자신의 개인정보가 노출되는 것보다 회원 가입이 거부되지 않도록 더 신경을 쓴다. 심지어는 회원등급을 유지하기 위해 매월 일정 금액 이상을 소비하기도 한다. 이에 대한 대가가 크게 돌아오는 것이 아닌데도 불구하고 말이다.

사람들은 공짜 서비스가 본인을 낚으려는 미끼라는 것을 익히 잘 알고 있다. 자신이 제공한 신상정보가 자신을 감시하는 도구로 작용한다는 것도 잘 안다. 그럼에도 불구하고 왜 사람들은 끊임없이 신상을 제공하고 줄기차게 소비하려 하는가? 페이스북을 끊으면 왜 불안하고 허전하고 패배감이 일어나는가?

인공지능시대의
창의적 사고와 소통

3.2. 감정 자본주의

모든 것이 객관적인 수치로 표현되고 차가운 데이터로 저장되는 빅 데이터 시대에도 인간의 감정은 유효하다. 오히려 기술 문명이 발달하면 할수록 감정은 경제 영역에서 중요한 가치를 지니게 된다. 외로움이 사람들을 페이스북으로 이끌고 불안함이 사람들을 스마트폰 중독자로 만든다.

기업가는 더 많은 판매를 위해 소비자의 감정 변화를 파악하려 애쓰고 노동자는 직장 내 인간관계와 출세를 위해 상대의 감정을 살피면서 자신의 감정을 조절하려 노력한다. 소비자들은 더 많은 소비를 위해 좀 더 나은 직장과 더 많은 소득을 얻기 위해 자기계발 서적을 찾거나 자기계발에 도움이 될 만한 여러 가지 강연들을 찾아다닌다. 덕분에 자기계발 강연들이 하나의 산업으로 발돋움하고 있다.

승자독식의 신자유주의 체제에서 디지털 바놉티콘으로 전락한 다수의 낙오자들은 희망이 보이지 않는 현실을 타계하기 위해 심리 치료 프로그램에 의존한다. 최근에는 인간 상담사보다 사이버 심리치료 프로그램이 각광을 받고 있는 추세다. 미국에서는 무기력증과 우울증에 빠진 사람들을 위해 더불어 행복해질 수 있는 능력인 낙관성, 몰입, 사랑, 창의성 등을 집중적으로 적용하는 '긍정심리학' 운동이 펼쳐지고 있다. 미국의 심리학자 마틴 셀리그만(Martin E. P. Seligman)은 사람들이 디지털 판옵티콘이나 디지털 바놉티콘에 휘둘리지 않고 진정한 행복을 찾기 위해서는 개인의 강점을 파악해서 일, 사랑, 자녀 양육, 여가 활동이라는 삶의 현장에서 활용해야 한다고 주장한다.

공적 생활과 사생활의 부조화가 심한 사람들은 심적 고통을 호소하기도 한다.

심적 고통을 겪고 있는 사람들은 마찬가지로 심적 고통을 이미 겪었던 다른 사람들의 이야기를 통해 위로를 받거나 전문가의 조언에 의지한다. 이런 맥락에서 미국의 <오프라 윈프리 쇼>의 인기를 이해할 수 있다. 이 쇼에서는 일반 시청자가 자신의 사생활 문제를 드러내놓으면 마찬가지로 유명인들도 자신의 이야기를 하거나 비슷한 사례를 예로 들어 조언을 제공한다. 이 쇼는 모든 시청자를 잠재적 환자로 설정하면서 동시에 이들을 잠재적 소비자로 만들어 버린다.

연애와 결혼이 정치적, 경제적인 요인에 의해 점점 더 거래 관계로 이루어지면서 온라인데이트나, 결혼상담회사가 호황을 누리기도 한다. 다른 한편으로는 온라인 만남이 실망을 안겨주면서 특정 연예인에 대한 환상으로 팬덤(fandom)이 늘어가고 한류열풍을 일으켰던 <가을 동화>류의 로맨틱 드라마의 인기가 치솟기도 한다.

디지털 기술의 발달로 오프라인상의 직접적인 만남이 줄어들면서 현대 사회는 상대방의 감정을 읽어내고 배려하는 능력도 많이 쇠퇴했다. 상황이 이렇다 보니 대인관계를 원만하게 하는 소통 기술이 역설적으로 다른 무엇보다 중요한 능력으로 간주되고 있다. 소통 능력의 부족으로 상대의 감정을 아랑곳하지 않는 진상 고객이 늘어감에 따라 항공사 승무원, 호텔과 음식점의 종업원, 콜센터 상담원, 간호사 등은 육체노동과 정신노동 이외에도 감정노동자로 재분류되면서 이들을 위한 감정치료 프로그램들도 점차 호황 산업으로 커가고 있다.

이와 같이 감정은 개인이 실생활에서 참조해야 할 지침으로만 그치는 것이 아니다. 감정은 회사 경영 전략과 국가 정책의 중요한 원리로 떠오르고 있다.

3.3. 다중(多衆, multitudes)

이탈리아 철학자 안또니오 네그리(Antonio Negri, 1933.8.1~)는 노동 시스템을 중심으로 현대인의 삶을 지배하고 있는 전 지구적인 제국적 질서에 대해 개별적 차원에서 저항하며 더 나은 삶을 추구하고자 하는 사람들을 일컬어 '다중(multitudes)'이라고 명명한 바 있다. '다중'을 쉽게 풀어 말하면 '참여 군중'이라 할 수 있다.

다중(多衆)은 각자의 정체성을 가지며 개별적으로 행동하고, 특정한 사안에 동의할 때 개별성을 유지하면서 공동으로 행동하는 사람들이다. 다중은, 단순히 많은 수의 일반인들을 지칭하는 '대중(大衆)'과도 다르고, 동일한 목적의식을 가지고 집단적으로 움직였던 '민중(民衆)'과도 구분되는 개념이다. 한국에서는 소수의 부패한 권력자를 탄핵하려고 모였던 '촛불 집회'가 '다중'에 해당된다.

플래시 몹(flash mob)이나 스마트 몹(smart mob)을 행하는 사람들도 다중이라 할 수 있다. 플래시 몹(flash mob)은 플래시 클라우드(flash crowd)와 스마트 몹(smart mob)의 합성어이다. 플래시 클라우드란 특정 웹사이트에 갑자기 사람들이 몰리는 현상을 뜻한다. 스마트 몹이란 플래시 클라우드와 동일한 생각을 가지고 행동하는 집단이다. 이 두 단어가 결합된 플래시 몹은 서로 전혀 모르는 불특정 다수가 인터넷, 이메일, 스마트폰을 통해 연락을 취하며 사전에 공지된 지령에 따라 정해진 시간과 장소에 모여 아주 짧은 시간 동안 주어진 행동을 취하고는 곧바로 제각기 흩어지는 것을 말한다. 이들은 동일한 생각을 가졌다는 이유로 갑자기 모였다가 순식간에 사라진다. 대표적인 플래시 몹은 2003년 6월, 미국 뉴욕에서 처음 시작된 것으로 알려져 있다. 이때 맨해튼의 호텔 로비에는 200여 명의 사람들이 모여 15초간 박수를 치고는 곧장 사라진 일이 있었다고 한다. 2015년 대구를 주축으로 벌어진 베개싸움은 25개의 도시가 참여하면서 한국에서 가장 큰 플래시 몹으로 기록되었다.

스마트 몹은 '똑똑한'을 뜻하는 '스마트(Smart)'와 '군중'을 뜻하는 '몹(Mob)'의 합성어이다. 이 말은 테크놀러지 전문가인 미국의 하워드 라인골드(Howard Rheingold)가 2002년 10월 출간한 저서 『스마트 몹스(Smart Mobs)』라는 책에서 유래했다. 스마트 몹은 PDA, 휴대폰, 메신저, 이메일 등 첨단 정보통신기술을 바탕으로 네트워크를 구축해 정치·경제·사회·문화 문제에 참여하는 집단을 뜻한다.

스마트 몹의 존재를 가장 크게 부각시키는 곳은 기업체다. 기업체가 관심을 쏟는 이유는 기업의 마케팅 전략에 스마트 몹이 크게 일조하기 때문이다. 같은 제품을 쓰는 소비자끼리는 커뮤니티를 형성함으로써 이들의 입맛에 맞는 상품은 엄청나게 판매된다. 똑똑한 군중은 자신들에게 필요한 제품 아이디어를 직접 제시하기도 한다. 반면 문제가 있는 제품에 대해서는 가차 없이 혹독한 평가를 내리기도 한다. 스마트 몹은 경우에 따라서 온라인과 모바일을 통한 불매운동도 감행한다. 상황이 이렇다 보니 기업은 스마트 몹의 트렌드를 살피고 스마트 몹을 사로잡기 위해 제품 기획 단계에서부터 고객들을 참여시키면서 판매 전략을 세우는 데 촉각을 곤두세우고 있다.

기존의 군중은 기업이 만들어 내는 홍보에 휘둘리고 언론이 만들어 내는 여론에 휩쓸려 자신의 의지와 상관없이 윗사람의 지시에 따라 수동적으로 움직였다. 하지만 정보화 사회의 똑똑한 다중은 스스로 여론을 형성하고 기업의 홍보나 판매에 직접 참여하면서 새로운 성격의 사회 세력으로 발돋움하고 있다. 이들은 디지털 판옵티콘과 디지털 바놉티콘의 문제점을 극복하기 위해 사회적 변화를 주도하는 핵심세력이라 할 수 있다. 라인골드는 스마트 몹을 향해, 영리한 군중이 반드시 현명한 군중이 아니라는 점을 환기하면서 '도구를 과제로 착각하지 말라.'는 걱정 어린 충고를 덧붙인다. 다중의 힘은 인터넷에서의 토론이 아니라 현실에서의 실제적 행동에 있고 사이버 담론이 힘을 발휘하기 위해서는 논리적 주장을 하고 그 주장을 논증할 수 있어야 한다는 것이다.

2001년 필리핀의 에스트라다 대통령이 하야한 결정적인 이유는 휴대전화와 문자 메시지를 동원한 스마트 몹 때문이었다. 당시 필리핀 탐사저널리즘센터는 에스트라다 대통령의 부정축재를 탐사 보도했다. 이 보도를 보고 분노한 필리핀 국민들은 당시 야당을 비롯하여 시민단체, 종교단체, 경제단체, 중산층들까지 휴대전화로 정보를 공유하고 문자 메시지를 통해 한 목소리로 대통령의 하야 시위에 나섰다. 연일 계속되는 스마트 몹의 반부패투쟁으로 말미암아 에스트라다는 탄핵 절차를 거치기도 전에 오직 국민의 힘에 의해 정계에서 물러나게 되었다.

필리핀과 마찬가지로 2016년 박근혜 대통령의 탄핵이 이루어지기까지는 휴대전화의 힘이 결정적이었다. 사람들은 박근혜 대통령의 실정을 지적하는 글과 사진을 휴대전화로 퍼 날랐고 핸드폰 문자를 통해 집회 날짜와 장소를 알리는가 하면 적극적으로 동참을 권유했다. 그 결과 서울 광화문 네거리에서 숭례문까지 수백만 명이 운집하여 촛불집회가 열리게 되었다. 휴대전화로 민심을 한 자리에 모아 그 위세를 통해 탄핵을 이끌어 낸 힘은 당시 한자리에 모여 촛불을 들었던 스마트 몹, 즉 다중에게서 나온 것이었다.

참고문헌 및 참고자료

안토니오 네그리 저, 정남영 역, 『다중과 제국』, 갈무리, 2011.

에바 일루즈 저, 김정아 역, 『감정 자본주의』, 돌베개, 2010.

이승제, 『스마트 권력이 바꾸고 있는 것들: 사상 초유의 권력 투쟁이 시작됐다』, 21세기북스, 2012.

지그문트 바우만·데이비드 라이언 대담, 한길석 역, 『친애하는 빅브라더: 지그문트 바우만, 감시사회를 말하다』, 오월의봄, 2015.

한병철 저, 김태환 역, 『심리정치: 신자유주의 통치술』, 문학과지성사, 2015.

한병철 저, 김태환 역, 『투명사회』, 문학과지성사, 2014.

단원 설정 배경

이 장은 사실(fact)보다 감정이 앞서는 탈진실의 시대가 왜 발생했는지를 살펴보고 이를 헤쳐 나갈 수 있는 방법을 모색하기 위해 마련되었다.

어느 순간부터 전 세계적으로 거짓 뉴스와 거짓 주장이 판을 치고 있다. 이러한 현상은 특정 지역에서만 국지적으로 나타나는 것이 아니다. 거짓 뉴스와 거짓 주장의 폭증은 전 세계적으로 상당한 시간 동안 지속적으로 나타나고 있는 현상이기 때문에 혹자는 이 지속성을 반영하는 '시대'라는 용어를 끌어와 현대를 '가짜 뉴스 시대' 또는 '탈진실의 시대'라 부르기도 한다.

가짜 뉴스와 거짓 주장이 일상적으로 일어나고 그 폐해가 심각하기 때문에 오늘날 대부분의 공중파 뉴스에서는 '팩트 체크'라는 코너를 만들어 거짓을 바로잡으려는 노력을 아끼지 않는다. 이와 같이 이 장에서는 사실이 제대로 규명되고 진실이 힘을 발휘할 수 있도록 효과적인 방안을 찾아보려는 것이다.

학습 목표

1. '가짜 뉴스'의 현상을 이해한다.
2. '거짓 주장'의 양상을 살펴본다.
3. 탈진실의 시대를 극복할 수 있는 방안을 모색한다.

핵심어

가짜 뉴스, 거짓 주장, 탈진실

5강 | 탈진실과 딥페이크
Post-truth & Deep-fake

1. '가짜 뉴스'란 무엇인가

1.1. 생각할 거리

* 다음은 가짜 뉴스로 밝혀진 기사들이다. 이 뉴스들은 어떤 문제를 일으키고 어떤 감정을 유발하는가?

순	가짜 뉴스	문제점
1	미국 44대 대통령 버락 오바마의 부인인 미셸 오바마는 남성으로, 오바마 부부는 위장된 결혼 생활을 이어가고 있다.	
2	난민은 정치적 견해를 이유로 박해를 받아 다른 나라로 망명한 사람들이기 때문에 거의 모두가 쉽게 범죄의 길로 빠져들 수밖에 없다.	
3	마늘이나 파, 생강 등을 많이 먹으면 전염병에 걸리지 않는다.	

4	홍콩 배우 이연걸이 수억 달러에 이르는 전 재산을 자선단체에 기부하고 마흔 살의 나이에 속세를 떠나 입산하여 구도의 길에 나선다.	
5	스포츠영양전문가들은 바나나를 짧은 시간 내에 체력을 보충해주는 최고의 과일로 선정했다.	
6	선화 공주님은 남몰래 결혼하고 맛둥서방(서동)을 안고 밤에 몰래 도망갔다.	
7	호두는 인간의 뇌를 닮았기 때문에 호두를 먹으면 머리가 좋아진다.	
8	임신 중에 오리고기를 먹으면 손가락이 붙은 아이가 나오고 닭고기를 먹으면 아이 피부가 닭살이 된다.	
9	영국 왕실의 둘째 며느리인 메간 마클은 애당초 임신한 적이 없이 대리모를 통해 아들을 얻었다.	

1.2. 사실과 감정

감정은 사실(fact)보다 강하다. 감정(感情, feeling)은 사실보다 훨씬 직접적이기 때문이다. 감정은 마음속에서 세차게 솟구치는 본심을 손으로 만져 촉감으로 감지하는 것과 같은 느낌을 일컫는 단어이다. 감정에 비해 사실(fact)은 속마음과 거리를 둔 채 차가운 이성에 기반을 두고 있다. 따라서 감정은 사실보다 더 가깝고 더 강하게 사람을 자극한다.

인공지능시대의
창의적 사고와 소통

감정을 뜻하는 영어 필링(feeling)은 '느끼다'는 동사의 행위를 나타내는 동명사이다. feeling의 어원은 '외부의 자극을 피부를 통해서 알다.'라는 뜻의 중세 영어 동사 '펠렌(felen)'이다. 'felen'의 의미는 중세 이후에 좀 더 일반적으로 바뀌어 피부라는 특정한 감각기관만이 아니라 눈, 코, 혀, 귀 등 '모든 감각기관을 통해 알아차리다'는 뜻을 갖게 되었다. 이후 독일 철학자 임마누엘 칸트(Immanuel Kant)는 마음의 유쾌하거나 불쾌한 상태를 감정이라고 정의했다. 즉 감정은 심리적으로 불쾌와 유쾌를 느끼는 기능인 것이다.

감정(feeling)은 신체적 변화를 어느 정도 수반하는지의 정도에 따라 정서(emotion)와 구분된다. 감정(feeling)이 가벼운 심리적 상태라면, 그 감정이 격해져서 신체적인 변화와 흥분을 수반할 때를 정서(emotion)라 한다. 스위스의 정신의학자 칼 구스타프 융(Carl Gustav Jung)에 의하면 감정은 자아와 주어진 내용 사이에서 일어나는 과정으로 어떤 내용을 자아가 받아들이는가 거부하는가에 따라 유쾌하다거나 또는 불쾌하다는 일정한 가치를 부여하는 과정이다.

감정은 본래 내면적이고 주관적인 성격을 가지고 있다. 따라서 감정은 하나의 사건이 어떻게 감지되는가에 비중이 놓인다. 즉 감정은 감지된 사건이 무엇인가에 대해서는 크게 신경 쓰지 않는다. 따라서 감정은 그 특성상 사고와는 정반대의 지점에 위치한다. 사고 기능이 작동할 때는 감정이 수반되기 어렵다. 감정이 지적인 판단과 다른 점은 사고에 의해 작동하는 개념적인 관련성을 형성하지 않는다는 점이다. 감정은 신체적으로 느끼는 것이기 때문이다.

1.3. 감정(feeling)과 가짜 뉴스(fake news)

뉴스는 사회의 많은 사람들이 중요하게 생각하는 '새로운 사실'을 말한다. 이때 뉴스 형태로 알려진 '사실'은 사회적 맥락을 가진 정보로 기능하기 때문에 사람들이 이를 통해 세상이 어떻게 돌아가고 있는지를 제대로 알 수 있게 만든다. 사실에 기반을 두고 있는 진짜 뉴스는 소비자의 사고 기능을 작동시켜 하나의 사실이 다른 사실들과의 관련성 속에서 어떠한 공통적이고 일반적인 요소를 가지고 있는지 그 요소들을 추출하고 종합할 수 있도록 한다.

가짜 뉴스의 가장 일반적인 정의는 사실이 아닌 정보를 마치 사실처럼 가장해 기사 형식으로 작성하여 배포한 것을 말한다. 가짜 뉴스는 '속임수 뉴스'라고도 한다. 진짜 뉴스에 비해 가짜 뉴스는 주로 감정을 자극하기 위해 쓰인 말이나 글을 일컫는다. 가짜 뉴스는 형식적인 면에서는 뉴스 형태를 띠고 있지만 내용면에서는 소비자가 사고 기능을 작동시키기 전에 감각기관이 먼저 반응할 수 있도록 감정적 꺼리 위주로 구성한다. 가짜 뉴스는 감정적 자극을 우선시하기 때문에 진짜 뉴스에 비해 소비자들이 빠르게 반응한다.

가짜 뉴스를 생산하는 이유는 단숨에 경제적, 정치적 이익을 얻을 수 있기 때문이다. 정치적 이익을 위해 생산된 가짜 뉴스는 거짓 정보를 통해 사람들에게 정치를 선전하려는 목적을 가진다. 경제적 이익을 위해 생산된 가짜 뉴스는 사실 여부를 따지기 전에 소비자가 재빨리 클릭하도록 유도하여 광고 수익을 벌어들이는 것이 목적이다. 때로는 개인적인 만족이나 단순히 재미를 위해서 유희의 일환으로 가짜 뉴스를 작성하기도 한다. 아주 드물게는 특정 이슈를 풍자하거나 비판할 목적으로 가짜 뉴스를 만들기도 한다.

가짜 뉴스는 진원지를 확인하기 어려운 소문에서부터 의도적으로 사실을 왜곡한 조작 정보에 이르기까지 그 폭이 넓다. 인터넷과 SNS가 발전하면서 가짜 뉴스가 전파되는 속도는 상상을 초월할 정도로 빨라지고 그 영향력이 미치는 범위 또한 엄청나게 커졌다. 과거에는 전문 언론인들이 뉴스를 만들 수 있었지만 인터넷이 등장하면서는 누구나 뉴스를 생산하고 그 뉴스에 접근할 수 있게 되었다. 전문 언론인이 아니더라도 가짜 뉴스를 만들어 여론을 움직일 수 있게 된 것이다.

2017년 1월, 페이스북은 가짜 뉴스에 대응하기 위한 '저널리즘 프로젝트'를 진행하겠다고 발표했다. 저널리즘 프로젝트는 페이스북을 통해 유통되는 가짜 뉴스의 확산을 막고 이용자들이 신뢰할 수 있는 뉴스를 찾을 수 있도록 돕겠다는 취지를 가지고 시작되었다. 같은 해인 2017년 2월, 프랑스에서는 구글과 페이스북, 트위터 등이 참여하는 비영리단체 퍼스트드래프트(FDN, First Draft News)가 '크로스 체크(cross check)' 프로젝트를 시작한다고 발표했다. 이 크로스 체크 프로젝트는 프랑스 대선에 앞서 SNS에서 유통되는 정보의 신뢰도를 확인하고 가짜 뉴스를 방지하기 위해서 시작되었다. 이와 같이 가짜 뉴스의 영향력이 커지면서 SNS를 매개로 한 정보의 사실 여부를 확인하려는 시도가 앞으로도 꾸준히 계속될 것으로 보인다.

영국 옥스퍼드사전 편찬위원회에서는 '2016년의 단어'로 '탈-진실(post-truth)'을 선정했다. 'post-truth'란 '탈진실적인' 또는 '진실이 중요하지 않은'이라는 뜻이다. 이 단어는 객관적 사실을 외면하고 자극적인 거짓만이 환영받는 가짜 뉴스의 실태를 반영한 것이라 할 수 있다.

1.4. 가짜 뉴스의 폐해

* 다음은 우리나라 역사 속에서 찾을 수 있는 가짜 뉴스이다. 이 사건은 어떤 문제를 일으키는가?

주초위왕(走肖爲王) 사건

『인종실록』에 기록된 이야기 중 1519년, 기묘사화의 발단이 되었던 '주초위왕' 사건은 지금도 풀리지 않는 의문점을 낳고 있다. 『인종실록』에는 왕의 신임을 얻던 조광조가 하루아침에 사형을 당하게 되는 과정이 나와 있다.

지금으로부터 500여 년 전, 조광조는 신진 변혁의 주체로, 기성세력을 축출하고 새로운 정치질서를 수립하려 했다. 그는 개혁의 화신으로 당시 훈구파들이 광인(狂人) 또는 화태(禍胎, 화를 낳는 근원)라고 질시하는 가운데서도 현실 개혁을 시도하고 미래에 대한 비전을 제시했다.

1510년(중종 5년), 사마시(소과)에 장원으로 합격한 조광조는 1515년, 추천으로 조지서 사지에 임명되었다. 그러나 과거(대과)를 보아 떳떳이 벼슬에 오를 것을 다짐하던 조광조는 마침 증광문과(增廣文科)가 있어 이에 급제하면서 대과를 치르지 못했다. 전적을 거쳐 사간원 정언, 홍문관 수찬, 교리, 응교, 승지를 지내고 부제학이 된 조광조는 중종의 각별한 총애를 받았다. 조광조는 생각이 너무 급진적이고 특히 경연 때마다 발언이 그치지 않아 중종도 불편함을 드러냈다. 왕이 불편해하는 모습을 보고 조광조는 자리를 내놓으려 했으나 중종은 허락하지 않고 조광조와 함께 개혁을 이어나가고자 했다.

1519년(중종 14년) 10월, 대사헌 조광조는 대사간 이성동 등과 함께 중종반정 때 정국공신(靖國功臣) 105명이 문란하게 책록됐다며 부당한 자들을 훈록에서 삭제하려는 위훈삭제(僞勳削除)의 소를 올렸다. 이에 중종은 자격이 없다고 평가되는 심정, 홍경주 등 전 공신의 4분의 3에 해당하는 76명의 공신 훈적을 박탈하고 공신전과 노비를 몰수했다. 이 때문에 조광조는 훈록을 깎인 자들로부터 원망을 사게 됐다.

그 후 홍경주는 그의 딸 희빈으로 하여금 백성의 마음이 조광조에게 기울어졌다고 왕에게 귀띔을 하도록 시켰다. 심정 또한 경빈 박씨의 궁인을 통해 조광조 등이 국정을 마음대로 하며 백성이 그를 왕으로 세우려 획책한다는 말을 궁중에 퍼뜨리게 했다. 이때 심정을 비롯한 훈구파들은 꿀물과 과일즙으로 '주초위왕(走肖爲王)'이라는 글자를 나뭇잎에 써 벌레가 파먹게 한 다음 주초위왕이라는 글자가 선명하게 드러나는 나뭇잎을 궁인의 손에 들려 왕에게 전해지도록 했다. 명백한 증거 앞에서 중종 또한 마음이 움직이지 않을 수 없었다. 이로 인해 중종은 조광조가 역모를 꾸미고 있다고 믿게 되었고 조광조와 그를 따르는 이들은 사약을 받아 죽거나 귀양을 떠나게 된다.

퇴계 이황은 『퇴계집』에서 "조광조는 자질이 참으로 아름다웠으나 학력이 충실하지 못해 그 실행한 바가 지나침을 면치 못하고 결국은 실패를 초래하고 말았다. 만일 학력이 넉넉하고 덕기(德器, 너그럽고 어진 도량과 재능)가 갖추어진 뒤에 나라의 일을 담당했던들 그 성취를 이루 헤아리기 어려웠을 것이다."라고 평가했다.

율곡 이이는 『석담일기』에서 "조광조는 어질고 밝은 자질과 나라를 다스릴 재주를 타고 났음에도 불구하고 학문이 채 이뤄지기 전에 정치 일선에 나간 결과, 위로는 왕의 잘못을 시정하지 못하고 아래로는 구세력의 비방을 막지 못하고 말았다. 그는 도학(道學, 성리학)을 실천하고자 왕에게 왕도의 철학을 이행하도록 간청했지만 그를 비방하는 입이 너무 많아, 결국 몸이 죽고 나라를 어지럽게 했으니 후세 사람들에게 그의 행적이 경계가 됐다."라고 평가했다.

그런데 실제로 기묘사화 당시의 정황을 기록해 놓은 『중종실록』에는 주초위왕 사건이 등장하지 않는다. 이에 의문을 품고 인하대학교 생명과학과 민경진 교수 연구진은 2015년 5월부터 7월까지 2주 간격으로 관악산 일대를 찾아 꿀로 나뭇잎 뒷면에 임금 '왕'자를 써두고 곤충의 섭식 여부를 조사했다고 한다. 하지만 분석 결과 어떤 나뭇잎에서도 '왕'자가 새겨진 경우를 발견하지 못했다는 것이다. 민경진 교수 연구진은 조선 중기 기묘사화의 원인이 된 '주초위왕(走肖爲王)' 사건은 역사적 사실이 아닐 가능성이 높다는 연구 결과를 내놨다.

　　민경진 교수는 "특히 '위(爲)'는 12획으로 모양이 복잡하며 '주초위왕' 네 글자를 쓸 만한 크기의 나뭇잎이 드물어 곤충의 섭식을 통해 글자를 만들기가 어렵고 곤충이 유충으로 지내는 기간이 짧아 인위적으로 글자를 만들어 낼 확률이 희박하다"고 설명했다.

　　예를 들어 박각시나방은 유충으로 있는 기간이 1년 중 20~30일에 불과하기 때문에 사실상 불가능하다는 것이다. 이 같은 내용을 담은 연구 논문 'Validation of 走肖爲王 : Can insects write letters on leaves?'는 『곤충학 연구(Entomological Research)』지에 게재되었다고 한다.

인공지능시대의
창의적 사고와 소통

가짜 뉴스는 명백히 문제를 초래한다. 주초위왕 사건이 만약 진짜라면 조광조는 가짜 뉴스의 희생자가 된다. 주초위왕 사건이 만약 가짜라면 우리는 역사서를 믿을 수 없게 된다.

가짜 뉴스는 사람을 죽음으로까지 몰고 간다. 오늘날에는 특히 사람들의 관심을 많이 받는 연예인들이 가짜 뉴스에 시달리다 우울증을 겪거나 자살하는 사례가 속출하고 있다. 아무리 근거 없는 소문일지라도 누구든 다수의 사람들이 가짜 뉴스를 믿고 자신을 오해한다면 견디기 힘들 것이다.

가짜 뉴스로 인한 경제적 피해도 만만치 않다. 현대경제연구원에 따르면 가짜 뉴스의 경제적 비용은 당사자의 피해 금액과 사회적 피해 금액으로 구분할 때, 가짜 뉴스 건수가 만약 실제 기사의 1% 정도 유포된다고 가정하고 경제적 비용을 추정한 결과 가짜 뉴스로 인한 경제적 비용은 당사자 피해 금액 22조 7,700억 원과 사회적 피해 금액 7조 3,200억 원을 합한 연간 약 30조 900억 원이 발생하는 것으로 추정된다. 이는 연간 명목 GDP(2015년 기준, 1,559조 원)의 약 1.9%에 해당하는 수준이다.

현대경제연구원이 발표한 보고서에 따르면, 가짜 뉴스 확대는 사회적 신뢰 저하, 정치적 집단의 양극화, 극단주의 등 사회적인 문제를 야기함과 동시에 개인 및 기업 등에 대한 경제적 손실을 초래한다.

2. 가짜 뉴스와 진짜 뉴스는 어떻게 다른가

2.1. 생각할 거리

* 다음은 트럼프 미국 대통령에 관한 기사다. 이 기사를 읽고 떠오르는 의문은 무엇인가?

누구 말이 가짜인가?

트럼프는 대통령이 되기 전부터 미디어, 즉 언론과 첨예한 갈등을 빚었다. 트럼프는 선거기간 내내 악의적 보도와 각종 '카더라 통신'으로부터 집중 공격을 당했다. 2016년 8월 14일, 트럼프는 자신의 트위터에 '망해가는 뉴욕타임즈는 허구적 사실을 바탕으로 기사를 작성하고 있다. 미디어는 힐러리 편이다.'라는 글을 올렸다. 이후 이 글은 대통령 후보가 선거에서 이기기 위해 거짓 정보를 함부로 만들어내고 있다는 논란을 일으켰다.

2016년 11월, 트럼프의 대통령 당선이 확정되고 얼마 지나지 않아 CNN은 '러시아가 트럼프 당선자의 사생활과 관련된 외설적 정보를 가지고 있다.'고 보도했고 온라인 매체인, 미국의 뉴스 및 엔터테인먼트 웹사이트 버즈피드(Buzzfeed)도 CNN의 보도와 관련된 미확인 메모를 공개했다. 버즈피드(Buzzfeed)가 내놓은 메모는 35쪽 가량의 분량으로, '트럼프가 2013년 모스크바를 방문했을 당시 호텔에서 매춘부를 불러 성적 파티를 즐긴 변태행위 영상을 러시아가 보유하고 있다'는 내용이었다.

2017년, 트럼프는 대통령 당선인이 된 이후 가진 첫 기자회견에서 버즈피드와

CNN을 맹공격했다. 그는 버즈피드를 '쓰레기', '가짜 언론'이라고 지칭했고 버즈피드와 CNN은 "'가짜 뉴스(Fake News)'와 '조작된 물건(Phony Stuff)'을 보도하는 매체"라고 비난했다. 심지어 트럼프는 기자회견에서 질문을 요청하던 CNN의 짐 아코스타 기자에게 "당신들 매체는 끔찍하다. 질문할 권리를 주지 않겠다."며 그의 요청을 묵살했고 이어 기자를 향해 "질문 요청을 멈추지 않으면 회견장에서 내쫓겠다."고 협박했다.

기자회견 이후 CNN은 성명을 내고 "우리는 우리 보도에 대해 완전한 자신감을 갖고 있다."고 선언하고 트럼프를 향해 "가짜 뉴스라는 주장의 근거를 대라."며 "트럼프 당선인과 오바마 대통령이 이 정보 보고 문건을 지난주에 보고받은 건 사실"이라고 반박했다. 이어 CNN은 "정보 보고 문건 35쪽 중 개요에 해당하는 2쪽을 제외한 나머지 내용에 대해서는 사실여부를 검증할 수 없어 보도조차 하지 않았다."고 강조하면서 "트럼프 팀이 CNN보도를 피하기 위해 오히려 버즈피드의 미확인 메모 공개 결정을 역이용하고 있다." "입증되지 않은 메모를 공개한 버즈피드의 행태와 정부 운영에 대한 보도를 신중히 취급한 CNN의 결정은 완전히 다르다."고 선을 그었다.

이에 대해 제이크 테퍼 CNN 앵커는 "버즈피드의 보도가 책임 있는 저널리즘을 위한 CNN의 노력을 망쳤다."라고 비판했다.

2017년 1월, 대통령 취임 바로 직후 트럼프 당국 언론 담당 비서인 션 스파이서(Sean Spicer)는 "트럼프의 취임식은 역사적으로 가장 많은 사람이 참석한 취임식이었다."고 발언했다. 그러자 여러 언론사에서 사실 확인에 들어갔다. 언론사들은 명백한 증거를 제시하면서 스파이서의 발언이 가짜라고 보도했다. 그러자 트럼프 측에서는 언론이 가짜 뉴스를 보도하고 있다는 주장을 펼치며 그들의 입장을 굽히지 않았다.

2.2. 가짜 뉴스 구별법

전 세계적으로 가짜 뉴스들이 기승을 부리고 있다. SNS의 발달로 출처를 알 수 없는 거짓 정보가 수없이 생산되고 있다. 가짜 뉴스의 확산 문제는 우리나라도 예외가 아니다.

2016년, 미국에서는 대선을 앞두고 평소보다 더 많은 가짜 뉴스가 생산되었다. 예를 들면, '교황이 트럼프 지지 선언을 했다.'든가, '힐러리는 국가의 중요 정보를 취급하면서 보안이 취약한 개인 계정 이메일을 사용했기 때문에 2017년에 기소될 것이다.' 등 힐러리의 이미지를 깎아내리고 트럼프를 치켜세우는, 즉 선거 결과에 영향을 미칠 수도 있는 거짓 뉴스가 페이스북 등 SNS에서 생산되어 확산되었다. 이러한 소식이 진짜다 아니다 식의 논란이 거세지자 페이스북의 최고경영자인 마크 저커버그는 인공지능(AI)를 개발하여 가짜 뉴스를 막겠다고 야심찬 계획을 밝히기도 했다.

날이 갈수록 진짜 뉴스와 가짜 뉴스를 구별하기가 어렵다. 특히 10대 청소년은 성인에 비해 가짜 뉴스를 구별해내는 능력이 떨어진다는 연구 결과가 발표되었다. 2016년 11월, 미국 스탠퍼드대학교 연구팀은 청소년 7,804명을 상대로 조사한 결과, 82%가 가짜 뉴스를 골라내지 못했다는 연구 결과를 내놓았다. 이 연구는 청소년들에게 페이스북에 올라온 진짜 뉴스와 가짜 뉴스를 보여준 후 진짜 뉴스를 가려내게 하는 방식으로 진행되었는데, 진짜 뉴스를 찾아낸 청소년은 단 25%에 불과했다는 것이다.

진짜 뉴스와 가짜 뉴스를 구별하기 위해서는 특히 다음 다섯 가지 사항에 주의

인공지능시대의
창의적 사고와 소통

를 기울여야 한다. 첫째, 정보 생산자가 누구인가, 둘째, 정보를 생산한 날짜와 시간이 언제인가, 셋째, 정보를 생산한 목적이 무엇인가, 넷째, 정보는 무엇을 표현하고 있는가, 다섯째, 왜 이런 방식으로 정보를 만들었는가 등이다.

사회적으로는 진짜 뉴스와 가짜 뉴스를 구별하기 위해, 첫째, 철저한 팩트 체킹(Fact Checking) 시스템을 활성화시켜 뉴스의 '진위' 여부를 가려내야 한다. 둘째, 정부, 기업, 언론 등이 정보 투명성과 신뢰성 증진을 위해 노력해야 한다. 이러한 노력은 가짜 뉴스를 차단하는 근원적인 처방이 될 수 있다. 셋째, 자유에는 항상 책임감이 따른다는 선진 시민의식을 함양하도록 교육과 홍보가 필요하다.

3. 딥페이크(deep fake)

3.1. 생각할 거리

* 다음은 딥페이크 관련 기사다. 이 기사를 읽고 떠오르는 의문은 무엇인가?

딥페이크, AI로 되살린 살바도르 달리

샌프란시스코 광고회사인 굿바이 실버스타인&파트너스(Goodby Silverstein & Partners)는 협업을 통해 달리 라이브(Dalí Lives) 비디오 설치작품을 제작했다. 이 설치작품은 일반인이 보기에는 진짜 살바도르 달리(Salvador Dalí)가 직접 출연한 것처럼 보이지만, 사실은 "딥페이크(deepfake)"라는 인공지능 기술의 창조물이다.

미국 플로리다 세인트피터스버그에 있는 달리박물관(The Dali Museum)은 인공지능기술을 이용해 살바도르 달리(Salvador Dali)를 되살려냈다. 살바도르 달리는 지난 1904년부터 1989년까지 생존한 초현실주의 화가다. 달리박물관은 달리 전시회 기간 중 거대한 수직 화면에 나오는 달리의 원래 모습에 AI를 접목했다. 머신러닝을 통해 학습한 표정을 달리와 체형이 유사한 배우가 연기하고 목소리 또한 배우가 직접 흉내냈다. 이 배우의 얼굴과 목소리를 딥페이크(Deep Fake)로 합성하자 달리가 마치 살아있는 사람처럼 부활하게 된 것이다.

달리박물관은 달리 생후 115년을 기념하기 위해, 30년 전에 죽은 달리를 되살려 새로운 방식으로 관객과 소통하기 위해 이 설치작품을 만들었다고 밝혔다. 달리박물관에서는 달리 본인의 삶을 직접 언급한 달리의 생전 인터뷰와 6,000개 이상의 장면이 들어 있는 기록 영상 수백 개를 AI에게 학습시켰다고 한다. 박물관에서는 달리의 개성을 재현하기 위해서 예전 인터뷰와 책, 개인 서신 등을 바탕으로 인용문을 따오기도 하고 새롭게 대화문을 작성하기도 했다고 한다. 이에 알고리즘은 몇 시간 분량의 영상을 통해 달리를 연구한 후 연기자의 목소리와 달리의 음성을 합성했고 연기자의 얼굴표정에 달리의 표정을 겹쳐놓고 조정 작업을 거쳐 얼굴의 미세한 움직임을 맞춘 후 작업을 끝냈다고 한다.

치밀한 작업으로 탄생한 달리 영상, <달리 라이브>는 일반적인 딥페이크와 달리, 쌍방향으로 소통이 가능하다. 설치물에는 125편의 달리 영상이 담겨있어서 관객의 반응에 따라 조합이 가능한 경우의 수가 190,512건이 된다고 한다.

한층 발전된 '얼굴 바꿔치기 기술'은 딥페이크 영상을 더욱 정교화시키고 있다. 실제로는 말하지도 행하지도 않은 일들이 딥페이크를 통해 마치 진짜인 양 말하고 행하는 모습으로 뒤바뀌는 것이다. 예전에는 분신복제(分身複製)의 의미로 '도플갱어(doppelgänger)'가 있었다. 이 말은 독일어 '도플갱어' 또는 '도펠겡어(doppelgänger)'에서 온 외래어로, '이중으로 돌아다니는 자' 또는 '나 자신과 똑같이 생긴 생물체' 또는 '나를 보는 또 다른 나'라는 뜻으로 '더블(Double)'이라고도 한다.

도플갱어는 '둘'을 뜻하는 독일어 도펠(doppel)과 '행인'을 의미하는 갱어(gänger)가 결합된 말이다. 도플갱어라는 단어는 독일작가 장 파울(Jean Paul)이 그의 소설 『지벤케스(Sievenkas)』(1796)에서 처음 사용한 이후 18~19세기에 공포와 로맨스를 다루는 고딕소설의 주요 모티브가 됐다. 이 도플갱어가 인공지능(AI)과 만나면서 디지털 도플갱어(digital doppelgänger)가 탄생한 것이다. 이제 디지털 도플갱어는 과거처럼 소설에서가 아니라 인류의 실생활에서 공포와 로맨스의 콘텐츠가 될 것으로 보인다.

3.2. 무한 합성과 무한 편집

딥페이크(deepfake)란 '딥러닝(deep learning)'과 '거짓(fake)'의 합성어로, 특정 인물의 얼굴 등을 인공지능(AI) 기술을 이용해 특정 영상에 합성한 편집물을 일컫는 용어이다. 딥페이크는 2017년, 미국의 '딥페이크스'라는 아이디(ID)를 쓰는 네티즌이 소셜 뉴스 웹사이트인 온라인 커뮤니티 레딧(Reddit)에 여러 할리우드 배우의 얼굴과 포르노를 합성한 가짜 포르노 영상을 올리면서부터 시작됐다. 딥페이크는 '딥페이크스'라는 이 네티즌의 아이디(ID)로부터 유추된 용어로 보인다.

가짜 포르노 영상으로부터 시작된 딥페이크는 2018년 유명 정치인을 이용한 영상이 제작되면서 널리 일반화되기 시작했다. 특히 정치 분야나 연예 분야의 인물을 대상으로 딥페이트 사건이 많이 발생한다. 그중에서도 딥페이트인 MCU의 톰크루즈 아이언맨은 합성한 흔적을 전혀 찾아볼 수 없을 정도로 완성도가 높아 전문가들도 깜짝 놀랄 정도라고 한다.

2018년, 미국에서는 오바마 전 대통령이 트럼프 대통령을 욕하는 딥페이크 영상이 나와 큰 논란을 불러일으키기도 했다. 영상 속에서 오바마는 백악관 집무실에 앉아 "트럼프는 완전히 쓸모없는 인간이야!(Trump is a complete dipshit!)"라며 도널드 트럼프 대통령을 향해 진지한 표정으로 독설을 내뱉고 있다. 하지만 이는 딥페이크를 이용한 가짜 동영상으로 밝혀졌다. 이 가짜 영상은 미국 온라인 매체 버즈피드가 제작한 것으로, 미국의 코미디언 조던 필(Jordan Peele)이 미리 녹화한 영상에 딥페이크 기술을 적용해 필(Peele)의 얼굴을 오바마 얼굴로 대체하고 필의 목소리 역시 AI기술로 오바마의 목소리와 합성해 오바마의 음성으로 변환했다고 한다.

미국의 종합 엔터테인먼트 웹사이트인 버즈피드(Buzzfeed)는 가짜 버락 오바마 영상을 만들고 나서 "딥페이크 기술은 대중의 관심으로 떠올랐다."로 운을 뗀 후 "딥페이크 기술이 '가짜 뉴스' 제작 및 전파에 오용될 것을 우려해 영상을 제작했다."고 주장했다.

2019년 9월에는 한 회사의 CEO 목소리와 똑같은 목소리를 합성한 딥페이크 음성으로 송금을 요청하는 보이스피싱 사건이 발생하기도 했다.

딥페이크는 연예인이나 정치인 등 유명인뿐만 아니라 점차 일반인에게까지 적용되고 있다. 딥페이크는 온라인에 공개된 무료 소스코드와 알고리즘으로 손쉽게 제작이 가능하기 때문에 앞으로는 누구든지 딥페이크를 생산할 수 있을 것으로 보인다. 딥페이크는 날이 갈수록 진위 여부를 가리기 어려울 만큼 정교해져, 피해자의 신고가 없으면 단속이 어렵다. 딥페이크 생산자들은 트위터와 같은 SNS를 통해 제작을 의뢰하고 합성물을 받기 때문에 계정을 폐쇄하면 생산자를 밝혀내기가 어렵다.

사람들은 부정적이거나 음란한 정보에 더 끌리는 성향을 가지고 있기 때문에 앞으로 딥페이크 기술이 활용된 콘텐츠는 가짜 뉴스의 위력을 훨씬 능가하는 범죄로까지 악용될 가능성이 높다. 딥페이크가 정치권을 비롯하여 외교 또는 범죄 집단에 악용되는 경우 딥페이크는 세계적으로 큰 문제를 가져올 것이라는 비관적인 결론을 낳고 있다.

참고문헌 및 참고자료

윤용해, "기묘사화의 단초 '주초위왕 사건' 진실 밝혀내다: 인하대 생명과학과 민경진 교수님 연구논문 '곤충학 연구' 게재", <경기신문>, 2017.8.15.

이석원, "딥페이크, AI로 되살린 살바도르 달리", Tech Recipe, 2019.7.9. (http://techrecipe.co.kr/posts/7981)

이영철, "주초위왕 음모에 꺾인 개혁의 꿈: 창조적 소수 조광조, 자기 희생 감수하며 역사 발전 견인", <주간동아>, 715호, 2009. 12. 15. 82-83쪽. (http://weekly.donga.com/List/3)

이충환, "경인 칼럼: 디지털 도플갱어와 딥페이크", <경인일보>, 2018.7.25. (http://www.kyeongin.com/main/view)

현대경제연구원, "가짜 뉴스의 경제적 비용 추정과 시사점 연구 발표", <뉴스와이어> 2017. 3. 19.

단원 설정 배경

이 장은 마이크로 타겟팅을 통해 누군가 나의 욕구, 취향, 생활습관 등을 분석해서 더 많은 소비를 하도록 유도하고 있는 현 상황을 어떻게 바라보고 어떻게 응대해야 할지를 깊이 있게 모색하고자 마련되었다.

점차 빅 데이터 처리 기술이 발전하면서 마이크로 타겟팅이 여러 분야에 적용되고 있다. 우리나라에서도, 정치인들은 페이스북의 게시글을 빅 데이터로 분석하기 시작했고 기업에서는 소비자들의 신용카드 사용 내역을 분석하기 시작했다.

마이크로 타겟팅이 발전해감에 따라 소비자들의 선택 폭도 따라서 늘어가고 있다. 반대로 소비자들은 자신에게 무슨 일이 일어났는지 채 알지도 깨닫지도 못하는 사이에 누군가의 타겟이 되어 활용당하고 있다. 겉으로는 소비자 본인 자신이 자신의 의지대로 자신이 원하는 것을 자신 스스로 선택하고 자발적으로 참여하는 듯이 느껴지는 모든 것들이 사실은 누군가에 의해 철저히 계산된 결과일 수 있다.

마이크로 타겟팅이 점차 상용화되어가는 환경에서 개인정보보호법은 얼마나 그 효력을 발휘할 수 있는가. 역으로 개인정보보호법이나 정보통신망법과 같은 법적 제도적 제한이나 규제가 우리나라의 마이크로 타겟팅 분야의 발전을 저해하지는 않을까? 이 장에서는 입장에 따라 의견이 다를 수 있는 이와 같이 대척적인 상황에서 효과적인 방안을 찾아보려는 것이다.

학습 목표

1. '마이크로 타겟팅' 현상을 이해한다.
2. '지능 정부'의 양상을 살펴본다.
3. 민주주의를 위협하는 알고리즘을 극복할 수 있는 방안을 모색한다.

핵심어

마이크로 타겟팅, 지능 정부, 알고리즘 민주주의, 개인정보보호법, 정보통신망법

마이크로 타겟팅과 민주주의
Micro targeting & Democracy

1. '마이크로 타겟팅(Micro targeting)'이란 무엇인가

1.1. 생각할 거리

* 다음은 마이크로 타겟팅과 관련된 기사이다. 이 기사를 참고했을 때 앞으로 마이크로 타겟팅은 시도할만한 가치가 있는가?

순	사례
사례1	한 전기자전거 수입 회사에서는 매출을 올리기 위해 잠재고객이 가진 페르소나(persona)를 4개로 나누었다. 첫째, 교통비를 아끼려는 젊은 회사원, 둘째, 운동 삼아 출퇴근에 자전거를 사용하는 직장인, 셋째, 은퇴한 고령층, 넷째, 고가의 희귀 자전거를 장난감처럼 수집하는 여피족(yuppie: young urban professionals, 고등 교육을 받고 도시 근교에 살며 전문직에 종사하여 고소득을 올리는 젊은 부자). 이 회사는 단 두 명의 직원이 마이크로 타겟팅을 활용하여 네 부류의 페르소나를 정밀 분석한 후 맞춤형 광고를 보냈다. 이 중 여피족의 폭발적인 반응으로 광고비 대비 200배가 넘는 판매 수입을 올렸다.

사례2	미국에서 수십 개의 백화점을 소유하고 있는 사업가 존 워너 메이커(John Wanamaker)는 "그간 광고에 쓴 돈의 절반은 헛되이 쓰였다. 그러나 더 큰 문제는 어떠한 부분에 잘못 쓰인 것인지 알 수 없다는 점이다."라고 하며 마이크로 타겟팅의 필요성을 강조하고 있다. 특히 페이스북은 광고주가 지역, 성별, 나이, 교육, 직장, 결혼, 연애 상태, 관심사 등의 관심 키워드를 필터로 사용하여 정교한 타겟팅을 할 수 있는 기능을 제공하고 있다. 이와 같이 마이크로 타겟팅이 가능해진 이유는 사람들이 자신의 개인 정보와 관심사를 소셜 네트워크 서비스의 프로필에 등록하고 공개 처리했기 때문이다. 최근 SNS 경우에는 관심사를 공유하기 위해 일부러 더 많은 관심사를 등록하기도 한다.
사례3	2019년, 트위터는 전 세계에서 정치 광고를 중단한다고 발표했다. 세계 각국 선거에서 소셜 미디어를 통한 가짜 정보 유통과 여론 조작 등이 논란으로 떠오르자 트위터는 앞으로 돈을 받고 정치 광고를 싣는 행위 자체를 하지 않겠다고 밝힌 것이다. 트위터 최고경영자(CEO) 잭 도시(Jack Dorsey)는 2016년 미국 대선 당시 러시아가 소셜 미디어 등을 이용해 미국 유권자들의 여론을 조종하기 위해 여러 가지 공작을 벌인 사실 때문에, "정치 광고에 관해 미래 지향적인 규제가 필요하다."고 강조했다. 도시(Jack Dorsey) CEO에 의하면, "인터넷 정치 광고는 현재 시민 담론에 완전히 새로운 도전을 제기한다."면서 "기계학습에 기반해 마이크로 타겟팅, 딥페이크(인공지능으로 만들어져 위조 사실이 사실상 식별 불가능한 가짜 영상) 등이 미검증되고 호도하는 정보를 가지고 고도로 최적화되고 표적화된 정치적 메시지를 사람들에게 강요한다."고 비판한 후 "우리는 사람들의 결정이 돈에 의해 위협받아서는 안 된다고 믿는다."고 주장했다. 트위터와 달리 페이스북은 정치 광고에 대한 사실 여부 점검을 하지 않겠다고 밝혔다. 페이스북 CEO 마크 주커버그(Mark Zuckerberg)는 허위 내용을 담은 정치 광고에 대해 "이것은 정치인의 표현의 자유에 관한 것이다."라고 주장했다.
사례4	외래 관광객 실태 조사를 보면 국가와 지역별로 한국을 방문한 이유에 큰 편차가 드러난다. 중국과 홍콩인들은 쇼핑, 동남아시아인들은 자연풍경 감상, 프랑스인들은 문화유적 탐방, 중동인들은 의료관광, 일본인들은 미식탐방이 각각 주목적이었다. 이러한 통계를 기반으로 관광 업계는 소비자들을 세분화하여 공략해야 한다. 즉 일본 사람들에게는 맛집 정보를, 프랑스나 기타 유럽인들에게는 한국 특유의 전통문화 알리기, 동남아시아인들에게는 한국의 스키장이나 눈꽃축제 등을 홍보하는 식인데 더 나아가서는 마이크로 타겟팅을 활용하여 관광콘텐츠를 개별맞춤형으로 추천해 줄 수 있는 전략이 필요하다.

1.2. 마이크로 타겟팅(Micro Targeting)

마이크로 타겟팅(Micro Targeting)은 개별 대상을 극도로 세분화시켜 분석하는 방법으로, 번역하자면 '예측 대상 세분화'라 할 수 있다. SNS와 인터넷 사용 기록 등을 분석하면 개별 대상이 원하는 것을 파악할 수 있다. 마이크로 타겟팅(Micro Targeting) 기술을 사용하면 소비자 또는 유권자 집단을 최대한 작게 세분화하고 그렇게 세분화된 각 그룹에 최적화된 채널을 이용해 메시지를 전달할 수 있다.

마이크로 타겟팅 이전에는 타겟팅(Targeting)이 있었다. 타겟팅(Targeting)은 모든 일련의 판매행위를 일컫는 마케팅(marketing)에서 판매 전략을 세우는 기법 중 하나였다. 마케팅 전략의 기본은 STP이다. STP는 세그멘테이션(Segmentation), 타겟팅(Targeting), 포지셔닝(Positioning)으로서 분할, 목표 집단, 사로잡기 등이라 할 수 있다. 세그멘테이션(Segmentation)은 소비자 집단을 다양한 기준으로 나누는 것이다. 타겟팅(Targeting)은 다양한 기준으로 나누어진 소비자 집단 중에서 기업이 한 집단을 선택하여 목표로 삼는 것이다. 포지셔닝(Positioning)은 기업이 선택한 목표 집단 소비자의 마음을 사로잡는 것이다.

마이크로 타겟팅은 STP 중 T에 해당하는 타겟팅(Targeting)에서 사용되는 하나의 방법이다. 마이크로 타겟팅(Micro Targeting)은 마이크로(Micro)라는 이름 그대로, '소수 집단' 또는 '세부 집단'을 목표 대상으로 삼는 판매(Marketing) 전략이다. 마이크로 타겟팅(Micro Targeting)은 소비자 전체를 극세분화한 후, 쪼개진 모든 세부 집단 각각을 '틈새시장(니치마켓, niche market) 공략' 방법으로 접근한다. 즉 마이크로 타겟팅은 모든 세부 집단 각각에 세심한 관심을 두고 파고 들어가는 '세그멘트(segment)의 니치마켓화(化)', 즉 '소수자에 대한 틈새시장화'라고 할 수 있다. 이런 관점에서 보면 마이크로 타겟팅은 니치마켓 전략의 확장형, 즉 틈새시장의 확장판이다.

마이크로 타겟팅이 제대로 이루어지려면 하나의 소비자 집단인 세그먼트(segment, 한 단위)가 극도로 세분화되어야 한다. 다시 말하면 초정밀화된 분할이 전제되어야 한다는 것이다. 마이크로 타겟팅은 기존의 매스마켓(대중 시장, mass market) 전략과 정반대되는 개념이기 때문이다. 매스마켓 전략은 '대량 생산-대량 소비'에 중점을 두는 대중 시장의 판매 전략이었다. 이와 달리 마이크로 타겟팅은 주류 중심의 대중 시장(mass market)에서 소외되었던 소수자 중심의 마이너리티(minority) 집단을 주 대상으로 공략하는 판매 전략이다.

공급자의 입장에서 보면 기존의 대중 시장(mass market)은 시간이 지날수록 포화 상태에 이르러 시장성이 떨어진다. 시장성의 하락은 기업 간의 차별성이 떨어지는 데에서 그 원인을 찾을 수 있다. 투자되는 마케팅 비용에 비해 오히려 판매량이 저조한 지경에 이르면 기업은 새로운 시장을 개척해야 한다. 매스마켓과 차별화되는 새로운 시장은 대중으로 두루뭉술하게 묶이는 큰 소비 집단이 아니라 각각의 개성이 돋보이는, 남들과 다른 소수자 집단, 즉 마이너리티 마켓(minority market)이다. 소품종 대량생산이 이루어지는 매스마켓이 계속되면 소비자는 비슷비슷한 제품으로부터 더 이상 구매할 의욕을 느끼지 못한다. 시장이 성숙해질수록 소비자는 나에게 딱 맞는 나만의 것(customized)을 원하게 된다. 이로써 기존 구매제품의 대안이 되는 제3의 제품이 등장하면서 틈새시장이 그 세력을 얻게 된다.

틈새시장은 처음에는 다품종 소량생산방식으로 시작하여 극단적으로는 한 사람만을 상대하는 1인 주문생산(One target)방식으로 나아간다. 매스마켓에서 1개의 모델 자전거를 100대 만들어 판매했다면, 틈새시장에서는 5개의 모델을 각각 20대씩 생산하다가 종국에는 1인 맞춤형 모델 100대를 생산하는 식이다.

디지털 기술과 빅 데이터 기술이 발전하면서 틈새시장은 1인 맞춤형을 넘어선다. 2012년, 미국 대통령 버락 오바마는 재선을 목표로 마이크로 타겟팅을 효과적으로 사용했다고 널리 알려져 있다. 오바마 캠프의 데이터분석팀인 '비밀동굴팀(The Cave)'은 SNS 사용자 수와 아이폰 사용자 수가 급증했다는 사실에 주목하여, 개별 유권자를 추적하고 잠재적인 지지자를 식별했다고 한다. 데이터분석팀은 뉴욕지역 40대 여성들이 '돈을 내면서까지 함께 저녁을 보내고 싶은 사람'이 누구인지를 빅 데이터로 분석했고 그들이 원하는 사람을 섭외하여 모금행사를 성공적으로 진행한 경우도 있다. 대선 직전에는 페이스북에서 오바마를 '좋아요'라고 누른 지지자들을 극세분화하여 마이크로 집단을 만들고 각 집단의 희망사항, 그들이 싫어하는 점, 선호하는 점, 그들의 욕구 등을 분석하여 각각 다른 메시지를 보냈다고 한다. 같은 날, 같은 집에 날라 온 오바마 캠프의 이메일이, 남편에게는 오바마 웹사이트에 관한 내용이었고, 아내에게는 영부인과의 저녁 식사에 관한 내용으로 서로 달랐다. 심지어 오바마 캠프는 유권자의 개인성향에 맞춰, 개를 좋아하는 유권자에게는 오바마가 키우는 개의 근황을 알려주었고 환경문제에 관심이 높은 유권자에게는 오바마의 풍력산업 정책에 대해 메일을 보냈다고 한다.

오바마 캠프에서는 지지자들에게 기금 모금, 캠페인 이벤트, 자원봉사 활동에 대한 요청 등을 했는데 이 요청을 받은 사람들 중 20%가 수락 의사를 표명했고 이들은 오바마의 당선을 위해 적극적으로 일했다는 것이다. 이러한 내용은 EBS 다큐프라임 <킹메이커 3부작-3부. 당신들의 선거운동은 석기시대의 것이다>에서 더 자세히 살펴볼 수 있다.

우리나라에서는 카드사들이 마이크로 타겟팅을 통해 다양한 카드상품을 내놓고 있다. 카드사에서는 소비자들의 카드 사용패턴을 분석함으로써 소비자들의 욕구를 세분화한다. 카드사에서는 소비자 각각이 추구하는 가치, 라이프스타일의 차이에 따라 최대한 소비자 개개인의 욕구를 만족시키기 위해 다양한 종류의 카드를 출시하고 있다.

마이크로 타겟팅은 이메일을 비롯하여 페이스북, 트위터, 핀터레스트, 구글플러스 등 SNS에 떠도는 무수한 계정과 아이디를 토대로 하여 동일 아이디에 대한 게시물 수집을 통해 한 개인의 모든 것을 파악하는 것이다. 소위 말해 '우리는 당신의 모든 것을 알고 있다. 지금 이 순간 당신에게 필요한 것까지.' 식으로 마이크로 타겟팅은 소비자가 받을 수 있는 실질적인 혜택을 팩트 기반으로 정확히 표현할 수 있다. 이것을 마이크로 타겟팅이라고 부르는 이유는 이것이 개인 각각에 대한 아주 정확한 정보이기 때문이다. 앞으로는 기업이나 소규모 자영업, 온라인 쇼핑몰 등에서 마이크로 타겟팅이 대세가 될 것이다.

2. 개인정보보호법과 정보통신망법

2.1. 생각할 거리

* 다음은 마이크로 타겟팅과 관련된 기사이다. 마이크로 타겟팅의 발전과 개인정보보호가 충돌할 때 이러한 문제를 어떻게 해결할 수 있는가?

2012년 미국 대통령 선거를 앞두고 오바마 캠프는 메일링 리스트에 가입하려는 유권자들에게 자택 위치를 드러내는 우편번호를 반드시 입력하게 했다. 오바마 캠프에서는 이 위치 정보를 바탕으로 해당 유권자와 가장 유사한 지지자들이 참가하는 모임을 새로 등록한 유권자들에게 추천했다. 예를 들어 '육아를 고민하는 부모모임', 'IT정책에 관심 많은 개발자 모임', '오바마를 지지하는 아시아인'과 같은 것들이다.

유권자가 오바마 캠프의 이메일 수신자 그룹에 가입하고 홍보 웹페이지에 접속하게 되면 오바마 캠프는 웹페이지 마우스가 클릭하는 모든 기록을 저장하기 시작한다. 선거 캠프에서는 유권자가 어떤 정책내용에 각별한 관심을 보이는지를 비롯해 인터넷에서 옮겨 다닌 이동경로의 흔적을 최대한 데이터로 수집한다. 심지어는 개인별 맞춤형 정책 내용을 알려주는 페이지의 경우, 유권자가 본인과 가족의 여러 사항을 직접 입력하게 하여 아주 세세한 정보까지 취득할 수 있었다.

오바마 선거캠프에서 일했던 수석과학자 레이드 가니(Rayid Ghani)는 '기회민감지수(Opportunistic Index) 알고리즘'을 개발했다. 이 지수는 쇼핑객이 가격에 대해 얼마나 민감하며 더 싼 가격에 제품을 구매하려는 의지가 얼마나 강한지를 나타내는 지수이다. '식품 사재기 그룹'처럼 특정 제품의 가격이 낮으면 몽땅 구매해서 창고에 쌓아두기를 좋아하는 고객군도 있다. 이 알고리즘은 공급자가 어떤 가격을 제시할 때 어떤 소비자가 오렌지 주스의 브랜드를 다른 것으로 바꾸는지도 분석했다.

한국에서는 한 기업이 매장에서 상품을 구매한 고객들의 주소와 구매액을 GIS에 모두 입력했다. GIS는 'Geographic Information System'의 약자로, 국토 계획에서부터 도시 계획, 수자원, 교통 운송 도로망, 토지, 환경 생태, 지리 정보, 지하 매설물 등 국가가 소유한 모든 자원 및 공간 정보를 컴퓨터로 관리하는 시스템이다. 이 기업은 어느 지역의 어떤 아파트의 어떤 동이 매출 비중이 높은지를 분석했다. 또 이미 고객데이터에 등록되어 있지만 최근 6개월 동안 구매실적이 없는 미실적

고객이 지도상에서 어느 지역에 주로 분포하고 있는지를 비롯하여 그들 아파트의 동호수도 파악해냈다. 현재 우리나라는 1,050만 세대 이상의 아파트, 연립주택, 다세대 주택에 관한 빅 데이터가 작고 섬세한 분석에 활용되고 있는 상황이다.

분석 자료를 바탕으로 기업에서는 DM을 제작한다. DM이란 'direct mail advertising'의 약자로, '직접 광고'라고 한다. DM은 광고물을 '표적 고객'에게 전달하는 수단으로 우편발송 시스템을 이용하는 직접 광고. 우편 광고, 우송 광고, 통신 광고라는 말로도 쓰인다. 다른 광고가 불특정 다수를 향해 노출시키는 것이라면 디엠은 광고 대상을 먼저 선정한다는 점에서 근본적인 차이가 있다. 디엠을 통해 보내는 내용물로는 편지, 엽서, 카탈로그, 리플릿, 팸플릿, 브로슈어, 사보(社報) 등이 있으며 여기에 앙케트, 설문지, 초대권, 가격표, 회신서, 샘플 등을 포함시키기도 한다.

현재 상황에서 빅 데이터 처리와 마이크로 타겟팅은 분명 개인정보유출이나 사생활 침해를 할 수밖에 없다. 그런데 이것이 세계적인 흐름이라면 오히려 개인정보유출이나 사생활 침해를 거론하는 반대 입장들이 이 분야의 발전에 걸림돌이 될 것이다.

2.2. 개인정보보호법

개인정보보호법이란 2011년 3월 29일 법률 제10465호로 개인의 자유와 권리를 보호하기 위해 제정된 법이다. 이 법에서 사용하는 '개인정보'란 살아 있는 개인에 관한 정보로서 성명, 주민등록번호 및 영상 등을 통해 개인을 알아볼 수 있는 정보를 말한다(제2조).

개인정보 처리자는 개인정보의 처리 목적을 명확하게 해야 하고, 그 목적에 필요한 범위에서 최소한의 개인정보만을 적법하고 정당하게 수집해야 하며, 개인정보의 처리 목적에 필요한 범위에서 적합하게 개인정보를 처리해야 하고 그 목적 외의 용도로 활용해서는 안 된다(제3조). 국가와 지방자치단체는 개인정보의 목적 외 수집, 오용·남용 및 무분별한 감시·추적 등에 따른 폐해를 방지하여 인간의 존엄과 개인의 사생활 보호를 도모하기 위한 시책을 강구해야 한다(제5조).

개인정보의 보호와 정보주체의 권익 보장을 위해 행정안전부장관은 3년마다 개인정보보호 기본계획을 관계 중앙행정기관의 장과 협의 하에 작성하여 보호위원회에 제출하고, 보호위원회의 심의·의결을 거쳐 시행해야 한다(제9조). 개인정보 처리자로부터 개인정보를 제공받은 자는 정보주체로부터 별도의 동의를 받은 경우, 다른 법률에 특별한 규정이 있는 경우를 제외하고는 개인정보를 제공받은 목적 외의 용도로 이용하거나 이를 제3자에게 제공해서는 안 된다(제19조).

개인정보 처리자는 사상·신념, 노동조합·정당의 가입·탈퇴, 정치적 견해, 건강, 성생활 등에 관한 정보, 그 밖에 정보주체의 사생활을 현저히 침해할 우려가 있는 개인정보로서 대통령령으로 정하는 정보를 처리해서는 안 된다(제23조). 개인정보 처리자는 개인정보가 분실·도난·유출·변조 또는 훼손되지 않도록 내부 관리계획을 수립하고, 접속기록 보관 등 대통령령으로 정하는 바에 따라 안전성 확보에 필요한 기술적·관리적 및 물리적 조치를 해야 한다(제29조).

개인정보 처리자는 개인정보가 유출되었을 경우 지체 없이 해당 정보주체에게 유출된 개인정보의 항목, 유출된 시점과 경위, 개인정보 처리자의 대응조치 및 피해구제절차 등을 해당 정보주체에게 알려야 한다(제34조). 정보주체는 개인정보 처리자가 처리하는 자신의 개인정보에 대한 열람을 해당 개인정보 처리자에게 요구할 수 있으며(제35조), 개인정보 처리자에게 그 개인정보의 정정 또는 삭제를 요구할 수 있다(제36조).

개인정보에 관한 분쟁을 조정하기 위해 개인정보분쟁조정위원회를 둔다(제40조). 행정안전부장관은 개인정보 처리자에게 이 법 등 개인정보보호와 관련된 법규의 위반에 따른 범죄혐의가 있다고 인정될 만한 상당한 이유가 있을 때는 관할 수사기관에 그 내용을 고발할 수 있다(제65조). 공공기관의 개인정보 처리업무를 방해할 목적으로 공공기관에서 처리하고 있는 개인정보를 변경하거나 말소하여 공공기관의 업무 수행을 중단하거나 마비시키는 등 심각한 지장을 초래한 자는 10년 이하의 징역 또는 1억 원 이하의 벌금에 처한다(제70조).

정보기술의 발달로 다양한 모바일 기기와 연결되어 있는 개인정보는 나를 다른 사람과 구별해 주는 정보로, 부호, 문자, 음성, 음향 및 영상 등의 정보를 말한다. 이는 신원, 신체, 사회, 재산 정보 등으로 구분할 수 있다. 정보기술의 발달로 개인정보의 영역이 넓어져 위치 정보, 지문 또는 홍채와 같은 생체 정보 등도 개인정보 영역에 포함하고 있는 추세이다.

2.3. 정보통신망법과 컴퓨터 악성코드

정보통신망법은 '정보통신망 이용촉진 및 정보보호 등에 관한 법률'의 약칭이다. 이 법은 정보통신망의 이용을 촉진하고 정보통신서비스를 이용하는 자의 개인정보를 보호함과 아울러 정보통신망을 건전하고 안전하게 이용할 수 있는 환경을 조성하여 국민생활의 향상과 공공복리의 증진에 이바지함을 목적으로 한다.

정보통신망법 제50조의 5항, '영리목적의 광고성 프로그램 등의 설치'에 따르면 "정보통신서비스 제공자는 영리목적의 광고성 정보가 보이도록 하거나 개인정보를 수집하는 프로그램을 이용자의 컴퓨터나 그 밖에 대통령령으로 정하는 정보처리장치에 설치하려면 이용자의 동의를 받아야 한다. 이 경우 해당 프로그램의 용도와 삭제방법을 고지하여야 한다."고 되어 있다. 이 법에 의하면 최근에 웹사이트 홍보를 위하여 광고 프로그램을 제작하여 유포하는 인터넷 웹사이트들도 모두 불법을 행하고 있는 것이다.

물론 많은 웹사이트들이 본인동의를 액티브 액스 컨트롤을 이용하여 보안경고창으로 띄우고 사용자의 동의를 얻어 설치한다. 문제는 많은 인터넷 사용자가 인터넷 환경을 잘 모르는 상태에서 자신도 모르게 설치하는 경우가 많다는 것이다. 특정 웹사이트나 게시물, 또는 스팸메일 등을 읽을 때 보안경고창이 뜨면 몰라서 또는 실수로 '예'를 눌렀을 때 광고 프로그램이 자신의 컴퓨터에 설치되는 경우가 많다. 정확하게 확인되지 않은 보안경고창은 '예'가 아니라 '아니오'를 해야 한다.

정보통신망법에 따르면, 만약 본인동의를 거쳐 설치된 광고 프로그램일지라도 사용자에게 제거방법을 알리지 않으면 이는 법에 위배된다. 그럼에도 불구하고 많은 광고 프로그램 유포자들은 본인이 동의했기 때문에 설치된 것이라고 주장하면서 당당하게 웹페이지에 올리는 경우가 태반이다.

이와 같이 앞으로는 제거방법을 알리지 않는 광고 프로그램이 기하급수적으로 증가할 것으로 예측된다. 최근에는 'SMB.EXE'라는 국산 웜(worm)이 성인사이트 홍보를 위해서 국내에서 제작되고 유포되어 피해를 일으키기도 했다. 광고 프로그램이 컴퓨터 바이러스, 웜(worm) 등 악성 프로그램과 합쳐지는 경우는 법적 처벌도 어려운 지경이 된다.

웜(worm)이란 원래 낚시에서 사용하는 실제 벌레 종류의 미끼를 지칭하는 단어였는데, 이제는 컴퓨터에 숨어있는 기생충(Computer Worm)을 지칭하는 대명사로 사용된다.

소설가 존 브루너(John Brunner)는 그의 공상과학소설 『쇼크웨이브 라이더(The Shockwave Rider)』에서 컴퓨터의 데이터를 먹고 자라는 촌충(tapeworm)을 등장시켰다. 이 촌충은 마치 기생충처럼 숙주 컴퓨터에 숨어서 데이터를 훔쳐 먹는다. 이 데이터는 그대로 복사되어 촌충의 본체가 된다. 시간이 지날수록 촌충의 길이는 점차 길어지게 되고 촌충은 더 이상 먹을 것이 없어지면 네트워크를 통해 또 다른 숙주 컴퓨터로 옮겨간다.

브루너(John Brunner)가 소설 속에서 만들어낸 촌충은 1979년, 제록스 팔로알토(XEROX Palo Alto) 연구센터의 개발자들이 네트워크를 통해 프로세서가 유휴 상태인 컴퓨터를 찾아내는 프로그램을 개발하면서, 이를 브루너의 촌충에 빗대 '컴퓨터 웜(Computer Worm)'이라고 불렀다. 최초의 컴퓨터 웜은 컴퓨터의 활용을 극대화하는 유용한 프로그램이었다.

그런데 시간이 흐르면서 웜(Computer Worm)은 네트워크를 통해 스스로 증식하는 유해한 소프트웨어 프로그램으로 변질됐다. 현재 웜(Computer Worm)은 컴퓨터 바이러스, 트로이 목마와 함께 대표적인 3대 컴퓨터 악성코드(malware)로 꼽힌다.

'트로이 목마(Trojan horse)'는 겉보기로는 전혀 해를 끼치지 않을 것처럼 보이는 유용한 프로그램으로 가장하고 P2P(person to person: 인터넷으로 다른 사용자의 컴퓨터에 접속하여 각종 정보나 파일을 교환하고 공유할 수 있게 해 주는 서비스) 사이트나 웹페이지에 숨어있는 악성코드로, 컴퓨터 사용자의 정보를 빼가는 프로그램이다. 이 악성코드는 화면에 이상한 문자를 출력하거나 심하면 파일을 지우고 하드디스크에 있는 자료를 없애는 증상을 나타내기도 하며 사용자가 키보드로 입력하는 자판정보를 외부에 알려주기 때문에 신용카드번호나 비밀번호 등이 유출될 수 있다. 그런데 이 악성코드는 복제능력이 없어 사용자가 내려받기만을 기다리는 수동적인 존재다.

컴퓨터 바이러스(Computer Virus)는 사용자 몰래 컴퓨터 시스템에 침입해 파일이나 부트 섹터(boot sector)를 감염시키고 그 시스템의 일부가 되는 악성코드이며 스스로를 복제할 수 있다. 컴퓨터 바이러스에 감염된 파일을 저장매체나 네트워크를 통해 다른 컴퓨터에서 사용하면 그 컴퓨터도 감염된다.

웜(Computer Worm)도 컴퓨터 바이러스처럼 사용자 몰래 활동하는 악성코드지만, 기존 프로그램에 융합되는 컴퓨터 바이러스와는 달리 독립적인 실체로 존재한다. 복제능력이 매우 뛰어나 사용자의 이메일, 인스턴트 메신저 등의 주소록을 뒤지고 스스로를 첨부해 네트워크를 통해 퍼진다. 웜은 해외에서 발견된 지 불과 몇 시간 만에 한국에서도 발견될 정도로 전염성이 강하다.

3. 인공지능 정부(Intelligent Government)

3.1. 생각할 거리

* 다음은 인공지능 정부에 대한 기사다. 이 기사를 읽고 떠오르는 의문은 무엇인가?

인공지능 공무원

현재 미국 오픈코그재단(OpenCog Foundation)은 2025년 완성을 목표로 로바마(ROBAMA, ROBotic Analysis of Multiple Agents)를 개발하고 있다. 로바마는 인공일반지능(AGI: Artificial General Intellignece)으로 국가 법령과 기존 정책, 뉴스, SNS 등의 정보를 종합해 정치적 의사결정을 내릴 수 있다고 한다. 머지않아 전 세계적으로 예견형 '지능정부' 시대가 도래할 것으로 보인다.

범죄관련 빅 데이터를 인공지능을 통해 분석하면 특정한 조건에서 범죄 발생 가능성이 높은 지역에 미리 경찰을 배치하고 순찰활동을 강화함으로써 범죄를 예방할 수 있다. 이러한 예측적 폴리싱(predictive policing, PrePol)을 도입한 미국 캘리포니아 산타크루즈 정부는 절도사건 10% 감소, 강도사건 20%의 감소 효과를 보았다고 한다.

시카고 요식업계에 대한 위생검사 실시에서도 사람이 검사한 경우는 4개의 식당 가운데 1군데의 식당을 적발했지만 소셜 미디어 정보 등 다양한 정보를 분석에 활용했을 때는 2개의 식당 중 1군데를 적발했다. 적발률이 25%에서 50%로 두 배 정도 높아진 것이다.

덴마크 코펜하겐시의 경우는 사회복지 관련 서류 심사를 인공지능으로 대체하

인공지능시대의
창의적 사고와 소통

고 있다. 호주 캔버라에서 개최된 공공부문혁신 컨벤션에서는 인공지능 기반 정부 업무 관련 시스템을 소개했다고 한다. 이러한 추세라면 인공지능 정부뿐만 아니라 인공지능 공무원과 더 나아가 인공지능 대통령도 출현할 수 있다.

그런데 인공지능한테 정책 결정을 온전히 맡길 수 있을까? 정책이란 우리의 삶의 방향을 결정하는 것이다. 우리는 인공지능을 기술적인 측면뿐만 아니라 윤리적인 측면에서 완전히 믿기 어렵다. 인공지능 정부는 데이터에 기반한 알고리즘에 의존한다. 따라서 데이터의 질이 문제다. 한 보고서에 따르면 빅 데이터 분석과 관련된 90% 이상의 노력은 오염된 데이터를 클리닝하는데 쏟아붓고 있다고 한다.

정책 결정 과정에서 인공지능과 인간의 역할 간 경계에 대해서도 생각해보아야 한다. 인공지능 기반 시스템이 예측한 결과를 바탕으로 실행한 정책이 실패할 경우에는 누가 책임질 것인가? 정책 실패의 책임을 알고리즘 개발자에게 물을 것인가? 아니면 최종적으로 정책 결정 판단을 인공지능에게 맡긴 공무원이 책임자가 되어야 하는가? 인공지능이 방대한 분석을 효과적으로 수행하고 1차적 판단을 내리더라도 최종 판단은 인간이 해야 하는가? 인공지능이 인간의 지능을 초월하는 특이점(singularity) 상황에 이를 경우에는 어떤 공무원이 인공지능시스템이 제시한 제안을 무시할 수 있을 것인가?

3.2. 전자정부에서 지능정부로의 변화

인공지능의 발전은 기존의 전자정부를 인공지능 정부로 변화시키고 있다. 기존의 전자정부(電子政府, Electronic Government)는 1993년 미국 클린턴 행정부에서 시작된 개념이다. 전자정부란, 정보통신기술을 활용하여 정부 문서, 서비스, 업무 공간 등을 사이버 공간으로 이동시켜 행정활동의 모든 과정을 온라인화한 것이다. 즉 정부 운영의 모든 요소를 디지털화한 것으로 지식정보사회형 정부를 말한다. 전자정부를 구성하는 핵심 요소는 컴퓨터, 인터넷, 정보시스템이다. 이로써 전자정부는 온라인화, 디지털화, 프로세스 혁신이 가능했다. 전자정부는 행정서비스의 시간적, 공간적 제약 없이 언제 어디서나 서비스가 가능하고, 정보의 공유로 부처 간 협업이 수월해져 업무를 원활하게 처리할 수 있었다.

최근의 인공지능 정부(Intelligent Government)는 줄여서 '지능정부'라고도 한다. 인공지능은 인간의 행위를 높은 정확도로 수행해내는 기계이다. 인공지능 정부란 사이버 공간에서 축적된 데이터 및 지식을 인간의 행위를 모방하여 현실 공간에 구체적으로 적용하는 것이다. 지능정부는 사이버 공간의 데이터와 지식을 인공지능에게 학습시켜 물리적 공간에서 활용한다. 지능정부는 데이터, 알고리즘, 로봇을 핵심 요소로 삼고 있다. 이로써 지능정부는 업무의 자동화, 정부의 통합화, 정책의 정밀화, 정책결정의 과학화가 특징이다.

지능정부는 크게 세 가지 방식으로 인공지능을 활용할 수 있다. 첫째는 증강(augmentation)이다. 증강은 인공지능이 정부에 필요한 정보를 제공하고 결정은 인간이 하는 것이다. 이 경우는 인공지능이 인간의 의사결정을 도와주는 방식이지 기계가 주체가 되어 일하는 것을 의미하지 않는다.

둘째는 자동화(automation)이다. 자동화는 인간의 통제하에 인공지능이 정책결정을 내리는 것이다. 스마트 자동화를 이용하면 복잡한 절차들을 디지털화할 수 있다. 심지어는 인간의 행동처럼 구조화되지 않은(unstructured) 정보를 분석함으로써 자동화는 더욱 심화된다. 우리나라에서는 2015년 민원행정, 문서자동화와 관련해서 '원클릭 플랫폼 기반의 지능형 통합 민원 창구 자동화 시스템 및 그 방법'이 특허 등록되었다.

셋째는 자율화(autonomous)이다. 자율화란 자율주행 자동차처럼 인간의 개입 없이 인공지능이 자율적으로 정책을 결정하는 것이다. 자율화가 심화되면 누구도 예측하지 못하는 신세계가 열릴 것으로 예측된다.

인공지능과 로봇은 인간 대신 많은 일을 자동으로 처리해 주는 유용한 기술이다. 우리는 새로운 기술과 문명을 받아들일 수밖에 없는 환경에 처해 있다. 그렇다면 우리는 이 새로운 기술을 어떻게 활용해야 인간에게 유용한 도구가 될 것인지를 먼저 생각할 필요가 있다. 결국 우리 인간은 새로운 무대에 올라 새로운 미래를 함께 만들어가더라도 인간만의 가치를 버릴 수는 없기 때문이다.

그러려면 정치영역에서 인공지능이 민주적 의사결정능력을 높일 수 있도록 해야 한다. 인공지능은 정치의 영역에서 시민들의 의사결정을 지원하고 시민들의 욕구를 충족시킬 수 있게 기능해야 한다. 특히 정치인들은 시민들이 올바른 결정을 내릴 수 있게 지능정부가 보유하고 있는 다양한 지능자원을 시민들과 공유해야 할 것이다.

인공지능시대의
창의적 사고와 소통

4. 인공지능과 민주주의

4.1. 생각할 거리

* 다음은 인공지능이 인간의 자유의지에 끼친 영향을 살핀 글이다. 이 글을 읽고 떠오르는 의문은 무엇인가?

알고리즘적 사고(Algorithmic Thinking)

이스라엘의 역사학자인 유발 하라리(Yuval Harari)는 앞으로 빅 데이터 기반 인공지능이 인간의 자유의지보다 더 권위를 갖게 될 것으로 내다보았다. 만약 인간이 무엇을 공부할지, 누구와 결혼할지, 어떤 직업을 선택해야 할지, 어느 정당에 투표해야 할지, 누구를 국회의원으로 뽑아야할지 등에 대해 자기 자신의 자유로운 자유의지에 따라서 결정하지 못하고 인공지능한테 물어보거나 인공지능에 의지한다면 인간은 인간 자신의 감정과 직관을 잃고 하나의 고유한 개체로서의 인간 권위를 잃게 될 것이다.

생체측정 데이터와 컴퓨팅 능력이 결합하면 알고리즘은 인간의 욕망과 의사결정까지 해킹이 가능하다. 알고리즘(Algorithm)이란 문제를 풀기 위한 계산법이다. 컴퓨터에서는 알고리즘이 문제 해결을 위한 실행 명령어들의 순서가 된다. 이런 알고리즘에 열광하는 정보통신업계 사람들을 부정적으로 평가할 때는 '알고리즘적 사고'를 가진 사람들이라는 표현을 쓴다. '알고리즘적 사고'란 주로 차갑고 건방지며 폐쇄적으로 생각한다는 뜻이다.

최근에는 '알고리즘 정체성'이라는 말까지 등장했다. 우리가 생물학적으로 남성이든 여성이든, 아니면 자신을 남성으로 여기든 여성으로 여기든 온라인에서 어떻게 취급되는지를 최종 결정하는 것은 알고리즘이 어떤 결론에 도달하는가에 달려 있다. 실제로는 남자답게 보이고 남자답게 행동하는 사람이 온라인에서는 여성성이 높은 사람으로 분류되기도 한다. 실제로 마음이 가고 사랑하고 싶은 이성이 온라인 만남주선웹사이트에서는 만나지 말아야 할 사람으로 분류되기도 한다.

'알고리즘은 신이 아니다.'라고 인문학자들은 주장한다. 인문학자들은 알고리즘도 사람의 영역에서 평가받아야 할 대상일 뿐이라고 강변한다. 알고리즘은 인간에 대해서 정답을 제시할 수 없다. 다만 그럴듯한 결과만을 내놓을 뿐이다. 알고리즘은 매우 그럴듯함, 즉 핍진성(verisimilitude)으로 사람들을 설득하고 있다. 즉 알고리즘은 과거에 일어난 일을 가지고 미래에 '일어날 일'을 이야기하는 것이 아니라 앞으로 '일어날 법한 일', '일어날 가능성이 높은 일'을 무척 그럴듯하게 이야기할 뿐이다.

인공지능시대의
창의적 사고와 소통

4.2. 민주주의에 끼친 인공지능의 영향

민주주의의 측면에서 인공지능을 긍정적으로 바라본다면 다음과 같다.

인공지능은 시민들이 정보를 쉽게 찾아볼 수 있도록 정보 접근성을 확대한다. 인공지능 덕분에 시민들은 누구나 쉽고 저렴하고 자유롭게 정보에 접근할 수 있다. 시민들은 국가 권력의 방해를 받지 않고 의사결정에 필요한 정보를 적극적으로 수집할 수 있다. 이에 시민들은 알 권리를 누리게 된다. 이런 점에서는 인공지능이 민주주의의 이념 중 하나인 자유를 실현하도록 도와준다고 볼 수 있다.

인공지능은 사회를 더욱 평등하게 만든다고 볼 수 있다. 평등은 자유와 함께 민주주의의 핵심 개념이다. 보통 인간의 판단과 의사결정은 권력이나 경제력, 평판 등의 영향을 받아 편견을 가지기 때문에 편향적이 되기 쉽고 마음의 변화에 따라 일관성을 잃기 쉽다. 그런데 인공지능은 성별, 종교, 사회적 신분 등에 영향을 받지 않기 때문에 인간보다 더 객관적으로 공정하게 의사결정을 할 수 있다. 물론 알고리즘에 기반을 둔 자동화된 결정이나 판결이 완벽하지는 않다. 그렇다 하더라도 인공지능에서는 편견이 배제되기 때문에 인간보다 덜 편향적일 가능성이 높다. 따라서 인공지능은 인간보다 더 공정하고 평등한 사회건설에 이바지한다고 볼 수 있다.

민주주의의 측면에서 인공지능을 부정적으로 바라본다면 다음과 같다.

인공지능은 모든 정보를 0과 1이라는 비트(BIT: binary digit, 컴퓨터에서 사용하는 가장 작은 정보 단위)로 바꾸어 저장한다. 인간의 마음, 감정, 노동, 일, 활동, 취미 등의 정보가 두 개의 숫자로 구성된 이진수로 저장되면서 인간의 모든 활동은 계산하기 쉽게 계량화되어 양화된 자아(quantified self)가 지배적인 양식이 된다. 양화된 자아는 자유의지, 정신, 직관 등 인간 고유의 본질을 훼손할 가능성이 높다.

인공지능시대의
창의적 사고와 소통

자신의 삶이 수치화되는 상황에서 앞으로 인간은 자신을 스스로 밝히고 고백하고 이야기하기 어렵게 될 것으로 보인다. 자아를 지탱하는 것 중의 하나가 인간이 이야기를 할 수 있다는 것인데, 이야기 대신 숫자가 인간을 표현하고 인간의 활동을 증명해버리는 상황에서는 인간이 스스로 자기를 발견하고 자기를 인식하고 자기를 표현하는 데 한계를 갖게 될 것으로 보인다.

인간이 자기를 발견하고 자기를 인식하기도 전에 인공지능은 데이터로 축적된 정보를 분석하여 성향, 취향, 욕구 등을 미리 제시하기 때문에 오히려 인간은 하루에도 수없이 마음이 바뀌는 변화무쌍한 자기자신의 속마음을 따르기보다 숫자를 통해 드러난 데이터에 의지하여 의사결정을 내릴 가능성이 크다. 따라서 인공지능은 결과적으로 인간의 자유를 훼손하게 된다.

인공지능은 인간이 생산한 데이터에 의해 작동된다. 인간이 편견이나 편향으로부터 자유로운 존재가 아니기 때문에 인공지능의 알고리즘 자체가 편견을 내재한다고 볼 수 있다. 알고리즘 프로그래머나 코드 작성자는 인간이다. 따라서 이들이 인공지능 알고리즘을 만들 때 그들 자신의 관점과 가치관을 반영할 수밖에 없다. 편향된 프로그래머가 다루는 편향된 데이터는 편향된 판단을 내려 누군가를 차별할 수밖에 없다. 데이터 자체는 근본적으로 불완전하기 때문이다. 소수의 프로그래머나 소수의 코드 작성자가 모든 사람들의 모든 삶과 모든 경험을 전부 담아내는 것이 아니라 필요에 따라 필요한 데이터만을 반영하기 때문이다. 따라서 인공지능은 민주주의의 핵심 가치인 자유와 평등을 훼손할 가능성이 높다.

4.3. 알고리즘 민주주의

20세기는 통계학이 정치적으로 위력을 떨쳤다. 정치란 사람들 사이의 의견 차이나 이해관계를 둘러싼 다툼을 해결하는 과정이다. 21세기의 정치는 데이터가 수단이 되어 모든 것을 해결할 것으로 보인다. 다양한 정보가 집합되어 데이터베이스(database)화 되는 순간 데이터 정치가 시작된다. 데이터 정치에서는 시민에게 맞춤 정보를 제공하고 맞춤 선전을 실시할 수 있다. 부정적으로 바라본다면 데이터 정치는 특정 시민에게 편향된 내용의 정치적 뉴스와 정보를 지속적으로 제공할 우려가 있다.

기술이 발전하면 할수록 정치인과 시민들의 모든 정치적 활동은 알고리즘이 자동적으로 관리하게 된다. 모든 데이터들은 중앙정부의 중앙 서버에 저장되기 때문에 알고리즘은 그들이 한 활동에 근거하여 판단하고 예측하며 통찰력을 제공할 수 있다. 그리하여 정치인과 시민들은 지속적으로 자기 기록을 검토하게 되고 이 기록을 반영하여 정치활동에 대한 노력을 하게 될 것이다.

만약 몸에 부착하거나 착용하는 웨어러블 디바이스(wearable devices, 입을 수 있는 장치) 부착이 모든 시민에게 의무화된다면 그것에 근거하여 사회복지 및 건강 프로그램이 적용될 것이며 세금도 그것에 근거하여 부과될 것이다. 정부는 데이터에 근거하여 시민들에게 건강상태를 측정하는 피트니스 트래커(fitness tracker)를 제공하고 운영할 수 있다. 피트니스 트래커를 통해 정부는 시민들이 하루에 몇 걸음을 걸었는지, 몇 칼로리를 소모했는지, 운동을 얼마나 했는지, 심박수는 제대로인지 등을 파악하여 건강보험과 사회복지 서비스의 범위와 정도를 결정하게 될 것이다. 만약 앞으로 우리사회가 이런 식으로 진화하게 된다면 우리는 자발적인 정치참여가 아니라 강요된 정치참여를 당하게 될지도 모른다.

사회는 다양한 이익 집단이 상존하기 때문에 이해충돌이 불가피하다. 따라서 민주주의가 전제되어야 피해자가 덜 발생한다. 민주주의(民主主義, democracy)는 국가의 주권이 국민에게 있고 국민을 위한 정치를 지향하는 사상 내지 제도이다. 다양한 이해관계가 상충되고 충돌할 때 개개인이 자율적 주체가 되지 못하면 인간 사이에서 발생하는 첨예한 불일치를 조정하는 과정이 무척 어렵게 된다. 불일치가 클수록 사람들은 인공지능에 의존할 가능성이 크다. 인공지능에 의존하는 순간 공적 토론이나 정치적 투쟁은 약화될 수밖에 없다. 실제 민주주의 사회에서는 끊임없이 자기 자신의 이익을 주장하면서도 토론 과정을 통해 남을 인정함으로써 불일치를 줄여 문제를 해결해 나가는 자율성과 개방성, 역동성 등을 유지하게 된다. 그런데 인공지능을 사용하게 되면 자율성, 개방성, 역동성이 사라지고 절차의 공정성 여부만 따지게 될 가능성이 높다. 따라서 알고리즘에 의존하는 민주주의는 절차적 민주주의로 귀결될 위험성을 내포하고 있다.

참고문헌 및 참고자료

김재중, "트위터, '전세계서 정치 광고 전면 중단': 허위 정보 정치 광고 규제 거부한 페이스북과 차별 행보", <경향신문> 2019.10.31.

네이버 지식백과(https://terms.naver.com/entry.nhn)

문명재, "세 가지 미래와 예견적, 지능형 정부: 정해진 미래, 다가올 미래, 그리고 만드는 미래", 한국 행정학회, 한국행정포럼, 2019.

박용재, 송규봉, "Management By Map 제4호: 오바마의 승리지도-마이크로 타겟팅", <GU: Gis United·지유·地遊>, 2012.12.10. (http://blog.naver.com/PostView)

최용인, "인공지능(AI)이 결정하는 정책의 미래: 지능정부와 인간의 공존 방향", 과학기술정책연구원, <Future Horizon>, 35집, 2018.

한경아, "여행 반올림#: 관광의 마이크로 타겟팅", <매일경제, 네이버 여행플러스>, 2017.5.19.

MEMO

창의적 소통

　제2부에서는 창의적 사고와 소통을 위한 구체적인 방법들에 초점을 맞춘다. 창의적으로 사고하고 소통하기 위해서는 그 중요성을 강조하는 것만으로는 충분하지 않다. 창의적 사고와 소통은 실제 수행(performance)을 통해 드러나야 한다.

　수행이란 생각하거나 계획한 대로 일을 해내는 것을 말한다. 수행은 실제로 해 보지 않으면 늘지 않는다. 강의실에서 듣기 위주의 수업에만 만족한다면 결코 창의적 사고와 소통 역량을 갖추기 어렵다. 자전거 타는 법에 대한 강의를 아무리 열심히 들어도 스스로 타보려고 들지 않는다면 결국 자전거 타는 방법은 알 수 없는 것과 마찬가지이다.

2부에서는 활동의 내용을 보다 강화하였다. 특히 활동의 유형을 '혼자서', '둘이서', '여럿이'로 구분하여 보다 심도 깊은 사고 및 소통 활동이 일어날 수 있도록 의도하였다. 또한 활동의 층위도 총 6단계를 설정하여 자신이 수행하고 있는 활동의 초점이 어디에 속하는지를 분명히 인지하도록 하였다. 이러한 장치를 굳이 마련한 이유는, 동료와의 활발한 상호작용과 스스로의 활동에 대한 점검이 학습자의 역량 신장에 중요하게 작용한다는 교육 연구 분야의 기본적인 원리가 대학생들에게도 동일하게 적용된다고 보았기 때문이다.

제2부의 구체적인 내용은 다음과 같다.

우선 7강에서는 4차 산업혁명 시대에 도입된 '역량' 개념에 주목한다. 최근의 학습자들은 이전 세대에 비해 '역량'을 키워야 한다는 요구를 훨씬 많이 받고 있다. 이러한 변화의 원인이 무엇이며, 최근의 학습자들이 어떠한 위치에 처해있는지를 분명히 깨달음으로서 스스로의 학습을 이끌어나가는 중요한 지침으로 삼기를 원한다.

8강에서는 4차 산업혁명 시대에도 여전히 강조되고 있는 '창의적 사고'에 초점을 맞춘다. 우리 모두는 이미 창의적인 사고를 하고 있다. 하지만 일상적인 오해가 우리의 창의적 사고를 신장시키는 것을 가로막고 있다. 창의적 사고의 본질을 이해하고 창의성 신장을 위한 구체적인 방법을 이해한다면 일상생활 속에서 자신의 창의성을 신장시킬 수 있는 보다 나은 선택을 할 수 있을 것이다.

9강에서는 '창의적 소통'에 초점을 맞춘다. 하지만 창의적 사고와 달리 소통은 그 자체로 창의적 속성을 갖고 있다. 그렇기 때문에 창의적 사고와는 접근법을 달리하여, 소통의 본질에 주목하는 것이 궁극적으로는 창의적 소통을 위한 첩경이라는 점을 이해하는 데에 초점을 두었다.

10강에서는 '페르소나'의 개념을 다룬다. 페르소나라는 개념은 심리학과 문학을 비롯해 다양한 학문 분야에서 널리 활용되는 개념이다. 그리고 인공지능시대의 소통 장면이 등장하게 되면서 '디지털 페르소나'라는 개념이 파생되기에 이르렀다. 이러한 현상을 이해하는 것은 스스로의 디지털 소통 방식을 돌이켜 보는 데에 중요한 토대로 작용할 것이다.

11강에서는 '읽기'와 '쓰기'를 둘러싼 환경의 변화가 우리들이 읽고 쓰는 방식에도 영향을 미친다는 점을 다룬다. 높은 수준의 읽기와 쓰기는 장기간에 걸친 학습과 노력을 필요로 하는 영역이며, 성인이 되었다고 저절로 주어지는 것이 아니다. 그런데 온라인 소통이 일상적으로 등장하면서 이전의 읽고 쓰는 방식과는 차이를 보이는 부분들이 발생하게 되었다. 이러한 내용들을 학습함으로써 '글을 잘 읽는다는 것은 무엇인가? 글을 잘 쓴다는 것은 무엇인가?'라는 질문에 스스로 답을 찾는 기회를 얻기를 바란다.

12강은 '포스트휴먼' 개념의 등장이 기존의 소통 개념에 미치는 영향을 살펴보고, 아직 오지 않은 미래에 일어날 소통의 변화를 상상해 보는 데에 초점을 두었다. 또한 상상한 내용을 동료들과 상호작용을 통해 협의하면서 보다 풍부한 사고와 소통 역량을 신장시키는 데에 도움을 받을 수 있을 것이다.

단원 설정 배경

이 장은 4차 산업혁명이라는 말로 대표되는 최근의 변화에 적절하게 대응하여 창의적으로 생각하고 소통하기 위해서는 '역량'이라는 개념에 대해 명확하게 이해하는 것이 중요하다는 점을 고려하여 선정하였다. 4차 산업혁명의 특징 중 하나는 구체적인 해결 방법이 정해져 있지 않은 문제 상황에 접하게 될 가능성이 이전에 비해 매우 높아진다는 점이다. 역량이라는 개념은 기존의 교육 방식이 4차 산업혁명 시기의 도래로 인해 나타나게 되는 변화에 미래 세대가 적응하도록 도와주는 데에 적절하지 않다는 반성을 토대로 부각된 개념이다. 이 책을 읽는 독자들은 이미 정해져 있는 것을 잘 암기하는 것이 공부의 전부가 아닌 시대를 살아가고 있다. 정해져 있는 내용만을 공부하는 것이 아니라, 자신에게 필요한 '역량'이 무엇이며 어떻게 신장시킬 수 있는지를 스스로 찾아서 공부하는 것이 당연해진 시대를 살아가고 있는 것이다. 이러한 시대에 적절하게 적응하기 위해 먼저 알아야 할 것이 역량의 정확한 개념이다. 그리고 이와 더불어 역량 개념이 4차 산업혁명 시대에 어떠한 이유로 중요하게 부각되었는지를 명료하게 이해함으로써 스스로의 역량을 신장시키는 데에 필요한 기초적인 내용을 이해하는 데에 중점을 둔다.

핵심 질문

1. 역량이란 무엇인가?
2. 역량이라는 개념이 중요하게 부각된 이유는 무엇인가?

학습 목표

1. 역량의 개념을 명확하게 이해할 수 있다.
2. 4차 산업혁명 시대에 역량 개념이 중요하게 부각된 이유를 이해할 수 있다.

핵심어

역량, 4차 산업혁명, 역량 중심 교육

7강 │ 4차 산업혁명 시대와 역량

1. 4차 산업혁명 시대에 역량이 부각된 이유

먼저 다음과 같은 질문에 답을 떠올려 보자.

"장래에 어떤 직업을 가져야 안정적으로 살 수 있을까?"

10년 전만 해도 안정적인 것으로 여겨지던 여러 직업군들이 있었지만, 최근의 인공지능 발전 수준이 세상에 널리 알려지면서 '이 직업만은 미래 사회에도 반드시 안정적일 것이다'라고 말하기 어려운 세상이 되었다. 빅 데이터, 인공지능, 사물인 터넷, 무인 자동차, 3D 프린터, 나노기술 등의 등장과 발전으로 인해 인간이 살아가 는 방식에 급격한 변화가 올 것이라는 점을 예상하는 것은 어려운 일이 아니다. 하 지만 문제는, 이러한 변화가 우리의 삶을 어떻게 바꿀 것인지 그 구체적인 양상은 미리 예측하기가 매우 어렵다는 점이다.

널리 알려진 바와 같이, 앞으로의 미래를 기초적인 수준에서는 다음과 같이 제시해 볼 수 있다. 각각의 질문이나 빈 칸에 스스로의 생각을 적거나 떠올려 보자. 다시 한 번 강조하지만, 어떠한 전문가나 미래학자들도 구체적으로 우리의 일상생활이 어떻게 변할지 아무도 제시하지 못하고 있다.

첫째, 빅 데이터를 활용하게 되면 나의 가족보다 나를 더 잘 아는 존재가 생겨날 수 있다. 그런 존재는 내 삶에 어떤 긍정적/부정적 영향을 미칠 수 있을까?

둘째, 인공지능은 무엇을 할 수 있을까? 의사와 법률가의 역할 상당 부분을 대신할 것이라는 예측은 이미 나온 지 오래되었다. 그런 것 말고 자신의 주변에서 인공지능은 어떤 역할을 할 수 있을까?

셋째, 주변의 모든 사물이 인터넷에 연결된다면 어떨까? 모든 사물에는 심지어 신발, 연필, 안경 등 당장 내 몸과 붙어 있거나 손만 뻗으면 닿을 수 있는 곳에 있는 것들도 포함된다.

넷째, 만일 당신에게 운전할 필요가 없는 무인운전 자동차가 생겼다고 해 보자. 집에 갈 때 어떤 변화가 있을까? 친구들을 만나러 가거나 물건을 사러 갈 때 자신의 삶이 어떻게 달라질까?

다섯째, 3D 프린터는 만들고자 하는 물건에 대한 아이디어만 분명하고 구체적으로 제시할 수 있으면 실제 물건을 만들어 주는 기술로 각광받고 있다. 만드는 과정은 고민하지 말자. 머릿속으로 어떤 물건이 있으면 좋겠다는 생각을 해본 적이 있는가? 아무 물건이나 자신의 집에서 만들어 낼 수 있다면, 우리의 삶은 어떻게 달라질까?

위의 다섯 가지 질문에 대한 답은 저마다 다를 것이다. 그리고 유념할 점이 한 가지 더 있다. 여러분이 떠올린 답이 맞을지 그렇지 않을지에 대해서는 그 누구도 자신 있게 말할 수 없다는 것이다. 다시 말하면, 이는 인류가 한 번도 겪어보지 못한 문제들에 마주하게 될 것이라는 표현으로 귀결된다.

우리는 이러한 변화에 어떻게 대응해 나가야 할까? "변화를 예측하고 그에 맞는 해결 방법을 준비하면 되죠!"라는 답은, 4차 산업혁명의 본질을 제대로 이해하지 못한 반응이라고 할 수 있다. 혹자들은 4차 산업혁명의 실체조차 모호하다고 반론을 제기하지만, 다음과 같은 진술에는 모두 동의할 것이다. "우리는 우리가 그동안 한 번도 겪어보지 못한 문제 상황을 해결해 나가야 할 것이다."

역량이 강조되는 배경이 바로 여기에 있다. 얼마나 많은 지식을 갖고 있는지도 중요하지만,[1] 그것보다 더 중요한 것은 미래에 어떠한 상황을 겪게 될지 모르는 데에도 불구하고 미래에 무엇인가를 할 수 있는 준비를 해야 하는 것이라는 점이다. 4차 산업혁명 시대와 관련된 담론의 흐름들이 '교육'과 관련하여 이 시대를 살아가는 사람들에게 요구하는 것은 바로 이 부분이며, 그렇기 때문에 우리는 역량에 주목하게 된 것이다.

---

1 역량에 대한 오해 중 하나는 역량을 키우기 위해서는 지식을 학습할 필요가 없다고 생각하는 것이다. 하지만 역량 신장에 지식은 매우 중요한 역할을 한다. 역량과 지식의 관계는 다음과 같이 정리할 수 있다. "역량을 키우기 위해서는 지식도 필요하다." "지식만 공부해서는 역량을 키우기 어렵다."

학습 활동

| 혼자서 |

1. 이른바 '4차 산업혁명'은 어떻게 해서 등장하게 되었나? (설명)[2]

2. 역량 중심 교육이 대두된 이유는 무엇인가? (해석)

3-1. 우리 대학은 어떠한 역량을 강조하고 있나? (설명)

3-2. 우리 대학에서 강조하는 역량을 내가 갖추게 된다면, 어떠한 상황에서 어떠한 역할을 수행할 수 있을까? 자신의 전공이나 장래 희망과 관련지어 보자. (적용)

| 둘이서 |

3-3. 3-2에서 답한 내용을 짝의 답 내용과 비교해 보자. 어떠한 점에서 비슷하고 어떠한 점에서 차이가 있는가?

| 여럿이 |

4. 기존의 지식 중심 교육에서 역량 중심 교육으로의 변화에 대한 나의 입장은 무엇인가? 이에 대해 어떻게 생각하는가? 나의 생각을 먼저 작성한 뒤, 다른 이들과 생각을 비교해 보자. (자기 평가)

---

2. 역량이란 무엇인가

지금 이 책을 읽고 있는 독자들은 아마도 대부분 2015개정 교육과정에 따라 고

---

2   문항의 끝에 표시된 괄호 안의 단어는 '이해의 여섯 가지 차원'과 관련된 것이다. 이에 대해서는 이 장의 3절에서 자세히 다룬다.

인공지능시대의
창의적 사고와 소통

등학교 교육을 이수했을 것이다. 그런데 2015개정 교육과정은 전면적으로 '역량 중심 교육과정'을 표방하기 시작하였다. 초·중·고등학교에서 일어난 이러한 변화는 대학에서도 마찬가지로 나타난다. 이 책을 읽고 있는 독자들이 어느 대학에 소속되어 있는지와 관련 없이, 학교에서 제공하는 교과/비교과 프로그램의 수업 계획서나 교육 내용 등에서 '역량'이라는 단어를 매우 쉽게 찾을 수 있을 것이다. 한 마디로, 최근의 교육 흐름에 '역량'이 매우 강조되고 있다고 하겠다. 이러한 변화는 10년 전에는 확인하기 어려웠다는 의미이다. 역량이라는 단어를 표준국어대사전에서 찾아보면 "어떤 일을 해낼 수 있는 힘"이라는 간단한 설명이 나올 뿐이다. 그런데 이러한 변화는 왜 나타나게 된 것일까?

우리는 앞으로 사회에서 살아가게 될까? 앞으로 자신이 살아갈 사회의 사람들은 무엇을 중요하게 생각할까? 조금 더 나은 삶을 살기 위해서는 무엇을 어떻게 준비해야 할까? 학습자로서, 나는 무엇을 어떻게 배워야 할까? 쉽게 떠올릴 수 있는 질문이지만 이에 대한 답을 하는 것은 결코 쉬운 일이 아니다. 1개월 후의 일도 예측하기 어려운 상황에서, 자신이 속한 사회가 10년이나 20년 뒤에 어떻게 변할 것인지를 떠올리고 그에 맞게 대비해 나가는 것은 결코 쉬운 일이 아니다. 하지만 알 수 없는 미래라고 해서 대비를 하지 않을 수는 없는 일이다. 교육의 중요한 임무 중하나는 학생들이 미래에 보다 나은 삶을 살아가도록 돕는 데에 있기 때문이다.

사실 미래에 대한 대비를 하려는 사람의 동기가 어제오늘의 일은 아니다. 그리고 급변하는 미래에서 무엇이 필요할지를 탐색하기 위해 OECD에서는 1997년부터 DeSeCo(Defining and Selecting Key Competencies) 프로젝트를 수행해 왔다. 이 프로젝트는 미래 사회를 살아갈 사람들이 보다 나은 삶을 살아가려면 어떠한 '역량'을 갖추어야 하고, 교육은 어떠한 역할을 해야 하는지를 범박한 수준에서 제시한 것이다.

최근 우리나라에 불고 있는 역량 중심 교육과 관련된 논의의 토대는 상당 부분 여기에 기대고 있다. DeSeCo 프로젝트(2001)에서는 이를 '미래 핵심역량'이라는 용어를 사용하여 제시한 바 있으며, 그 구체적인 내용은 아래의 '표 1'과 같다.

표 1 | DeSeCo 프로젝트에서 제안한 핵심역량

미래 핵심역량 범주	하위 역량
1. 도구의 상호작용적 활용	A. 언어, 상징, 텍스트의 상호작용적 활용 능력 B. 지식과 정보의 상호작용적 활용 능력 C. 정보기술의 상호작용적 활용 능력
2. 다양한 집단에서의 상호작용	A. 다른 사람과의 능숙한 관계 설정 능력 B. 팀에서의 협력과 활동 능력 C. 갈등 관리 및 해결 능력
3. 자율적인 행동	A. 거시적 관점에서의 행동 수행 능력 B. 삶의 계획과 개인적 과제의 수립 및 수행 능력 C. 권리, 관심, 한계와 요구의 주장 및 보호 능력

우리나라에서는 이근호 외(2012 : 70)에서 제안한 "학습될 수 있는 것으로 지적능력, 인성(태도), 기술 등을 포괄하는 다차원적(multidimensional) 개념이며, 향후 직업세계를 포함한 미래의 삶에 성공적으로 대처하기 위해 필수적으로 요청되는 능력"이라는 정의가 '핵심역량'에 대한 개념으로 널리 통용되고 있다. 핵심역량의 특징으로는 다음과 같은 것들을 제시할 수 있다.

첫째, 선천적으로 타고나는 것이 아니라 학습이 가능하다는 특징이 있다. 학습이 가능하다는 말은 지식, 인성(태도), 기능 등을 포괄하는 다차원적 개념으로, 향후 직업세계를 포함한 미래의 삶을 적절하게 살아나가기 위해 반드시 필요할 것이라

인공지능시대의
창의적 사고와 소통

고 예상되는 능력이다.

둘째, 개인으로서 혹은 사회인으로서 성공적이고 행복한 삶을 유지하기 위해 누구라도 기본적으로 갖추어야 할 보편적 능력이라는 특성을 갖고 있다. 달리 말해서 이러한 특징은 학습자가 어떠한 삶을 살아갈지 예측하기 어렵다 하더라도 공동체 구성원으로서 일정한 역할을 수행하기 위해 갖추어야 할 기본적인 능력이라는 점을 보여준다.

셋째, 핵심역량을 신장시키기 위해서는 백과사전적 지식이나 명제적 지식을 정확하게 기억하고 인출하는 것 이상을 필요로 한다. 지식의 양보다 중요한 것은 전이 가능한 근본적인 '핵심 지식'이라고 할 수 있다. 올바르게 인지하고 판단하고 그것을 행동으로 옮길 수 있는 능력은 지식의 암기만으로는 길러지지 않는다. 그렇기 때문에 학문적인 결과물들을 일일이 기억하는 것보다는 학문적인 결과물이 등장할 수 있도록 해 준 근원적인 지식이 중시된다.

마지막으로 핵심역량은 특정 직업군이나 한정된 분야에서 요구되는 것이 아니라, 21세기 사회에서 이른바 성공적인 삶을 영위하기 위해 필요하다는 점에서 그 범주가 특정 영역에 한정되지 않는다는 특징을 갖고 있다.

그리고 보다 세부적으로는 미래 핵심역량을 인성 역량, 지적 역량, 사회적 역량으로 구분하고 각각의 하위 능력에 또다시 일정한 역량을 배치함으로써 아래의 표와 같은 틀을 제시하였다. 이러한 미래 핵심역량에 대한 개념 정의 및 하위 유형은 매우 다양한 층위와 수준의 교육 현장에 널리 반영되어 있다.

표 2 | 이근호 외(2012)에서 제안한 핵심역량

핵심역량 범주	하위 역량[3]
1. 인성 역량	도덕적 역량, 자아정체성, 개인적사회적 책무성, 대인관계능력, 시민의식, 개방성 및 유연성, 의사소통 능력, 자기관리 능력
2. 지적 역량	자기주도적 학습능력, 문제해결력, 비판적/창의적 사고력, 기초학습능력, 정보활용능력, 의사소통능력.
3. 사회적 역량	대인관계 능력, 개인적 사회적 책무성, 의사소통능력, 시민성, 참여와 공헌, 도덕적 역량, 비판적 사고력

첫 번째인 인성 역량이란 인간 성품 계발과 관련된 역량으로 자기존중과 수용, 잠재력 개발, 자기통제와 조절능력 등 개인 차원이나 개인 자격으로 타인을 만나 발생하는 관계 속에서 필요한 역량을 말한다. 두 번째인 지적 역량이란 학습역량과 창의적 사고능력 등을 포괄하는 것으로 기본소양준비를 기초로 문제를 해결하고 그 과정 속에서 비판적·창의적 사고를 발휘하는 데 필요한 역량을 뜻한다. 마지막으로 사회적 역량이란 사회생활능력과 직무수행능력을 포괄하는 것으로 사회적 소통을 중시하고 참여를 통해 문제를 인식하고 사회생활 속에서 자신의 위치나 진로를 개척해 나가는 데 필요한 역량으로 지적역량이나 인성역량을 구성하는 다양한

---

3 역량의 특성 중 하나는 역량을 구성하는 하위 요인들 사이의 관계가 명확하게 구분되지 않는다는 점이다. 예를 들어 이 책은 기본적으로 '의사소통 역량'을 염두에 두고 집필되었다. 하지만 의사소통 역량은 위의 표에서 확인할 수 있듯이 인성 역량과 지적 역량, 사회적 역량 모두에 포함된다. 상식적으로 의사소통을 적절히 하지 못하는 사람에게 훌륭한 인성이나 뛰어난 지적 작업을 기대하기는 어려운 일이다. 또한 사회적으로 원만한 관계를 맺으며 살아가는 데에도 어려움을 겪을 것이라 예상할 수 있다. 다른 하위 역량들의 경우도 모두 마찬가지이다. 만일 어떤 교육 내용이나 특정 교과목이나 학문 분야가 하위 역량 중 한 가지를 집중적으로 신장시킬 수 있는 가장 좋은 방법이라고 주장한다면, 그러한 주장을 하는 사람은 역량의 도입 배경이나 역량 개념에 대해 충분히 이해하지 못했다는 방증일 수 있는 것이다.

요소들이 결합되어 실제 현장에서 나타나는 역량이나 직무수행능력 등과 같은 것을 의미한다.

— 학습 활동 —

| 혼자서 |

1. 역량의 정확한 개념은 무엇인가? (설명)

2. '지식'이나 '능력'이 아니라 '역량'이라는 용어를 사용하는 이유는 무엇일까? 사전적 정의를 참고하여 서술해 보자. (관점 전환)

3-1. 위의 '표 1'과 '표 2'에서 제시하고 있는 다양한 핵심역량과 하위 역량들 중 자신이 가장 자신 있게 갖출 수 있을 것이라 생각하는 것은 무엇인가? 왜 그렇게 생각하는가? (자기 평가)

3-2. 위의 '표 1'과 '표 2'에서 제시하고 있는 다양한 핵심역량과 하위 역량들 중 자신이 가장 갖추기 어려울 것이라 생각하는 것은 무엇인가? 왜 그렇게 생각하는가? (자기 평가)

| 둘이서 |

4. 학습 활동 1, 2, 3에서 답한 내용을 짝의 답 내용과 비교해 보자. 어떠한 점에서 비슷하고 어떠한 점에서 차이가 있는가? (관점 전환)

| 여럿이 |

5. 팀원들이 공통적으로 알고 있는 사람 중 한 명을 선정해 보자. 유명인이어도 좋고 주변 사람이어도 좋다. 그 사람은 어떠한 역량을 갖추고 있다고 생각하는지 '표 1'과 '표 2'에서 제시한 하위 역량을 활용하여 설명해 보자. 그리고 팀원들과 돌아가며 자신이 생각한 사람이 갖추고 있다고 생각하는 역량이 일치하는지, 차이가 있다면 어떠한 점에서 그러한지 비교해 보자. (관점 전환)

3. 역량을 신장시키려면 어떻게 해야 할까

4차 산업혁명 시대에 필요로 하는 역량을 키우려면 어떻게 해야 할까? 역량을 갖추기 위한 방법론들은 매우 다양하게 제시되고 있으며, 책 한두 권으로 다룰 수 있는 수준이 아니다. 그리고 이 정도면 충분한 역량을 갖추었다고 볼 수 있는 도달점도 누가 정해주는 것이 아니다. 가장 뛰어난 역량을 갖고 있는 사람이 누구인지를 정하려면 결국 평가를 해야 하는데, 이에 대해서도 마찬가지로 답이 정해져 있지 않다. 다시 한 번 명심해야 하는 것은 우리가 앞으로 겪게 될 문제 상황 중 상당수가 현재로서는 해법이 존재하지 않는 것이라는 점이다. 굳이 4차 산업혁명이 가져올 변화까지 이야기하지 않더라도, 살아가면서 마주하는 모든 문제의 해법을 정확히 기억할 수는 없는 일이다. 해결해야 할 문제가 많기도 하고, 그 해법이 정확히 알려져 있지 않은 경우도 많기 때문이다. 결국 문제 해결을 위해서는 어쩔 수 없이 기존에 알고 있는 내용을 토대로 답을 찾아야 한다. 그리고 수없이 많은 정보 중 필요한 것을 선별하고, 관련이 있다고 판단되는 것을 찾아 정답을 추론해 내어야 하는 것이다.

결국, 해결 방법이 알려지지 않은 문제 상황을 적절히 해결해 나가는 것이 창의적 사고를 통한 문제 해결이라고 할 수 있는 것이다. 창의적 사고가 필요한 이유가 바로 여기에 있다. 이러한 이유로 이 책의 제2부에서는 인공지능시대의 도래로 인해 나타나게 된 변화의 양상을 살피고 이에 대해 창의적으로 사고하며, 궁극적으로 다른 이들과 자신의 생각을 성공적으로 교류하는 훈련을 하는 것을 중점적으로 다루고자 한다.

창의적 사고와 창의적 소통의 성격과 특성에 대해서는 8장과 9장에서 다룬다.

여기에서는 역량을 갖추기 위한 구체적인 기법 중 하나이자 본 교재 제2부의 주요 활동 원리인 이해의 여섯 가지 차원에 대해서 다루고자 한다.

우선 이해의 여섯 가지 차원이라는 기법은 이해 중심 교육과정이라는 큰 틀에서 비롯된 것이기 때문에, 이해[4] 중심 교육과정의 핵심 아이디어에 대해 간단하게 설명할 필요가 있다. 이해의 여섯 가지 차원을 소개한 구체적인 논의는 McTighe & Wiggins(정현선 외 역, 2016)에서 자세히 확인할 수 있다. 이해 중심 교육과정과 관련된 논의들은 교육이 학생들의 핵심역량을 길러주는 데 기여해야 한다는 사회적 요구에 직면하게 되자, 기존의 지식 중심 교육에 대한 반성으로 주목받게 된 방식이라고 볼 수 있다. 여기서 말하는 지식 중심 교육이란 기존의 학문적인 성과물이나 결과물의 세부 사항들을 교과목에 편성해 놓고 평면적으로 가르쳐 왔으며, 그러한 지식을 얼마나 잘 암기하고 있는지를 평가하는 것으로 교육 목표를 성취했다고 간주해 온 것을 말한다. 역량 중심 교육이 지향하는 '무엇인가를 해낼 수 있는 힘'을 키워주는 것을 교육 최상위 목표로 삼는 것과는 일정한 차이가 있다.

물론 기존의 지식 체계를 학습하는 것이 쓸모없다는 말은 절대로 아니다. 하지만 각 학문 분야마다 지식이 증가하는 속도가 기하급수적으로 빨라지고, 기존의 지식이 새로운 것으로 대체되는 주기가 점점 짧아지는 상황임에도 불구하고 기존 지식의 체계를 암기하는 데에 상당히 많은 교육 시간을 투자하는 것이 과연 적절한 것인지에 대한 상당한 반성이 일어난 것이다. 또한 디지털 기술의 발달에 힘입어 지식의 세부 사항은 암기하지 않더라도 이전보다는 손쉽게 필요할 때 활용할 수 있

---

4   이해 중심 교육과정에서 말하는 '이해'란 우리들이 일상적으로 사용하는 '어떤 내용을 단순하게 알았다'라고 하는 이해와는 약간 다른 의미를 갖는다. 여기에서의 이해란 '진정한 깨달음' 혹은 '매우 깊은 수준의 이해'라는 의미를 강하게 갖고 있다.

게 되었다는 점도 이러한 반성에 영향을 미쳤다. 이로 인해 역량 중심 교육으로의 변화 분위기 속에서 이른바 '아무 것이나 가르치지 않는다'는 교육 내용 선정의 엄정성을 강조하게 되었다.

그럼 지식의 세부 체계를 일일이 암기하는 것을 줄이는 대신, 무엇을 배워야 할까? McTighe & Wiggins는 이에 대해 교과 내용의 핵심은 담은 주요 아이디어의 가치를 이해[5]하는 데에 초점을 맞추되, 맥락 속에서의 이해의 적용을 강조하기 때문에 활동이나 수행과 연결된 방식으로 공부를 할 필요가 있다는 점을 강조한다. 그리고 이러한 대안을 실천하기 위한 다양한 방법이나 기법들을 제안하고 있는데, 그 중의 하나가 본 교재의 제2부에서 활용하고자 하는 이해의 여섯 가지 차원에 대한 질문이다.

역량 신장을 위해서는 기본적으로 무엇인가를 해낼 수 있어야 하는데, 여기에는 기본적으로 다양한 지식들이 필요하다. 그리고 이러한 지식들을 단순히 암기했다가 인출하는 데에서 그치지 않고, 다양한 방식으로 지식들을 다룰 수 있어야 한다. 이해의 여섯 가지 차원은 이처럼 다양한 방식으로 지식을 다룰 수 있도록 도와주는 방식이라고 할 수 있는 것이다. 이해의 여섯 가지 차원에는 다음과 같은 것들이 있다.

① 설명하기 : 무엇이 어떻게 작용하는지, 어떤 일이 왜 일어났는지 명확하게 다른 이에게 설명할 수 있다.

---

[5]　cf. 이해 중심 교육과정의 핵심 아이디어는 다음과 같다. -교육은 중요한 개념과 과정에 대한 학생들의 이해를 발전시키고 심화시켜 배운 바를 학교 안팎에서 전이할 수 있도록 해야 한다. 가르쳐야 하는 내용이 '답'에 관한 것이라면, 이러한 답을 제시한 사람들은 어떤 질문을 던졌을까? 다시 말하면, 가르쳐야 하는 내용 X는, 어떤 질문에 대한 답인가?

예) 4차 산업혁명이란 무엇이며 어떠한 특징이 있는가?

② 해석하기 : 자신이 기존에 알고 있는 것을 새로운 것에 비추어 확장할
　　　　　 수 있다.

예) 4차 산업혁명이라는 개념이 등장하게 된 계기는 무엇인가?

③ 적용하기 : 새로운 문제를 해결하거나 새로운 상황에 정보를 정확하게
　　　　　 적용한다.

예) 4차 산업혁명이 본격화되면 우리의 삶은 어떻게 달라질까?

④ 새로운 관점 얻기(관점 전환) : 아이디어를 다른 시점에서 논리적으로
　　　　　 검토하고 비평함으로서 객관성을 보여줄 수 있다.

예) 4차 산업혁명이 가져올 변화에 대한 다양한 견해들에는 어떠한 것이 있는가?

⑤ 공감하기 : 입장에 따라 적절함에 차이가 발생하는 것을 찾고, 그것이
　　　　　 나름대로의 이유가 있음을 설명할 수 있다.

예) 4차 산업혁명이 가져올 변화에 대해 사람들은 왜 저마다 다르게 생각할까?

⑥ 자기 지식 갖기(자기점검) : 자신의 학습을 스스로 반성적으로 돌아볼 수
　　　　　 있다.

예) 4차 산업혁명과 관련된 내용을 이해하기 전과 이해하고 난 후 나에게 생긴
　　 변화는 무엇인가?

우리가 어떤 지식의 체계에 접근하여 그것을 이해한다는 것은 위와 같은 여러

차원에 걸쳐서 다양한 방식으로 대상을 파악한다는 것을 의미한다. 그렇기 때문에 다음과 같은 방식으로 특정 일정한 대상에 질문을 제시하고 그에 대한 답을 찾기 위해 노력함으로써 보다 영속적인 이해의 수준에 도달할 수 있다고 보는 것이다. 우리 교재에서는 이와 관련하여 제2부의 학습활동에서 이해의 여섯 가지 층위로 구분하여 질문을 제시하고자 한다. 물론 이러한 질문에 대한 답을 찾는 것에서 그 쳐서는 안 된다. 이러한 다양한 차원의 이해가 필요한 이유는 결국 '역량', 다시 말하면 무엇인가를 실제 활동이나 수행으로 이끌어 내기 위한 것이기 때문이다. 다만 우리 교재는 일정한 활동이나 수행을 통해 일정한 의미를 갖추기 위해서는 위와 같은 일정한 대상에 대한 다양한 이해를 토대로 해야 한다는 점을 강조하는 것이다.

━━━━━━ 학습 활동 ━━━━━━

| 혼자서 |

1. 자신이 잘 알고 있는 역사적인 사건, 혹은 자신이 잘 설명할 수 있는 일정한 대상을 선정해 보자. 운동, 취미, 음식, 여행 등과 관련된 것도 가능하다.

1-1. 어떠한 사건이나 대상을 선정했으며, 그 대상의 특징이나 특성은 무엇인지 1~2문장으로 설명해 보자. (설명)

1-2. 본문에서 제시한 이해의 여섯 가지 층위에 따라 자신이 선정한 내용과 관련된 질문을 만들어보자.[6] (적용)

---

6   아래의 표는 정현선 외 역(2016 : 78~80)의 내용을 토대로 일부 수정한 것이다.

인공지능시대의
창의적 사고와 소통

질문의 예시	내가 생성한 질문
설명 - 어떻게 ○이 발생했는가? 왜 그런 것인가? - ○을 유발한 것은 무엇인가? - ○의 결과는 무엇인가? - 우리는 ○을 어떻게 증명/확인/정당화할 수 있는가? - ○은 ●과 어떻게 연결되어 있는가? - 우리는 다른 사람들이 ○을 이해하는 데 어떤 도움을 줄 수 있는가?	
해석 - ○의 의미/암시는 무엇인가? - ○은 ●에 대하여 무엇을 드러내어 보이는가? - ○은 나/우리와 어떤 관계가 있는가? - 그래서 어떻다는 건가? 그것이 중요했던 이유는 무엇인가?	
적용 - 우리는 ○을 어떻게, 언제 사용할 수 있는가? - ○은 좀 더 광범위한 세계에서 어떻게 적용되는가? - ○은 우리가 ●하는 것을 어떻게 도울 수 있는가? - 다음에는 무슨 일이 발생할 것인가?	
관점 전환 - ○에 대한 다른 관점은 무엇인가? - ○의 관점에서 봤을 때 이것은 어떻게 보일 수 있는가? - ○와 ●은 어떻게 유사한가/다른가? - 이것은 누구의 이야기인가?	

공감 – ○의 입장이 되어보는 것은 어떨까? – 여러분이 ○라면 어떤 감정일까? – ○에 대하여 어떤 감정을 가질 수 있는가? – ○은 우리가 무엇을 느끼고 알 수 있도록 하기 위해 노력하는가?	
자기 평가 – 내가 진정으로 알고 있는 것은 무엇인가? 그것을 어떻게 알고 있는가? – ○에 대한 나의 지식의 한계는 무엇인가? 나의 맹점은 무엇인가? – ○에 대한 나의 강점과 약점은 무엇인가? – 나의 (경험, 습관, 편견, 문화 등)에 의해 형성된 ○에 대한 나의 관점은 어떠한가?	

| 둘이서 |

2. 짝이 선정한 주제와 제시한 질문들을 살펴보고 아래의 기준에 따라 평가해 보자. 그리고 짝이 작성한 내용을 수정할 수 있게 평가한 결과를 짝에게 제시해 주자. (설명, 해석, 적용)

① 선정한 주제가 무엇인지 명료하게 제시되어 있는가?
② 질문들은 무엇을 묻는지 분명한가?

| 여럿이 |

3. 팀원들이 작성한 내용을 비교하되, 다음의 절차에 따라 평가해 보자. (설명, 해석, 적용, 관점 전환, 공감, 자기 평가)

① 팀원들이 작성한 질문을 이해의 여섯 가지 차원을 기준으로 분류하여 모은다.
② 각각의 차원으로 분류된 질문들의 공통점을 찾아본다. 특히, 질문에 포함되어 있는 중요한 동사나 육하원칙에 공통점이 있는지 확인한다.
③ 각 질문들이 분류된 각각의 차원에 적합한지 의견을 제시한다. 만일 자신이 작성

한 내용에 대해 팀원들과 생각이 다를 경우, 자신의 생각을 팀원들에게 충분히 설명한 후 동의를 구한다. 반대로 다른 팀원이 작성한 내용이 자신의 생각과 다를 경우, 마찬가지로 다른 팀원에게 왜 자신은 다른 팀원의 생각에 동의하지 않는지 충분히 설명한다.

④ 충분히 논의를 마친 후 수정할 사항이 있다고 생각하면 질문을 수정한다.

⑤ 어떤 점에서 의견 차이가 있었는지 발표한다.

참고문헌 및 참고자료

DeSeCo(2001), The Definition and Selection of Key Competences, Executive Summary, Unpublished paper, OECD.

이근호 외(2012), 미래 사회 대비 핵심역량 함양을 위한 국가 교육과정 구상, 한국교육과정평가원 연구보고서, 연구보고 RRC 2012-4.

McTighe & Wiggins(2013), 정현선 외 역(2016), 핵심 질문: 학생에게 이해의 문 열어주기, 사회평론.

MEMO

단원 설정 배경

이 장은 급변하는 시대에 창의적으로 사고가 무엇을 의미하는지 명확하게 인지하는 것이 역량 신장의 토대가 된다는 점을 중시하여 선정하였다. 창의적 사고는 일상적으로 사용하는 용어이지만 무엇을 창의적 사고라고 부를 수 있는지에 대해서는 관점에 따라 차이가 매우 크다. 많은 이들이 창의적 사고의 결과물을 내어놓음으로써 세상의 주목을 받기 위해 노력하지만, 성공적으로 이러한 과업을 완수하는 사람들은 아쉽게도 많지 않다. 하지만 세상의 주목을 받지 못했다고 해서 누군가를 창의적이지 않다고 할 수는 없다. 그 이유는 창의적 사고의 본질 속에 담겨 있다. 여기에서는 무엇을 창의적 사고라고 부를 수 있을 것인지 그 의미를 심도 깊게 따져보고, 대학생들의 수준에서 창의적인 사고를 하기 위해서는 어떠한 노력을 기울여야 하는지에 대해 이해하는 것에 초점을 둔다.

핵심 질문

1. 창의적 사고란 무엇인가?
2. 창의적으로 사고하려면 어떻게 해야 하는가?

학습 목표

1. 창의적 사고의 특성에 대해 이해한다.
2. 창의적으로 사고하기 위해 어떠한 노력을 기울여야 하는지 이해한다.

핵심어

창의적 사고, 새로움, 적절함, 역사적 창의성, 개인적 창의성

8강 | 인공지능의 창의적 사고와 인간의 창의적 사고

1. 창의적 사고의 개념

'창의'가 강조된 것은 어제오늘의 일이 아니다. 이 책을 읽고 있는 독자들은 '창의'라는 단어가 들어간 교육 관련 내용들을 심심치 않게 찾아볼 수 있다. 대학을 다니는 동안 '창의'를 강조하는 수업을 전혀 듣지 않는 학기를 이수하는 것이 오히려 어색할 지경이라고 해도 과언이 아니다. 그럼에도 불구하고 학생들의 창의력이 부족해서 우려스럽다거나 창의적인 아이디어를 갖춘 신입사원을 찾기 어렵다는 기업들의 불만은 꾸준히 이어지고 있다. 그렇다면 우리는 어떻게 창의적으로 사고하고, 창의적으로 소통할 수 있을까? 이에 대해 살펴보기 위해서는 우선 우리가 무엇을 창의적이라고 하는지 이해를 할 필요가 있다.

창의적 사고란 말 그대로 창의적으로 생각하는 것이다. '창의'란 새로운 의견을 생각하여 내거나 생각해 낸 의견을 말한다. 새롭다는 것은 무엇일까? 지금까지 존재한 적이 없던 것을 말한다. 쉽게 표현하면, 창의적 사고는 일반적으로 지금까지 다른 사람들이 제시했거나 생각해 보지 못했던 것을 생각하는 것이라고 할 수 있다. 물론 단지 이전에 다른 이들이 떠올리지 못했던 것만으로는 창의적이라고 하기 어렵다. 기존의 지식이나 경험을 바탕으로 상황에 맞는 새롭고 가치 있는 결과물을 만들어 내는 능력, 또는 새로운 의견이나 아이디어를 제시할 수 있는 정신적 능력을 우리는 창의력이라고 한다. 창의적 사고는 바로 이러한 능력을 갖추어 일어나는 사고를 말한다.

창의적으로 사고했던 사람들을 우리는 역사 속에서 쉽게 떠올릴 수 있다. 'A를 처음으로 개발/발명/발견한 사람은 B이다.'의 A와 B에 들어갈 말을 떠올리면 된다. 특히 B에 해당하는 사람들을 우리는 매우 쉬우면서도 다양하게 떠올릴 수 있는데, 그 이유는 그만큼 그들의 창의적인 결과물을 학교에서 배우고 다양한 매체를 통해 접해 왔기 때문이다. 특히 우리는 '교과'나 '학문'이라는 이름으로 창의적 사고의 결과물을 배워 왔다.

그런데 여기서 한 가지 의문이 생긴다. 우리가 역사적으로 창의적이었던 사람의 반열에 오를 수 있을까? 우리가 과연 창의적인 결과물을 만들어 내어 역사 속에 이름을 남길 수 있을까? 창의성 신장 프로그램을 운영하는 많은 이들 중 창의성을 통해 후대에 오래도록 기억될 사람은 어느 정도일까? 이 책을 집필하고 있는 필자 스스로도 이에 대해 자신 있게 말을 할 수 없다. 우리가 '위인'이라고 꼽을 수 있는 사람들의 수는 동시대를 살았던 사람들과 비교했을 때 매우 드물다는 것만 생각해봐도, 창의성이 중요하다고 말하는 이들 대부분이 역사 속에 창의적 사고로 이름을 남기고 후대의 기억에 남아 있기는 어려운 일이다. 인류 대부분이 역사 속에 남을 수 있는 창의적인 결과물을 내어놓지 못한 채 평생을 살아가게 되는 것은 필연적인데, 왜 창의적이지 못하면 안 되는 것처럼 학생들에게 부담을 주는 걸까?

이와 관련해 장재윤 외(2007)에서 소개하고 있는 창의성의 두 가지 유형 구분을 눈여겨볼 필요가 있다. 위의 논의에서는 창의성을 역사적 창의성과 개인적 창의성으로 구분한다. 역사적 창의성이란 말 그대로 역사를 통틀어 보았을 때 그 누구도 떠올려 보지 못한 것을 떠올리고 다른 이들이 모두 그 새로움과 유용함을 인정한 것을 말한다. 위에서 설명한, 우리들이 쉽게 떠올릴 수 있는 이른바 '위인' 중에는 역사적 창의성을 발현한 경우가 매우 많다. 반면에 개인적 창의성은 이미 이전에는 누군가가 떠올려 본 적도 있고 어딘가에 기록으로도 남아 있는 내용을 떠올린 것이지만, 누군가가 그러한 도움을 전혀 받지 못한 상태에서 스스로 새로운 생각을 해 본 경우를 의미한다. 이러한 역사적 창의성과 개인적 창의성의 사례가 임웅(2014)에 자세히 소개되어 있어서 여기서 약간의 수정을 통해 제시해 본다.

우선 아래의 예시 ㉠ ~ ㉤을 살펴보자. 그리고 스스로 판단해 보자. 어떤 것이 창의적이고, 어떤 것은 창의적이지 않은가?

㉠ 4살짜리 아이가 바닥에 떨어진 빵을 보고 말했다.
"빵이 떨어져 죽었어."
㉡ 왜 밤하늘을 검은색으로 칠하지 않고 보라색으로 칠했냐고요?
밤하늘은 새까맣지 않은데요?

Q : 얼음이 녹으면 어떻게 될까?
㉢ 물이 됩니다.
㉣ 수소 결합이 감소합니다.
㉤ 봄이 옵니다.

창의적이기 위해서는 새롭기만 해서는 곤란하다. 새로우면서 동시에 다른 이들이 그럴듯하다거나 적절하다고 생각해야 창의적이라는 평가를 받을 수 있다. 만일 새롭기만 하고 적절하지 않다면 엉뚱하다거나 이상하다는 평가를 받는다. 그리고 적절하기만 하고 새롭지 않다면 진부하다거나 평범하다는 평가를 받는다. 새로움과 적절함이라는 2가지 기준으로 위에서 제시한 예를 각자 평가해 보자.

단순히 평가를 내리는 것이 전부가 아니다. 중요한 것은 지금부터다. 과연 이 책을 읽은 독자들의 평가 결과가 일치할까? 사람들마다 새롭다거나 적절하다고 판단하는 기준이 과연 전반적으로 비슷할까? 특히나 '새로움'과 관련된 기준은 그 차이가 더욱 클 수 있다. 개인적으로 이미 들어본 적이 있다면, 혹은 이와 비슷한 경험을 갖고 있다면 새롭다는 반응은 나오지 않을 수 있다. 하지만 이것은 개인의 경험에 비롯된다.

그리고 한편으로 다음과 같이 생각해 보자. 1주일 후, 혹은 1달 후에 스스로 다시 판단을 해 본다면, 그 결과는 자신이 지금 내린 결론과 일치할까, 일치하지 않을까? 1주일 전, 혹은 1달 전에는 처음 보았기 때문에 새롭다고 생각했지만, 과연 두 번째 보았을 때도 새롭다고 생각하게 될까?

창의적 사고가 무엇인지에 대해서는 여러 학자들이 다양한 의견을 제시하고 있지만, 쉽게 생각할 문제가 아니다. 왜냐하면 새롭다거나 적절하다는 것은 사람에 따라, 시간과 장소에 따라 달라질 수 있기 때문이다. 그리고 역사적으로 창의성을 인정받은 이들은 인류 역사상 새로웠으면서 동시에 당시의 사람들에게 적합하다는 평가를 받았기 때문이다. 그리고 그 덕에 위인의 반열에 들어서거나 역사의 한 페이지를 장식하게 되었다. 하지만 이 책을 집필하고 있는 필자를 포함하여 우리 대부분은 확률적으로 그렇게 되지 않을 가능성이 높다. 하지만 대신에 우리는 우리에게 적합한 개인적 차원의 창의성을 모색할 필요가 있다.

개인적 차원의 창의성은 다시 크게 두 가지로 구분할 수 있다. 첫째는 이미 알고는 있었지만 미처 생각하기 어려웠던 것을 말한다. 둘째는 다른 이들은 알고 있었지만 자신은 몰랐기 때문에 새롭다고 생각하는 것이 해당된다. 전자의 경우 대표적인 예시가 콜럼버스의 달걀에 얽힌 일화이다. 위의 ⑩에서 제시한 예시 역시 이미 알고는 있었지만 미처 생각하기 어려웠던 것에 해당한다. 이러한 내용들은 그 순간에는 주목을 받지만 일단 한 번 알려지고 난 뒤에는 창의적이라는 평가를 받지 못한다.

두 번째에 해당하는 개인적 차원의 창의성은 다른 이들에게 이야기를 하더라도 새롭다는 반응을 얻는 경우가 매우 드물다. 대표적인 예로 수학 문제를 가지고 이러저러한 궁리를 한참 하다가 근의 공식을 스스로 발견한 초등학생을 들 수 있다. 근의 공식은 이차방정식의 해를 구하는 공식으로 중학교 수준에서 나오지만, 그러한 공식이 이미 존재한다는 것을 전혀 모르는 초등학생이 도출해 낼 수 있는 가능성이 매우 낮지만 존재하기는 한다. 이러한 경우, 우리는 그 초등학생이 만들어 낸 근의 공식을 창의적이라고 평가할 수 있을까? 또 다른 예로는 대학생이 교양 수업이나 전공 수업에서 새롭게 알게 된 중요한 교과목의 원리나 지식을 들 수 있다. 이전까지는 전혀 알지 못하던 것을 새롭게 알게 되어서 어떤 상황이나 현상에 대응하는 방식이 달라졌을 때, 우리는 그 대학생의 달라진 대응 방식을 창의적이라고 평가할 수 있을까? 이러한 새로움을 역사에 남을 창의적 사고라 부르기는 어렵다. 하지만 분명히 그 순간에 그 개인에게만큼은 충분히 창의적이다.

우리는 역사적 창의성에 주목해야 할까, 아니면 개인적 창의성에 주목해야 할까? 역사적 창의성은 지식의 최전선에서 복무하고 있는 특수한 몇몇 전문가들의 몫이다. 물론 이 책을 읽는 대학생 독자들도 언젠가는 그렇게 될 수 있을 것이라 믿고 학업이나 다양한 분야에 도전하는 것은 매우 바람직한 일이다. 하지만 대학생에게 '당장' 그러한 결과물을 내어놓을 것을 요구하는 것은 무리이다.

우리는 역사적 창의성보다 개인적 창의성에 주목할 필요가 있다. 자신을 기준에 두고, 자기 입장에서 새롭지만 적절한 것을 떠올릴 줄 안다면 우리는 그것을 충분히 창의적인 사고라고 부를 수 있는 것이다. 이전에 몰랐던 지식을 아는 것, 이전에 할 줄 몰랐던 것을 할 줄 알게 되는 것은 모두 우리들의 창의적 사고가 발현된 결과물인 것이다. 결국 우리는 이미 충분히 창의적인 것이며, 다만 우리가 노력할 일은 지금보다 더 나은 방식으로 창의적 사고를 확장하기 위해 힘쓰는 것이다.

| 혼자서 |

1. '역사적 창의성'과 '개인적 창의성'의 개념을 각각 정리해 보자. (설명)

2. 교재 본문의 ㉠ ~ ㉤에 대해 '새로움'과 '적절함'을 기준으로 정리한 내용을 아래
   표에 정리해 보자. (해석)

보기	새로운가?	적절한가?	보기	새로운가?	적절한가?
㉠	○ ×	○ ×	㉡	○ ×	○ ×
㉢	○ ×	○ ×	㉣	○ ×	○ ×
㉤	○ ×	○ ×			

| 둘이서 |

3. 2번의 결과를 짝과 비교해 보자. 어떠한 점에서 차이를 보이는가? 차이를 보이
   는 부분이 있다면 서로 다르게 답한 이유에 대해 서로에게 설명해 보자.

| 여럿이 |

4. 팀원들이 모두 동의할 수 있는 창의적인 창작물을 검색해서 발표해 보자. 구체
   적으로 아래의 절차를 따라 진행해 보자.

   ① 개인별로 '창의적인'이라는 표현을 결합하여 검색을 한 뒤 창의적이라고 생각하
      는 그림, 사진, 글, 광고 등을 팀원들에게 소개해 보자.

   ② 팀원들이 각각 소개한 결과물들을 '새로움'과 '적절함'을 기준으로 평가해 보자.
      그리고 그렇게 평가한 이유에 대해서도 팀원들에게 소개해 보자.

   ③ 팀원들의 평가 결과를 종합하여 가장 창의적이라고 생각할 수 있는 결과물을 전
      체 강의실에서 발표해 보자. 발표를 할 때에는 어떤 점에서 새롭다고 생각했고
      어떤 점에서 적절하다고 생각했는지에 대해 종합한 팀원들의 의견을 포함시켜
      보자.

2. 인공지능시대에 창의적 사고가 중요한 이유 : 모든 것을 자동화할 수 없으니

'인공지능'과 '창의성'을 키워드로 최근 뉴스를 검색해 보자. 어느 시점에 어떤 검색엔진을 사용하느냐에 따라 검색 결과의 차이가 크다. 하지만 검색 결과에서 창의성의 영역도 인공지능이 넘본다는 내용을 쉽게 찾을 수 있을 것이다. 검색 결과를 토대로 아래 질문에 간단히 답해보자.

→ 어떤 분야에서 인공지능의 창의성이 활용될 것이라 전망되는가? (혹은) 이미 인간만이 할 수 있는 창의적인 작업이라고 여겨지던 것들 중 인공지능이 대신 수행하기 시작한 분야에는 어떠한 것이 있는가?

→ 이번 장의 1절에서 소개한 '새로움'과 '적절함'의 기준으로 검색 결과에서 소개한 사례를 평가해 보자. 인공지능이 이른바 '창의성'을 발휘해 생산한 결과물은 새로운가? 그러한 결과물은 세상 사람들에게 어떤 경우에 적절하게 받아들여지고, 어떤 경우에 그렇게 받아들여지지 않을까?

→ 위의 질문에 비추어 봤을 때, 인공지능의 창의성을 우리는 창의적이라고 부를 수 있을까?

4차 산업혁명과 관련된 논의에서 자주 등장하는 표현이지만, 위의 질문들에 대해서도 정해진 답은 없다. 어떤 사람이 보다 새롭고 적절한 답을 할 수 있느냐를 주변 사람들이 판단하면 될 일이다. 인공지능이 만들어 낸 창의적 결과물 역시 마찬가지로 생각해 볼 수 있다. 어떤 결과물이 창의적 사고의 결과물인지 아닌지는 결국 누가 언제 그것을 평가하느냐에 달려있는 것이다. 그러면 여기에서 본격적으로 이번 절의 주제로 들어가 보자.

"왜 창의적 사고가 필요한 걸까?"

4차 산업혁명과 관련된 논의가 등장하기 이전에도, 그리고 최근에도 창의적 사고는 매우 중요하게 받아들여진다. 창의적 사고의 필요성에 대해서는 여러 논의들이 있어왔지만, 1절의 내용을 토대로 한다면 다음과 같이 정리할 수 있다.

"인생은 문제 해결의 연속이기 때문이다."

위의 문장에 창의적 사고가 필요한 이유가 모두 들어 있다. 이에 대해 자세히 살펴보자.

문제는 문제 상황의 줄임말이라고 할 수 있다. 문제 상황은 ① 도달하고자 하는 목표나 원하는 결과물을 떠올렸으나 ② 현재 상황에서 목표나 결과물을 얻어내지 못한 상황에서 ③ 목표나 결과물을 얻기 위한 구체적인 방법이 명확하지 않은 상황이라고 정의할 수 있다. 특히 ③번에 따라 문제 상황이냐 아니냐가 달라진다. 그리고 문제 상황은 사람마다 다르다. 동일한 조건을 어떤 사람은 문제 상황으로 받아들일 수 있고, 어떤 사람은 아무렇지도 않게 해결해 나갔기 때문에 문제 상황이었다고 인식하지 못할 수 있다.

가까운 예로 방금 운전면허를 취득한 초보 운전자와 운전 경력이 10년이 넘는 능숙한 운전자를 대조해 보자. 이 두 사람에게 각각 '저 앞에 주차되어 있는 차량의 열쇠를 드릴 테니 시동을 켜고 차량을 출발시켜 보세요.'라는 상황을 부여한다면 어떤 반응을 보일까? 능숙한 운전자에게는 이 상황이 '문제 상황'이 되지 않는다. 왜냐하면 문제 상황을 정의하는 요소 중 ③에 대한 부분이 해당되지 않기 때문이다. 10년 정도의 운전 경력을 갖고 있는 사람은 특별히 신경을 쓰지 않고도 차량 열쇠를 받아 시동을 켜고 차를 출발시킨다. 주변 사람과 대화를 하거나 골똘히 다른 생각을 하면서도, 다시 말해 일부러 차량 조작에 신경을 쓰지 않고도 거의 자동적으로 차량을 출발시킬 수 있다. 다시 말해, 차량을 출발시킨다는 목표를 달성하기 위한 방법이 이미 자동화되어 있다고 표현할 수 있다.

반대로 초보 운전자에게 이 상황은 대부분 문제 상황으로 받아들여진다. 운전자라면 누구나 면허를 취득한 지 얼마 되지 않았을 때에는 차량을 출발시키기 위해 일정한 절차를 떠올리기 위해 노력한 기억을 갖고 있을 것이다. '문을 열고, 앉아서 문을 닫고, 안전벨트를 메고, 브레이크를 밟은 상태에서, 아 기어 중립인지를 먼저 확인하고…' 등과 같은 내적 사고 과정을 거쳐야 하는 것이다. 이러한 내적 사고 과정은 자동적으로 일어나지 않는다. 그렇기 때문에 문제 상황을 정의하는 요소 중 ③번에도 정확하게 해당된다고 볼 수 있다. 만일 옆에서 누군가가 말을 건다면, 그렇지 않을 때에 비해 차량 조작에 상당한 어려움을 겪는다는 점이 그 증거가 된다.

사실 위의 예에서는 창의성이 필요하지 않다. 차량을 출발시키기 위한 문제 해결 방법은 정해져 있고, 사람이 해야 할 일은 반복해서 노력하면 되는 것뿐이다. 시간과 횟수가 반복되면 정해져 있는 절차를 '자동화'하게 되고, 사람들은 더 이상 그 작업을 수행할 때 특별한 내적 사고 과정을 거치지 않게 된다. 우리들의 일상생활은 대부분 이러한 것들이다. 아침에 눈을 떠서 강의실로 향했다가 강의실에서 식당으로 갔다가, 친구를 만나기 위해 학교의 일정한 장소로 이동하는 등의 행동은 입학한 지 얼마 되지 않는 경우가 아니라면 전혀 문제 상황이 되지 못한다. 다만 위의 예는 '문제 상황'에 대한 개념을 설명하기 위한 방편이라고 할 수 있다.

하지만 차량을 출발시켜야 하는 상황이 아니라, 다음과 같은 경우라면 어떻게 해야 할까?

> 예) "당신은 환경보호운동 동아리의 회장이다. 동아리 총회를 통해 환경 보호운동 사회봉사단체에 기부를 위한 목적으로 바자회 행사를 진행 하자는 결정이 내려졌다. 당장 어떻게 일을 처리해 나가야 할까?"라 는 업무 지시가 내려왔을 경우 어떻게 해결해야 할까?
> ㉠ 신문과 잡지들을 조사하여 다른 단체에서 사용한 바자회 방식들을 알아본다.
> ㉡ 바자회의 성격과 특징을 생각해 본 다음, 각각의 특성들에 초점을 맞추어 바자회 핵심 요소를 이끌어낼 수 있을지 검토해 본다.
> ㉢ 동아리에서 그 동안 수행한 행사들에 대한 정보를 모아서 유사한 방식으로 준비한다.
> ㉣ 동아리원들에게 아이디어를 요청한 뒤 그들의 답변을 검토한다.

여기에서 역시나 중요하게 생각할 점은, 운전을 하거나 기숙사 방에서 강의실로 가는 것처럼 해결 방법이 미리 정해져 있는 것이 아니라는 점이다. 위의 상황은 다시 말해 자동화가 불가능하다. 우리는 살아가면서 다양한 문제 상황에 처하게 된다. 모든 문제들에 자동화를 하는 것은 불가능하다. 해결해야 할 문제가 많기도 하고, 그 해법이 정확히 알려져 있지 않은 경우, 그리고 이미 해결 방법이 나와 있다 하더라도 그 방법을 자신이 찾아내기 어려운 경우도 많기 때문이다. 결국 문제 해결을 위해서는 어쩔 수 없이 기존에 알고 있는 내용을 토대로 답을 찾아야 한다. 수없이 많은 정보 중 필요한 것을 선별하고, 관련이 있다고 판단되는 것을 찾아 해결 방법을 추론해 내어야 하는 것이다. 이러한 상황은 1절에서 말한 개인적인 창의성의 조건에 정확하게 부합한다. 이 세상의 누군가는 이미 알고 있겠지만, 자신의 입장에서는 이전에 모르던 해결 방법이기 때문에 새롭고, 해결 방법이기 때문에 적절한 것이다.

결론적으로 창의적 사고를 통한 문제 해결이란 해결 방법을 모르는 상태에서 문제 상황을 적절히 해결해 나가는 것을 의미한다. 4차 산업혁명과 관련된 논의가 등장하기 전에도 창의적 사고는 충분히 의의가 있었지만, 1절에서 설명한 바와 같이 이러한 논의는 4차 산업혁명 시대를 맞이하면서 더욱 주목을 받게 된다. 역량과 마찬가지로, 창의적 사고가 필요한 이유는 모든 문제 상황에 미리 준비할 수 없기 때문이다.

━━━━━━━━━━ 학습 활동 ━━━━━━━━━━

| 혼자서 |

1. 자신의 기억을 토대로, 문제 상황이 발생했으나 해결 방법을 알지 못하거나 찾지 못해 난처했던 경험을 떠올려 보자. (설명, 해석, 관점 전환)

　① 언제 있었던 일인가?

　② 도달하고자 하는 목표나 원하는 결과물은 무엇이었나?

　③ 당시에 겪었던 구체적인 어려움은 무엇이었나?

　④ 지금을 기준으로 생각해 보면 당시에 어떻게 했어야 한다고 생각하는가?

　⑤ 딥러닝이 가능한 인공지능에 의존할 수 있었다면 당시에 자신이 살아가면서 겪었던 문제를 해결할 수 있었을까?

인공지능시대의
창의적 사고와 소통

| 둘이서 |

2. 1번 활동의 내용을 짝과 비교해 보자. 그리고 다음을 기준으로 서로의 활동 내용을 평가해 보자. (해석, 관점 전환, 공감)

① 언제 어떠한 어려움을 겪었는지 분명히 이해가 되는가?

② 짝이 ④번에서 떠올린 해결 방법은 적절한가? 더 나은 해결 방법은 없을까?

| 여럿이 |

3. 팀원들 각자가 자신의 전공이나 관심 분야에서 자동화가 가능한 것과 가능하지 않은 것을 떠올려 보자. 그리고 그 결과를 비교해 보자. 다음의 절차를 따르되, 내용이 잘 떠오르지 않는다면 '자동화+(전공 혹은 관심 분야)' 혹은 '자동화+(특정 직업)'로 검색을 해 보자. (검색어의 예 : 자동화 글쓰기 / 자동화 간호사)

① 개별적으로 관심사를 검색하거나 자신이 생각한 내용을 토대로 자동화가 가능한 것과 가능하지 않은 것을 정리한다.

② 팀원들에게 자신이 정리한 내용을 제시하고 동의 여부를 확인한다. 의견의 차이가 있다면 서로 편하게 이야기를 나눈다.

③ 팀원들 마다 돌아가면서 발표에 대한 동의 여부를 확인하고, 가장 많은 동의를 구한 답변을 선정한다.

④ 팀 단위로 전체 강의실에서 가장 많은 동의를 얻은 답변을 발표한다.

3. 창의적으로 사고하는 방법

어떻게 하면 창의적 사고를 잘 할 수 있을까? '창의적으로 사고하는 방법'이라고 검색하면 검색만으로도 한 두 시간 안에 모두 살펴보기 어려울 정도로 정보가 쏟아지는 것이 사실이다. 다양한 논의들이 있지만 여기에서는 1절과 2절의 내용을 토대로 우리들이 일상적으로 할 수 있으면서도 매우 중요한 기본으로 삼을 수 있는 방안을 제시해 보고자 한다.

먼저 아래 질문에 답을 해 보자. 가장 창의적인 집단은 누구일까? 왜 그렇게 생각하는가? 새로움과 적절함을 기준으로 각각의 집단들이 만들어 내는 창의적 사고의 결과물이 어느 정도일지 떠올려 보자.

1위 AI기술을 보유한 기업의 엔지니어	4세 어린이
연소득 1억 유튜버	방송 기자
프로게이머	영화배우
대학생	벽돌공

사실 위에서 어떤 집단이 가장 창의적인지를 확인하는 것은 중요하지 않다. 중요한 것은 어떤 집단이 질문을 많이 하느냐이다. 질문을 바꾸어보자. 어떤 집단이 질문을 많이 할까? 창의적으로 사고하는 방법은 바로 이것이다.

우리 교재에서 중요하게 제시하는 창의적 사고의 방법을 요약하면 다음과 같다.

① 끊임없이 적절한 질문을 던지고 적절한 답을 찾기 위해 노력한다.
② ①에서 얻은 답에 다시 적절한 질문을 던지고 적절한 답을 찾기 위해 노력한다.

인공지능시대의
창의적 사고와 소통

③ 이 과정을 반복한다.

　이러한 간단한 방법을 제시하는 이유는 일부러 창의적으로 사고하기 위해 노력하기 이전에, 기초적인 방식들에 충실할 필요가 있다고 보기 때문이다. 창의적인 사고를 수행한 사람들은 어떠한 방법을 사용한 것일까? 이들에게 창의적 사고의 비결을 물어보면 만족할만한 답을 내어놓지 못한다. 왜 그럴까? 자기도 자신이 어떻게 해서 그런 생각을 떠올렸는지 잘 모르기 때문이다. 다시 말하면 일부러 창의적으로 사고하기 위해 노력했기 때문에 창의적 사고의 결과물을 얻어낼 수 있었던 것은 아니라는 말이다. 그렇다고는 해도, 창의적 사고를 수행한 것으로 알려진 사람들은 어떤 공통점을 갖고 있지 않았을까?

　역사적 창의성으로 이름을 남긴 이들은 대부분 역사에 이름을 남길 정도의 위업을 달성하기 이전에도 해당 분야에서 오랜 기간 노력을 기울여 온 특정 방면의 전문가들이었다. 그 사람들 중에 역사적 창의성으로 이름을 남긴 사람들이 등장한 것이다. 그렇다면, 지적인 노력을 통해 특정 분야에서 전문가로 인정받는 사람들은 어떤 식으로 사고할까? 모든 전문가들을 전수조사한 것은 아니지만 많은 전문가들이 동의하는 부분이 있다. 바로 꾸준히 질문을 던지고 그에 대한 답을 찾기 위해 노력해 왔다는 것이다.

　창의적 사고는 기초적인 사고 능력의 반복 숙달을 필수적으로 필요로 한다. 해당 분야의 바탕이 되는 지식을 깊은 수준으로 이해하고 있을 뿐만 아니라 오랜 시간 동안 상당한 공을 들인다. 창의적 사고는 순간적으로 떠오르는 영감의 덕을 보는 경우가 많다고 하지만, 평소에 해당 분야에 별다른 관심이 없거나 노력을 기울이지 않는 사람이 순간적으로 창의적 사고를 떠올리는 경우는 존재하지 않는다고 해도 과언이 아니다.

질문을 떠올리는 방법은 복잡하지 않다. 아래의 질문들에 각각 답을 해 보자.

사고력

- 사고력이란 무엇인가?
- 왜 사고력이 중요한가?
- 어떻게 하면 사고력을 기를 수 있는가?

첫 번째 질문은 말 그대로 생각하는 힘이라고 할 수 있을 것이다. 두 번째 질문과 세 번째 질문에 대한 답은 각자 생각해 보기 바란다. 이 책의 제2부에서 지속적으로 강조하겠지만, 여러분이 앞으로 살아가면서 풀어나가야 할 질문들에 대한 답은 한두 가지로 정해져 있는 것이 아니다.

위의 질문에 각자 자신의 생각에 따라 답을 했다면, 이어지는 질문들에도 비슷하게 답을 해 보자. 위의 질문에서와 마찬가지로 자신이 떠오르는 대로 답을 하면 된다. 이러한 질문에서조차 답이 정해져 있을 것이라 생각하고 정답 찾으려고 애쓰는 것이 창의적 사고를 가로막는다는 점을 잊지 말자.

교육

- 교육이란 무엇인가?
- 왜 교육을 해야 하는가?
- 교육은 어떻게 해야 하는가?

4차 산업혁명

- 4차 산업혁명이란 무엇인가?
- 4차 산업혁명은 왜 등장했는가? / 왜 4차 산업혁명이 중요한가?
- 4차 산업혁명에 어떻게 대응해 나가야 하는가?

여기까지 답을 해 보았다면 "무엇, 왜, 어떻게"가 반복적으로 등장한다는 것을 알 수 있을 것이다. 질문을 하는 방법은 이처럼 어렵지 않다. 중요하다고 생각하는 단어나 개념을 한 가지 정한 뒤 그 단어나 개념을 중심으로 스스로에게 "무엇, 왜, 어떻게"가 포함되는 질문을 던져보는 것이다. 그리고 질문을 던지는 것에서 끝나는 것이 아니라, 그 질문에 대한 답을 찾기 위해 노력해야 한다. 질문에 대한 답을 찾을 때에는 자신의 생각에 따라 답을 정해도 되고, 다른 이들의 생각을 참고해도 좋다. 다른 이들의 생각을 참고하기 위한 방법으로는 전문가에게 물어보기, 사전 찾기, 검색하기, 전문 서적 찾아보기 등을 들 수 있을 것이다.

질문하기 방법은 여기에서 끝나지 않는다. 답을 찾았으면 그냥 넘어가지 말고 그 답에 대해 다시 한 번 질문 던지기를 반복해 볼 수 있을 것이다. '사고력이란 무엇인가?'라는 질문에 대한 답은 "생각하는 힘" 정도로 정리할 수 있을 것이다. 그렇다면 다음과 같은 질문도 가능해진다. (무엇, 왜, 어떻게라는 의문사만 들어간다면 질문 문장의 형태는 얼마든지 다양할 수 있다.)

생각

- 생각이란 무엇인가?
- 왜 생각을 해야 하는가?
- 사람들은 어떠한 방식으로 생각을 하는가?

이러한 질문이 나왔다면 또다시 적절한 답을 찾기 위해 위에서 수행한 과정을 반복한다. 물론 모든 질문에 답을 다 찾아야 하는 것은 아니다. 자신이 적절하다고 생각하거나 관심이 더 쏠리는 질문, 혹은 당면한 과제를 해결하는 데에 도움이 될 것 같다고 생각하는 방식의 질문을 선택적으로 던져도 된다.

결론적으로 말하면, 매우 많은 전문가들은 위와 같은 방식으로 질문을 던지고 그에 대한 적절한 답을 찾기 위해 노력한다. 물론 어떤 전문가들은 이에 대해 동의하지 않을 수도 있다. 하지만 그러한 사람들은 위와 같은 질문 떠올리기-답 찾기의 과정을 의식적으로 하지 않는 것이다. 그들이 의식적으로 위의 과정을 떠올리지 않는다는 것은 그만큼 그들의 질문-답변 사고가 자동화되어 있다는 의미이기도 하다. (그래서 전문가가 된 것이라고 볼 수도 있다.) 대부분의 전문가들은 일정한 전문성을 얻기 이전에 위와 같은 과정을 거치게 된다는 점은 전문성 습득 논의의 기초적인 사항이기도 하다.

결론적으로 말하면, 창의적 사고는 일정한 질문에 대한 답과 그에 꼬리를 무는 답들이 유기적으로 모이는 과정에서 탄생하는 것이라고 할 수 있다.

━━━━━━━━━ 학습 활동 ━━━━━━━━━

| 혼자서 | [7]

1. 위에서 제시한 질문하는 방식을 연습해 보자. 우선 핵심 개념어 한 가지를 떠올려 보자. 자신의 전공 명칭이어도 괜찮고 평소 관심을 갖고 있었던 것이어도 좋다. (설명, 해석, 적용)

---

[7]　이번 절의 학습 활동은 개인 활동만 진행한다. 질문을 던지고 답을 찾는 일련의 과정에 개인적인 차원의 반복 숙달이 필요하다고 보기 때문이다.

인공지능시대의
창의적 사고와 소통

① 내가 떠올린 개념어는 다음과 같은 것이다.

→

② 핵심 개념어에 '무엇'을 결합하면 다음과 같은 질문을 만들 수 있다.

→

③ 핵심 개념어에 '왜'를 결합하면 다음과 같은 질문을 만들 수 있다.

→

④ 핵심 개념어에 '어떻게'를 결합하면 다음과 같은 질문을 만들 수 있다.

→

2. 1번에서 떠올린 세 가지 질문 중 한 가지를 골라 답을 찾아보자. 답을 찾기 위해서 머릿속의 내용에만 기대어도 좋지만, 다른 이의 생각의 도움을 받는 것도 가능하다. (설명, 해석, 적용)

① 내가 고른 질문은 무엇, 왜, 어떻게 중 다음이 포함된 질문이다.

→

② 위에서 고른 질문에 대한 답은 다음과 같다.

→

3. 2번에서 찾아낸 답의 내용 중에서 중요하다고 생각하거나 자신이 잘 모르는 것, 혹은 관심이 가는 단어나 개념어를 찾아보자. 그리고 다시 질문을 던져보자. (적용, 관점 전환)

① 내가 2번에서 찾은 답의 내용 중 선정한 핵심 개념어는 다음과 같은 것이다.

→

② 핵심 개념어에 '무엇'을 결합하면 다음과 같은 질문을 만들 수 있다.

→

③ 핵심 개념어에 '왜'를 결합하면 다음과 같은 질문을 만들 수 있다.

→

④ 핵심 개념어에 '어떻게'를 결합하면 다음과 같은 질문을 만들 수 있다.

→

참고문헌 및 참고자료

임웅(2014), 새롭지 않은 새로움에게 새로움의 길을 묻다 : 창의를 만드는 네 가지 비법, 학지사.

장재윤 외(2007), (내 모자밑에 숨어 있는) 창의성의 심리학, 가산출판사.

MEMO

단원 설정 배경

이 장의 내용은 창의적 소통을 위해서는 무엇보다도 소통에 대한 본질을 분명히 아는 것이 중요하다는 점을 고려하여 선정하였다. '일방적인 소통'이라는 말은 형용모순이다. 소통이라는 말은 그 자체로 쌍방향성이라는 특성을 갖고 있다. 또한 과학기술이 아무리 발달한다 하더라도 소통이 지니고 있는 보편적이고 본질적인 속성이 달라졌다는 근거를 찾기는 어렵다는 점도 분명히 알아둘 필요가 있다. 인공지능시대에도 일정하게 세상에 적응하거나 다른 이들과 일정한 관계를 맺고 살아가기 위해서는 소통 본성에 대해 반드시 이해할 필요가 있다. 단순히 소통의 도구를 조작하는 방법을 이해하는 차원을 넘어서서, 소통의 본질은 무엇이며 과학기술의 발달이 소통에 어떻게 영향을 미치는지, 그리고 우리는 어떠한 소통 역량을 갖추기 위해 어떻게 노력해야 하는지를 파악하는 데에 주목하여 이 장의 내용을 학습하도록 한다.

핵심 질문

1. 소통이란 무엇인가?
2. 소통 역량이 중요한 이유는 무엇인가?
3. 소통 역량을 신장시키기 위해서는 어떻게 해야 하는가?

학습 목표

1. 소통의 본질에 대해 이해한다.
2. 소통 역량의 구성 요인과 신장 방법에 대해 이해한다.

핵심어

창의적 소통, 소통 역량, 맥락, 인간관계, 상호작용

9강 | 인공지능시대에 필요한 창의적 소통

1. 창의적 소통의 개념

창의적 소통에 대해 이해하려면 창의성의 특성보다는 소통의 본질에 대해 먼저 짚고 넘어가야 한다. 앞에서 살펴본 창의성의 특성에 비추어 본다면, 창의적 소통 역시 역사적으로 새로운 소통과 개인적으로 새로운 소통으로 구분해 볼 수 있다. 이전에 존재하지 않았던 방식으로 다른 이들과 소통한다면 역사적으로 창의적인 소통이라 할 수 있겠다. 반대로 이전에 존재하던 방식이지만 그것을 생각해 내고 받아들이는 사람들 사이에서 새로움을 느끼면서 적절성을 인정받는다면 개인적인 층위에서는 창의적인 소통이라고 부를 수 있을 것이다. 하지만 뭔가 이상하지 않은 가? 이전에 전혀 존재하지 않았던 방식으로 소통하는 것이 가능할까? 혹은, 자신이 그동안 소통해 오지 않은 방식으로 소통하는 것이 가능할까? 무엇인가 새로운 소통 방식을 만들어 내었다 하더라도, 그것이 소통을 더 어렵게 하지는 않을까?

창의적 소통은 창의적 사고와 접근 방식이 조금 달라질 필요가 있다. 창의적 사고는 혼자서 수행한 뒤 그 결과물을 내어 놓으면 다른 사람들이 새로움과 적절함을 기준으로 평가하는 것이 가능하다. 하지만 소통은 본질적으로 혼자서는 불가능한 것이기 때문에 혼자의 노력으로 창의적으로 소통한다는 것은 불가능하다. 소통이란 '뜻이 서로 통하여 오해가 없음'을 의미한다(표준국어대사전 표제어2). 여기서 주목해 볼 말은 '서로'라는 말이다. 소통은 기본적으로 상대방을 전제로 한다. 내가 생각하고 있는 것을 상대도 동일하게 이해하고 있고, 상대가 이해하고 있는 것을 내가 이해하고 있어야 한다. 그런데 이것만으로 끝이 아니다. 내가 상대의 생각을 이해하고 있다는 것을 상대가 알아야 한다. 그리고 상대가 내 생각을 이해하고 있다는 것을 내가 알아야 한다. 이런 복잡한 요건들이 모두 갖추어졌을 때라야 우리는 비로소 그것을 소통이라고 부르는 것이다. 그렇기 때문에 '일방적인 소통'이라거나 '혼자만의 소통'이라는 말은 '둥근 사각형'이나 '유리로 만든 금속'처럼 형용모순이 된다.

그렇다면 창의적으로 소통한다는 것은 무엇을 말하는 것일까? 창의적 소통의 초점은 역사적 차원에서 창의적이냐, 개인적 차원에서 창의적이냐의 문제가 아니다. 그리고 사실 창의적 소통에서 새로움은 크게 중요하지 않다. 그보다 소통에서 중요한 것은 참여자와 서로 얼마나 적절함을 느끼느냐가 거의 전적으로 중요한 비중을 차지한다. 이렇게 말할 수 있는 이유는, 소통이라는 말에 이미 새로움이라는 의미가 내포되어 있기 때문이다. 아래에서는 이에 대해 자세히 설명해 보겠다.

소통은 기본적으로 상대와의 관계를 전제로 한다. 여기서 말하는 관계란 '전혀 모르는 사이', '한 번도 만난 적 없는 사이', '같은 전공 같은 학년이면서 그냥 인사만 하는 사이'와 같은 그다지 가깝지 않은 사이에서부터 '마음속 가장 깊은 곳의 비밀도 털어놓을 수 있는 사이', '가장 많은 시간을 함께 보낸 사이' 등과 같이 매우 친밀한 사이 등으로 매우 다양하다. 이러한 관계는 크게 사람과 사람 사이의 사회적 관계일 수도 있지만, 심리적 관계일 수도 있다. 특히 심리적으로 다른 사람과 어떠한 관계를 맺고 있느냐에 따라 소통의 차원이나 깊이, 양상 등이 달라질 수 있다. 또한 이의 반대도 성립한다. 소통을 잘 한다면 대인관계는 향상될 수 있으며, 소통을 적절히 하지 못하면 대인관계도 후퇴할 수 있는 것이다.

그리고 이러한 사람 사이의 관계는 고정되어 있지 않다는 것 또한 중요한 특징이다. 한 번 좋은 관계를 맺었다고 해서 이후에 관계 발전을 위한 노력을 하지 않으면 관계는 후퇴하게 된다. 또한 한 번 좋지 않은 관계가 되었다고 해서 그 관계가 영원히 지속되는 것도 아니다. 얼마든지 개선을 위한 노력을 기울여 좋은 관계로 개선을 해 나갈 수 있다. 그렇기 때문에 원활한 소통을 위한 중요한 원리 중의 하나는 참여자들끼리 적절한 관계를 유지하거나 발전시키기 위해 끊임없이 노력해야 하고, 이러한 노력을 기울이지 않고 방치한다면 관계가 후퇴하기도 하는 것이라고 정리할 수 있다.

이러한 소통의 특성은 '상호교섭성'이라는 개념에서 잘 드러난다. 소통은 서로 의견을 주고받는 것에서 더 나아가, 서로 상대의 의견을 수용할 수 있는 부분을 받아들이고 상대와 자신을 모두 변화시키면서 보다 나은 수준이나 상태로 나아가는 것이다. 이 점을 강조하기 위해 소통을 연구하는 이들은 소통에 상호교섭성이 있다는 점을 강조한다(임칠성 역, 1995). 여기서 '교섭'이라는 말을 사용하는 이유는, 단순히 대화를 주고받는 수준이 아니라 서로의 입장이나 역할을 충분히 이해한 상태에서, 어떤 일을 이루기 위하여 서로 의논하여 차이를 알맞게 조절하여 서로 잘 어울리게 한다는 점을 강조하기 위한 것이다.

소통이 갖고 있는 교섭으로서의 특성을 고려해 본다면, 동일한 참여자들 사이의 소통이라 하더라도 그 특성은 시간의 흐름에 따라 지속적으로 변하게 된다는 점을 알 수 있다. 그렇기 때문에 참여자들은 매순간마다 다양한 방식으로 자신을 표현하고 상대방을 이해해야 한다. 이렇게 본다면, 소통에서 굳이 새로움을 시도하지 않아도 이미 우리는 그동안 끊임없이 새로운 방식(이전과는 다른 방식)으로 상대와 관계를 맺고 참여자들 사이의 소통을 해 왔다는 것을 알 수 있다. 이러한 이유 때문에 창의적 소통에서 보다 중요한 것은 새로움이 아니라 적절함에 있다고 하는 것이다.

이러한 점에 비추어 보면, 창의적 소통이란 곧 소통에 참여하는 사람들이 어떻게 하면 협력적으로 보다 바람직하거나 원하는 상태에 도달할 수 있을까를 지속적이고 끊임없이 고민함으로써 얻게 되는 결과물이라고 할 수 있는 것이다. 특히 '교섭'이라는 말이 무역과 관련된 '통상 교섭'이나 노동조합과 사용자 사이의 '단체 교섭' 등과 같은 경우에 널리 활용된다는 점에 주목할 필요가 있다. '교섭'이라는 단어를 검색해 보자. 간단하게 해결할 수 없는 상황에서 교섭이 일어난다는 점을 금방 확인할 수 있을 것이다. 하지만 우리의 소통 역시 자세히 들여다본다면 매우 많은 메시지의 오고감을 통해 이루어지기 때문에 우리는 우리의 소통을 상호교섭이라고 할 수 있는 것이다.

인공지능시대의
창의적 사고와 소통

| 혼자서 |

1. 감명 깊게 영화나 소설 등의 작품을 감상한 뒤 그 마음을 누군가에게 이야기하고 싶은 상황이라면, 누구를 떠올리는가? (해설, 적용, 관점 전환)

   ① 왜 그 사람을 떠올렸는가? 소통을 위해서는 기본적으로 관계가 중요하다는 점에 비추어 설명해 보자.

   →

   ② 지금 이 순간 물리적으로 가장 가까운 거리에 있는 사람에게 자신의 감상을 이야기하지 못하는 이유는 무엇인가? 위의 질문에서와 마찬가지로 소통을 위해서는 기본적으로 관계가 중요하다는 점에 비추어 설명해 보자.

   →

| 둘이서 |

2. 1번에서 답한 내용을 짝과 비교해 보자. 그리고 답한 내용이 일치하는 것과 차이 나는 부분을 확인하여 정리해 보자.

   ① 일치하는 점

   →

   ② 일치하지 않는 점

   →

| 여럿이 |

3. 한국어가 모국어인 성인들은 한국어로 소통을 하는 데에 어려움을 겪지 않을까? 그렇게 생각하는 이들이 종종 존재한다. 하지만 모국어로 소통을 하더라도 특별한 노력을 기울이지 않으면 소통에 실패하는 경우가 종종 발생한다. 이와 관련하여 아래 활동을 수행해 보자. (설명, 공감, 관점 전환, 자기 점검)

   ① 팀원 중 한 사람이 아래 아홉 가지 그림 중 한 가지를 정해 그림의 모양을 설명한

다. 단, 이 때 몇 번째 그림인지는 말하지 않는다.

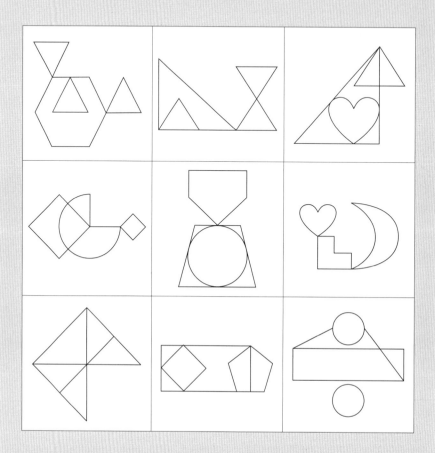

② 다른 팀원들은 그림을 보지 않은 상태에서 설명만을 듣고 그림을 백지에 그린다.
   단, 그림을 그리는 도중에는 다른 팀원의 그림을 쳐다보지 않는다. 또한 그림을
   설명해주는 사람에게 질문을 하지 않는다.

③ 그림을 모두 그린 뒤 서로 그린 그림을 비교해 보자. 정확히 일치하는가, 혹은 그
   렇지 않은가? 동일한 오류가 나타나는 경우가 있는가?

④ 교재의 본문에서 설명한 '소통의 본질'에 비추어 봤을 때, 위의 활동이 무엇을 의
   미하는지 각자 의견을 제시해 보자.

⑤ ④에서 논의한 내용에서 팀원들의 의견 중 가장 그럴듯하다고 생각하는 것 한 가지를 골라서 전체 강의실에서 발표해 보자.

2. 4차 산업혁명 시대에 소통이 중요한 이유

4차 산업혁명이라는 개념으로 대표되는 시대의 변화를 맞이하게 되면서 교육과 관련된 논의마다 '역량' 개념이 중요하게 부각되었다는 점은 7강에서 이미 설명하였다. 핵심역량을 구성하는 하위 역량이 무엇인지에 대해서는 매우 다양한 논의들이 있지만, 어떠한 논의를 찾아보더라도 소통[8]과 관련된 핵심역량을 구성하는 하위 요인 중에서 누락되는 경우가 거의 없다. 이러한 점은 대학에서 어떠한 역량을 갖추어야 할 것인가와 관련된 논의에서도 마찬가지이다. 창의적 소통의 개념에 대해서는 앞 절에서 살펴보았다. 여기에서는 소통 역량에 대해 전반적으로 살펴보고, 역량과 관련된 논의에서 소통 역량이 누락되지 않는 이유에 대해 살펴보고자 한다.

소통 역량이 역량과 관련된 논의에서 빠지지 않고 등장하는 이유 중 하나는 의사소통 역량이 학업에서나 직장에서의 성공에 핵심적으로 요구되는 요소이기 때문이다. 어떠한 분야에서건 다양한 상황에서 언어를 통해 표현으로 자신의 생각을 정교하게 제시하거나 상대방의 말을 이해하고 적절하게 응답해주는 것에 어려움을 겪는 사람이 한 사람의 몫을 충분히 할 수 있을 것이라 기대하기는 어렵다. 여러분

---

8 표준국어대사전은 '소통'에 대해 '뜻이 서로 통하여 오해가 없음'이라고 풀이하고 있고, '의사소통'의 경우에는 '가지고 있는 생각이나 뜻이 서로 통함'이라고 풀이하고 있다. 이 책에서는 소통은 곧 의사소통과 같은 의미를 갖는 것으로 보고 논의를 진행하기로 한다.

이 어떤 역량을 갖고 있는지를 이해하는 것 역시 소통 역량에 기대지 않고서는 불
가능하다.

진미석 외(2007)에서는 대학생들이 갖추어야 할 핵심역량의 하위 요인 중 하나
로 의사소통 역량을 꼽았고, 다시 그 하위 요인으로 적극적 경청과 이해, 효과적인
의사전달, 토론과 조정 등을 꼽은 바 있다. 그 구체적인 내용을 제시하면 아래 표와
같다.

표 | 대학생 핵심역량 중 의사소통 역량의 하위 요인과 요인 설명

역량 영역	하위 요인	요인 설명
의사 소통 역량	적극적 경청과 이해 (듣기, 읽기)	메시지의 수신자가 언어적, 비언어적 메시지의 텍스트를 - 올바르게 인지하고 - 일차적 의미를 이해하고 - 발신자의 의도를 이해하며 - 전체 커뮤니케이션 과정에서 메시지를 맥락화하는 능력
	효과적인 의사전달 (쓰기, 말하기)	메시지의 발신자가 언어적, 비언어적 수단을 통하여 자신이 의도하는 의미를 - 정확하고 - 명확하게 - 논리적이고, 목적된 의도대로, - 효과적이며 - 효율적으로 전달하는 능력
	토론과 조정	사실이나 의견이 상충하는 상황에서 이용 가능한 정보를 바 탕으로 최적의 논리적 주장을 펼쳐 나가면서 상대와 공유하 는 부분을 찾아내는 능력

흔히들 주변 사람들과 대화를 하는 데에 어려움을 느끼지 않는다거나, 다른 사

람들 앞에서 스피치를 능숙하게 할 수 있다고 해서, 혹은 사람들과 큰 문제 없이 원만하게 지내왔다고 스스로의 소통 역량이 충분하다고 생각하는 경우가 있다. 하지만 소통 역량은 이것만으로는 완성되지 않는다. 그리고 일상적으로 별문제를 느끼지 못하고 살아가더라도, 특정 과제를 수행해야 하는 상황이 된다면(이른바 '일'을 해야 한다면) 일상생활과는 다른 맥락이 등장하게 된다.

예를 들어 기업에서 여러분에게 일정한 업무를 부과한 경우를 떠올려 보자. 단순 반복 업무가 아닌 한, 여러분은 일단 혼자서 무엇을 어떻게 해야 하는지 고민하는 시간을 가져야 할 것이다. 그리고 나름대로 궁리한 끝에 이러저러한 해결 방안을 찾아 성실하게 해야 할 일을 해 나갈 것이다. 그런데 문제는 일을 다 했다고 해서 진정한 끝이 아니라는 것이다. 조직으로 일을 한다는 것은 여러분이 무슨 일을 했는지를 다른 사람들이 정확하게 이해하는 것까지를 포함한다. 기업의 다른 이들이 여러분이 무슨 일을 했는지 이해하려면 어떻게 해야 할까? 스스로 자기 할 일을 열심히 하면 다른 이들이 당신의 열정과 노력을 알아줄까? 그런 일은 좀처럼 일어나지 않는다. 결국 여러분은 회사의 다른 구성원들에게 해당 기업에서 통용되는 방식으로 자신이 한 일을 '보고'해야 한다. 이는 결국 소통 역량에서 판가름 나는데, 일상생활 속에서 이러한 '보고' 방식의 소통을 하는 경우는 없다. 이러한 예에서 확인할 수 있듯이, 소통 역량에는 기본적으로 '맥락'을 활용할 줄 아는 능력이 포함된다.

'맥락'이란 무엇일까? 소통 역량의 기본은 인간관계라는 점은 앞 절에서 설명하였다. 그런데 여기에 더하여 상호작용이 중요하게 작용한다. 상호작용이란 전제를 구성하는 부분들의 기능이나 전체와 부분 사이의 기능이 일정하게 서로 작용하는 것을 말한다. 그런데 이러한 상호작용은 정해진 대로 일어나지 않는다. 소통 분야에서 상호작용의 대표적인 예로는 토론, 회의, 논의, 팀 활동, 발표나 안내 등을 들 수 있다. 이러한 소통 상황이 정해진 대로 일어나는 경우를 상상하기는 어려운 일이다. 이러한 소통 상황은 항상 의외이거나 예외적인 상황이 발생하기 마련이다. 그 이유 중의 하나는 소통이 바로 일정한 맥락 안에서 일어나기 때문이다. 그렇기 때문에 특정한 어떤 상황에서는 적합했던 소통 방식이었다 하더라도, 맥락이 달라지면 적합하지 않은 소통 방식이 될 수 있는 것이다. 그리고 문제는 이러한 맥락이 끊임없이 바뀐다는 데에 있다.

맥락이 도대체 무엇이기에 이러한 특징을 갖는 것일까? 맥락은 사전적으로는 '사물 따위가 서로 이어져 있는 관계나 연관'을 의미한다. 그런데 이러한 맥락은 한 순간도 고정되어 있지 않다는 특징을 가진다. A를 하면 B가 된다거나, C와 D의 조건이 만족되면 E가 된다거나 하는 방식의 접근은 소통 상황에서는 크게 의미가 없다. 개인 차원에서 보자면 사람은 누구나 매순간의 느낌이나 감각을 통해 생각을 하고, 사람마다의 차이가 모두 어우러져 맥락을 구성하기 때문이다. 또한 사람을 제외한 차원에서 생각해 보더라도 외부 여건에 따라 개인이나 단체의 의사결정이나 일의 진행이 크고 작은 영향을 받는 것은 일상적인 일이기 때문이다.

4차 산업혁명 시대 기술의 발달로 인해 맥락의 처리도 가능할 것이라고 예견하는 이들이 존재하는 것은 사실이다. 물론 강인공지능이 등장한다면 가능할 수도 있겠다. 하지만 이 책을 집필하고 있는 2020년 현재 강인공지능은 아직 세상에 등장하지 않았다. 그 말은 '맥락'은 아직도 딥러닝 알고리즘 차원으로 풀어내기에는 변수가 매우 많다는 것을 의미한다. 그리고 설사 강인공지능이 등장하여 우리의 소통에 기여한다 하더라도, 맥락을 고려하여 의미를 구성하거나 의사결정을 하는 것은 결국 사람의 몫이다.

인공지능시대의
창의적 사고와 소통

| 혼자서 |

1. 다음은 의사소통 역량에 대해 스스로 진단을 내릴 수 있는 검사 문항의 예시이다(박수정 외, 2016). 아래 질문에 5점 척도로 답해보자. 정답은 없으며 솔직하게 답하는 것이 가장 중요하다. (자기 점검)

번호	문항	척도[9]
①	나는 인터넷상의 필요한 정보나 신문기사 등 문서의 내용을 이해할 수 있다.	1-2-3-4-5
②	나는 인터넷상의 필요한 정보나 신문기사 등의 핵심내용을 설명할 수 있다.	1-2-3-4-5
③	나는 수업내용을 간단하게 요약하여 정리할 수 있다.	1-2-3-4-5
④	나는 내가 전달하고자 하는 내용을 상대방에게 글(편지, 메일, 문자 등)로 써서 전달할 수 있다.	1-2-3-4-5
⑤	나는 타인과의 대화를 통해 내 생각을 전달할 수 있다.	1-2-3-4-5
⑥	나는 친구나 부모님과의 대화를 통해 서로의 생각을 이해하는 것이 어렵지 않다.	1-2-3-4-5
⑦	나는 다른 사람과 의견이 다를 때, 상대방의 이야기를 충분히 듣고 합의점을 찾는다.	1-2-3-4-5

| 둘이서 |

2. 위의 1번 문항에 대한 답변 내용을 짝과 비교해 보자. 어떤 점에서 차이가 있고 어떤 점에서 같은가? (해석, 관점 전환, 공감)

---

9   5=매우 그렇다/4=어느 정도 그렇다/3=보통이다/2=어느 정도 그렇지 않다/1=전혀 그렇지 않다

① 차이가 나는 문항의 번호는 다음과 같다.

② 차이가 없는 문항의 번호는 다음과 같다.

③ 1번의 7개 문항 중 가장 어렵다고 생각하는 점에 대해 사례를 들어 짝에게 설명해 보자.

| 여럿이 |

3. 위의 2번 문항의 ③번에서 나온 이야기들을 팀원들끼리 종합해 보자. 그리고 각자의 의견에 대해 공감의 정도가 가장 높은 의견을 팀의 대표 의견으로 삼아 전체 강의실에서 발표해 보자. (해석, 관점 전환, 공감)

3. 창의적으로 소통하려면 어떻게 해야 할까?

창의적으로 소통을 하려면 어떻게 해야 할까? 1절에서 살펴본 바와 같이 창의적 소통은 창의적 사고와는 접근 방식을 약간 달리할 필요가 있다. 소통은 그 자체로 창의적 속성을 수반하기 때문이다. 그리고 2절에서 논의하였듯이 소통은 맥락을 매우 중요하게 고려해야 한다. 이러한 점을 고려해 본다면 소통 역량 신장을 위한 가장 좋은 방법이 정해져 있다고 보기는 어렵다. 다만, 다양한 연구들에서 소통 역량 신장에 도움이 되는 것을 실증적으로 확인된 결과들이 존재한다.

소통 역량 신장에 가장 큰 기여를 한다고 알려진 것은 사람과 사람 사이의 활발한 상호작용이다. 특히 대학생의 경우 교수자 및 동료 대학생들과 수업시간에 상대적으로 인지적인 부담이 높은 내용을 토대로 상호작용을 할 때에 소통 역량이 크게 신장된다는 점이 확인되었다. 예를 들어 자신의 의견과 다른 의견을 가지고 있는 동료 학습자와 얼마나 대화하고 논의했는지(고장완 외, 2011), 협동학습 경험이나 다른 학생들과의 교류 경험이 다양한지 그렇지 않은지(최정윤 외, 2009) 등에 따라 소통 역량 신장에 차이를 보였다는 것이다.

실제로 소통 역량 신장에 관심을 갖고 이루어진 연구들은, 소통 역량 신장을 위해 우리가 전혀 알지 못하는 방법을 새롭게 갈구할 필요가 없다는 것을 보여준다. 소통 역량 신장은 학습 상황에서 교수자나 동료 학생들과 얼마나 활발하게 상호작용을 하느냐에 달려있는 것이다. 이러한 활동을 통해 얻게 되는 소통 역량은 곧 사회나 조직에서 일정한 역량을 발휘할 상황이 되었을 때 자연스럽게 나타난다.

이러한 논의의 바탕에는 사회구성주의 학습이론이 자리잡고 있다. 사회구성주의 학습이론은 개인의 성장뿐만 아니라 인류 문명 발전의 원동력을 상호작용이라 설명한다. 이러한 주장을 하는 근거로는 사람이 태어나서 언어를 습득하고 예절을 깨우치며 다른 이들과 함께 살아갈 수 있게 되기까지는 태어나면서부터 접해온 부모, 가족, 친지, 친구, 지역사회 등의 상호작용이 결정적인 역할을 했다는 점이 토대가 된다. 인류의 문명 발전을 가능하게 한 혁신 역시 뛰어난 누군가의 고등사고능력을 바탕으로 하는데, 고등사고능력은 다른 사람과의 활발한 상호작용을 배제한 상황에서는 역사적으로 나타난 사례가 거의 없다는 것이다.

그렇다면 활발한 상호작용을 위해서 우리는 무엇을 어떻게 해야 할까? 대학에서의 학습 상황에서 상호작용의 기회가 주어질 경우 다음과 같은 점들에 유의할 필요가 있다.

① 상호작용에 적극적으로 참여하겠다는 의식을 분명히 해야 한다.

대학에서의 학습 상황에서 주어지는 상호작용은 대부분 학습자들이 먼저 자신이 해결해야 할 문제나 집단에 부여된 과제에 대해 그 대안이나 해결책을 주인 의식을 가지고 제시하려고 노력해야 하는 것들이다.

② 타인의 의견을 함부로 비판해서는 안 된다.

창의적인 사고나 창의적인 소통을 가로막는 요인 중의 하나는 '생각'이 아니라 '답'을 말하는 데에 익숙한 분위기이다. "답이 뭐지?"라는 질문에는 나름대로 대답을 하려 애쓰지만 "네 생각은 어때?"라는 질문에는 답하기 어려워하는 경우가 많다면 결코 바람직하지 않다. 상호작용의 기회가 주어진다면 기본적으로 타인의 견해에 대해 허용적이고 수용하는 자세를 취해야 한다. 자신의 생각에 대해 가장 정확히 인식하고 있는 사람은 어느 경우에나 자기 자신이므로, 참가하고 있는 타인의 견해에 대해 자신의 잣대로 재단하거나 충고하거나 무시하는 일이 있으면 적절한 상호작용이 이루어지기 어렵다. 이러한 상황은 참여자 모두의 소통 역량 신장에 도움이 되지 않는다. 자신의 주장을 적극적으로 발표하는 것이 중요한 만큼 타인의 주장이나 발표도 똑같이 중시할 필요가 있다. 이런 전제하에서 소통을 통해 쌍방의 발전을 꾀하고자 하는 것이다.

③ 조급하게 답을 내려 해서는 안 된다.

학습 상황에서 상호작용을 할 때 의견 교환을 하는 이유는 상호 이해와 공감을 얻으려 하는 것이 더 큰 목적이다. 문제의 해결이나 대안을 제시하는 것은 스스로가 정리하고 점검해 보는 것으로도 충분한데, 굳이 상호작용을 하는 이유는 여기에 있다. 함께 강의를 듣는 수십 명이 하나의 결론을 도출해 내는 것 자체가 어려운 일이며 시간적으로도 충분하지 못하다. 게다가 성급하게 무리한 결론을 내릴 경우, 차후의 적극적 참여에 오히려 방해가 될 수도 있기 때문에 성급한 결론은 위험하다.

④ 상호작용의 다양한 요소들을 참가자가 스스로 할 수 있어야 한다.

학습에서의 상호작용은 기본적으로 능동성과 학생의 자기 주도성을 바탕으로 하여 진행하는 것을 특성으로 한다. 그렇기 때문에 상호작용 참가자는 적극적으로 참여하여 내용을 발표하고 진행자, 정리자, 발표자 등도 스스로 모둠 내에서 정하여 진행함으로써 참여 의식을 고양시켜야 한다.

이상의 내용을 자세히 살펴보면 바로 확인할 수 있겠지만 초등학교에서부터 익히 들어온 내용들이 많을 것이다. 하지만 잘 알고 있다고 해서 그 내용을 실제 행동으로 풀어내는 것은 별개의 문제이다. 안타깝게도 매우 많은 학습자들이 소통 역량을 신장시킬 수 있는 방법을 분명히 알고 있으면서도 다양한 이유[10]로 실제로 상호작용 활동에 나서는 것을 꺼려한다. 하지만 팀 활동, 팀 과제 등에 능동적으로 참여하지 않는 것은 곧 성장의 기회를 놓치는 것이라는 점을 유념해야 한다. 중요한 것은 이 책을 읽는 학습자 여러분 개개인의 성장이기 때문이다.

---

10   여기에는 물론 교수자의 적절하지 않은 진행 방식도 포함된다.

| 혼자서 |

1. 최근에 자신이 겪은 일 중에서 가장 기억에 남는 일을 떠올려 보고 자유롭게 써 보자. 정해진 형식이나 틀은 없으나, 다만 자신이 겪었던 일에 대하여 자신의 생각과 느낌을 솔직하게 나타내도록 노력해 보자. (설명, 적용)

| 둘이서 |

2-1. 짝이 위의 1번에서 작성한 글을 아래 기준으로 평가해 보자.

평가 기준 1-1

필자 고유의 독창적인 아이디어나 표현이 두드러지게 나타나는가? (매우 그렇다-그렇다-보통이다-그렇지 않다-전혀 그렇지 않다)

평가 기준 1-2

그렇게 생각한 이유는 무엇인가? 구체적인 사례나 예시를 글 속에서 찾아 설명해 보자.

평가 기준 2-1

읽는 사람 입장에서, 글의 내용에 공감하거나 글의 내용을 이해하기에 적절한가? (매우 그렇다-그렇다-보통이다-그렇지 않다-전혀 그렇지 않다)

평가 기준 2-2

그렇게 생각한 이유는 무엇인가? 구체적인 사례나 예시를 글 속에서 찾아 설명해 보자.

2-2. 동료 평가 결과를 토대로 글을 적절히 수정해 보자.

| 여럿이 |

3. 동료 학생 글에 대한 평가 결과를 팀원들과 협의해 보자. 평가 절차는 다음과 같으며, 각 단계마다 담당 교수의 안내를 받도록 한다.

① 개별 평가 결과를 토대로, 팀원들과 평가 결과에 대해 협의
② 팀원들이 합의할 수 있는 평가 결과 도출
③ 팀원들이 합의한 평가 결과를 토대로 '우리는 어떤 글이 창의적이라고 생각하는가? 왜 그러한가?'를 주제로 창의적인 글을 선정하고 그 이유를 정리함
④ 정리한 내용에 대한 발표

참고문헌 및 참고자료

Myers, G. E., & Myers, M. T. 임칠성 역(1995), 대인관계와 의사소통, 서울: 집문당.

박수정 외(2016), 대학 특성화에 따른 대학생 핵심역량 진단도구 개발, 고용직업능력개발연구 19(2).

진미석·이수영·유한구·채창균·박천수(2007), 대학생직업기초능력 선정 및 문항개발연구(연구보고 07-72), 한국직업능력개발원.

MEMO

단원 설정 배경

이 단원은 페르소나의 개념으로 디지털 시대의 소통을 이해하는 것이 보다 윤리적이고 수준 높은 소통에 중요하게 작용할 수 있다는 점을 고려하여 선정하였다. 페르소나라는 개념은 아주 오랜 연원을 갖고 있으며 다양한 학문 분야에서 학술 용어로 사용되고 있다. 그리고 디지털 시대에 이르러서는 그 의미가 더욱 분화되어 우리들의 일상적인 모습을 적절히 설명해 주는 개념으로 등장하기도 하였다. 디지털 페르소나와 관련된 논의들은 우리들이 온라인 기반의 소통을 하고 있는 상황에서 어떻게 하면 보다 사람답게 다른 이들과 관계를 맺어 나가야 하는지에 대한 좋은 통찰을 보여준다. 이 장에서는 우선 페르소나의 개념을 분명하게 이해하고, 우리들이 디지털 소통을 하면서 어떠한 디지털 페르소나를 사용하는지를 파악하는 데에 초점을 둔다. 그리고 이를 토대로 온라인 소통에서 어떻게 하면 보다 인간답고 윤리적인 소통을 할 수 있을 것인지를 고민하는 데에 중점을 둔다.

핵심 질문

1. 디지털 페르소나란 무엇인가?
2. 디지털 페르소나를 만들어 내는 이유는 무엇인가?
3. 윤리적으로 디지털 소통을 하기 위해서는 어떻게 해야 하는가?

학습 목표

1. 디지털 페르소나의 개념을 이해할 수 있다.
2. 디지털 페르소나의 윤리적 활용 방안을 이해할 수 있다.

핵심어

페르소나, 디지털 페르소나, 윤리적 소통,

10강 | 디지털 페르소나와 윤리적 소통

1. 페르소나의 본래 의미

페르소나(persona)란 본래 고대 그리스 가면극에서 배우들이 사용하는 가면을 의미한다. 무대에 올라가는 한 명의 배우는 한 편의 연극에서 동일한 가면을 사용하는 것이 아니라, 여러 개의 가면을 바꾸어 쓰면서 그 가면에 부합하는 역할을 수행했다. 때로는 동일 배역이면서도 등장 당시의 감정 상태를 나타내는 얼굴을 새겨 넣고 극의 흐름에 따라 가면을 바꿔가며 쓰기도 하였다. 이러한 조건에서 배우는 자신이 어떠한 가면을 쓰고 있느냐에 따라 연극 안에서의 말이나 행동을 달리하게 된다.

고대 그리스에서 등장한 페르소나는 이후 라틴어로 섞이며 사람(person)/인격, 성격(personality)의 어원이 되었고, 현대 사회에서는 심리학 용어로 널리 활용되고 있다. 심리학 용어로서의 페르소나는 '있는 그대로의 진정한 나'라기 보다는 다른 사람에게 비추어지는 자신의 성격을 지칭하는 의미로 사용된다. 현실 세계에 비추어 본다면, 사회라는 무대에서 개인이라는 배우는 자신에게 주어진 환경에 부합하는 여러 개의 페르소나를 사용하여 특정 집단에 적응한다고 말할 수 있는 것이다. 또한 사회 안에서 주변 사람들에게 자신이 어떤 식으로 보일지를 신경 쓰고 자신이 원하는 모습을 보여주기 위해 본성과는 다른 가면을 쓴다고 표현할 수도 있다.

이 페르소나는 어릴 때부터 형성된다. 가정에서 어릴 때부터 응석을 부리면서 자라다가 가족이 아닌 사람에게는 응석이 잘 통하지 않는다는 것을 깨닫는 비교적 어린 시기에서부터 페르소나는 시작되는 것이다. 학교생활, 사회생활 등을 통해 이러한 페르소나는 더욱 다양해지고 강력해진다. 가족들과의 관계에서 드러내는 모습과 친구들과의 관계에서 드러내는 모습이 다르다면, 혹은 아르바이트를 할 때 손님들에게 대하는 모습과 평소의 모습이 다르다면, 우리는 이를 페르소나를 달리하기 때문이라고 설명할 수 있다. 그리고 개인은 누구나 자녀로서의 페르소나, 매우 친한 친구로서의 페르소나, 선배나 후배로서의 페르소나, 직장인으로서의 페르소나 등 여러 페르소나를 갖게 되고 해당 페르소나에 맞추어 역할이나 행동을 수행하게 된다(박순환, 2005). 그리고 이러한 페르소나는 다른 이들과의 관계를 기반으로 형성된 것이기 때문에 인간관계의 조건이 달라지거나 소속되어 있는 집단이 달라질 경우 이전의 페르소나와 전혀 다른 방식으로 형성되기도 한다.

이처럼 페르소나는 9장에서 설명한 '관계'와 밀접한 관련이 있다. 그리고 페르소나는 소통뿐만 아니라 개인의 정체성에 매우 큰 영향을 미친다. '나는 누구인가?'라는 삶의 근원적인 질문을 염두에 두었을 때, 다른 사람과의 관계를 빼놓고서 스스로의 정체성을 설명하는 것은 불가능에 가깝다. 다른 사람과의 공통점이나 차이점을 기반으로 하지 않고서는 스스로가 누구인지를 설명하는 것이 불가능에 가깝기 때문이다. 그리고 이는 곧 페르소나의 속성과 밀접하게 관련이 있다.

있는 그대로의 나와 다른 모습을 보인다고 해서 무조건 부정적으로 생각할 일은 아니다. 사람들은 누구나 페르소나를 통해 주변 사람들과 일정한 관계를 맺고 살아간다. 또한 '있는 그대로의 진정한 나'와 외부의 요구사항이 차이를 보이고 갈등을 맺는 경우, 페르소나를 통해 사회적 요구에 적응할 수 있도록 돕는다. 페르소나는 주위 사람들의 요구를 반영하여 만들어지기 때문에, 사회생활을 원만하게 유지하게 해준다고 할 수 있다. 주어진 역할을 다 하지 않고서는 자신이 속한 공동체에서의 일정한 지위를 유지하기 어려우며 적응하기에도 어려움을 겪는다. 그렇기 때문에 사회적 삶을 위해 다양한 페르소나는 반드시 필요하며, 개인과 개인이 모여 사회를 구성할 수 있게 하는 데에 결정적인 역할을 한다고 볼 수 있다.

"나는 A를 좋아하고 B를 싫어하지만, 내가 중요하게 생각하는 사람(들)이 내가 B를 좋아한다고 하면 기뻐한다. 그래서 나는 A 대신에 B를 좋아하는 것처럼 행동한다."라거나 "나는 그동안 계속 A와 같은 방식으로 행동하는 것을 좋아해 왔지만, 새로운 직장의 동료들은 A와 같은 방식으로 행동할 경우 불편함을 느끼는 경우가 많아서 그 대신 B와 같은 방식으로 행동한다."와 같은 사례는 사회적 요구에 의해 원하지 않는 페르소나를 갖는 대표적인 예이다. 이는 사회적인 관계를 위해 필요한 위장이라고 할 수도 있는데, 대중적으로 널리 알려진 '지킬박사와 하이드'나 '배트맨과 브루스 웨인' 등은 이러한 차이를 보여주는 대표적인 예라고 하겠다.

물론 페르소나와 관련된 부작용이나 문제점들이 존재하는 것도 사실이다. 누구나 페르소나와 진정한 자기 자신은 다르기 때문에 이러한 차이에서 심리적인 갈등을 느끼게 된다. 자신의 불이익이 매우 크다거나 속마음이 매우 복잡한 스트레스 상태임에도 불구하고 이미 널리 퍼져 있는 페르소나를 깨고 싶지 않아 다른 사람을 배려한다거나 자신과 친밀한 관계를 맺고 있는 사람을 기쁘게 하기 위해 원하지 않는 행위를 하는 경우 등을 예로 들 수 있다. 특히 자신이 감당할 수 없는 주위의 요구를 받아들여 페르소나를 형성하는 경우에는 일차적으로 개인 차원의 문제가 발생할 수 있고, 이러한 문제는 주변 사람들과의 관계에도 부정적인 영향을 미칠 수 있다.

페르소나를 자신의 있는 그대로의 모습과 혼동하거나, 페르소나를 자신의 본래 모습이라고 착각하는 경우도 문제를 일으킬 수 있다. 특히 성장기에는 자신이 의식적으로 노력하지 않았음에도 불구하고 주변의 요구에 의해 페르소나가 형성되는 경우가 많다. 그런데 일상생활 속에서 페르소나는 대부분 타인에게 긍정적인 모습으로 비춰지는 경우가 많다. 그렇기 때문에 페르소나를 자신의 본래 모습으로 알고 있다가 진정한 자신의 모습을 발견하게 되면 다양한 심리적 어려움을 겪는 경우가 발생할 수도 있다. 또한 자신의 본래 모습과 매우 큰 괴리를 갖고 있는 페르소나를 키워나갈 경우 역시 바람직하다고 보기는 어렵다.

심리적으로 이상적인 상태는 본래 자신의 모습과 페르소나가 적절한 긴장 관계를 유지하는 것이다. 그리고 이른바 '진정한 나'를 찾는 과정이란 바로 감당하기 어려워진 페르소나가 아닌 스스로의 본성을 찾아가는 과정이라고 볼 수 있는 것이다. 이를 흔히 말하는 자아실현, 혹은 자기실현이라고 부르기도 한다(최호영 역, 2019).

| 혼자서 |

1-1. 아래 질문은 스스로의 모습을 돌아볼 수 있게 해 주는 데에 활용되는 것들이다. 각각의 질문에 답해본 뒤, 이어지는 활동을 해 보자. (설명, 자기 점검)

① 내가 흥미 있어 하는 것은?

② 나는 특별히 어떤 것을 좋아할까? 내가 싫어하는 것은?

③ 나는 나 자신에 대해 어떤 점이 좋을까? 또는 싫은 점이 있다면?

④ 나는 자신에 대해서 무엇을 변화시켜야 하나?

⑤ 나의 가장 큰 고민은?

⑥ 내가 하고 싶어 하는 일은?

⑦ 나를 기쁘게 하는 것은?

⑧ 나를 슬프게 하는 것은?

⑨ 나를 걱정스럽게 만드는 것은?

1-2. 1년 전 자신의 모습을 떠올려 보자. 그리고 아래의 질문에 답해보자. (적용, 관점 전환, 자기 점검)

① 1-1에서 답한 내용 중 1년 전과 동일하게 답할 수 있는 점은 어떤 것인가?

② 1-1에서 답한 내용 중 1년 전과 동일하게 답하기 어려운 점은 어떤 것인가?

③ 1년 전의 자신과 지금의 자신은 동일한 존재인가? 위의 ①번과 ②번 활동을 근거로 자신의 생각을 밝혀보자.

| 둘이서 |

2. 1번 활동의 내용을 짝과 함께 비교해 보자. 그리고 1-2번의 ③번을 비교해 보고 비슷하게 생각한 점이 있다면 정리해 보자.

2. 디지털 페르소나의 특성

페르소나가 현대에 이르러서는 통상적으로는 "이미지 관리를 위해 쓰는 가면"을 의미한다는 점은 앞 절에서 설명하였다. 페르소나는 디지털 시대에 접어들면서 디지털 페르소나라는 새로운 개념을 탄생시켰다. 디지털 세상의 확장은 클릭 한 번으로 전 지구적인 소통을 가능하게 만들었다. 우리들은 시간과 공간의 제약 없이 쌍방향적인 소통을 일상적으로 누릴 수 있는 시대에 살고 있다. 여기에는 물리적이거나 지리적인 한계가 존재하지 않으며, 새로운 차원의 무한한 공간 구성과 창조가 가능해졌다. 그리고 이와 더불어 자신의 실제 모습과는 전혀 관련이 없는 페르소나를 무한대로 창조하는 것 역시 가능해졌다. 온라인 문화가 보급되고 발달하면서, SNS에서 사용하는 프로필 사진이나 게임에서 자신이 설정한 캐릭터의 외모나 명칭, 온라인상에서 어떤 인물이 대표적으로 사용하는 특정 고유 이미지 같은 것 역시 페르소나로 볼 수 있는데, 이를 오프라인 페르소나와 구분하기 위해 디지털 페르소나라고 명명하는 것이다.

디지털 페르소나는 이미 일상이 되었다. 물건을 판매하는 입장에서는 SNS나 인터넷 사용 기록 등의 정보를 수집하여 고객들이 어떠한 페르소나를 갖고 있는지를 확인하는 데에 상당한 노력을 기울이고 있다. 기업들이 기울이는 이러한 노력의 바탕에는 물건을 구매하는 행위, 곧 소비 행위 역시 스스로의 페르소나에 부합하는 방식으로 이루어지기 마련이라는 점이 전제로 깔려 있다(이정춘, 2003). 기업들은 인터넷 공간에서 사용자들이 내세우고 있는 디지털 페르소나를 분석하여 자신들이 내세우는 재화를 소비하는 행위가 고객의 페르소나에 부합한다는 점을 중요하게 부각시키는 것이다. 이 경우에도 실제 고객의 모습이 무엇인지는 중요하지 않다. 디지털 페르소나 역시 사람들의 본래 모습과는 상당한 괴리가 있기 때문이다.

디지털 페르소나는 오프라인 페르소나와 구분되는 몇 가지 차이점이 있다. 한찬희(2007)에서는 디지털 공간에서 페르소나가 어떻게 형성되는지를 밝힌 바 있는데 여기에서는 이와 관련해 디지털 페르소나의 특성들을 몇 가지 소개하고자 한다.

디지털 페르소나의 특성 중 첫 번째는 정체성이 유연하다는 점이다. 디지털 공간에서 페르소나를 만들어 내는 이유는 오프라인에서와 마찬가지로 다른 이들과 온라인상에서 일정한 관계를 맺고 소통하기 위해서이다. 오프라인에서 서로 얼굴을 마주하고 맺게 되는 관계에서는 서로의 생김새, 표정, 비언어/반언어적 표현, 몸짓 등과 관련한 모든 정보가 페르소나를 형성하는 데에 영향을 미친다. 하지만 디지털 페르소나를 형성하는 데에 영향을 미치는 것은 문자, 아이콘, 아바타, 기록으로 남아 있는 글[11] 등이다. 그렇기 때문에 실제 자신이 갖고 있는 신체적이거나 물리

---

11 작성자가 자신이 남긴 글을 삭제했느냐, 그리고 그 삭제 기록이 남아 있느냐, 다른 이들이 작성자가 삭제했던 글을 썼다는 것을 알고 있느냐의 여부 역시 페르소나에 영향을 미친다. 이는 오프라인 페르소나와 관련된 특성이라고 보기는 어려운, 디지털 페르소나만의 특징이라고 할 수 있다.

적인 특징과 디지털 페르소나는 아무런 관련이 없을 수도 있다. 아무 의미 없는 문자의 조합을 자신을 드러내는 식별 부호(id)로 사용하기도 한다. 바로 이 점이 정체성이 유연하다는 특성의 근거가 된다.

이러한 유연한 정체성은 긍정적일 수도, 부정적일 수도 있다. 디지털 페르소나를 만들어 내는 이들은 누구나 자신이 원하는 방식으로 스스로를 규정할 수 있으며, 자신이 실제로 어떤 사람이 되고 싶어 하는지, 다른 이들에게 어떻게 보이고 싶어 하는지를 분명히 발견할 수 있게 해 준다는 점은 긍정적으로 평가할 수 있다. 또한 현실 공간에서 자신을 억누르는 다양한 제약들로부터 벗어나 새로운 자신을 발견할 수 있게 되는 계기가 될 수도 있다. 이는 진정한 자아를 찾아 나설 수 있게 해 주는 동력으로 작용하기도 한다.

하지만 오프라인 페르소나에 비교했을 때 디지털 페르소나는 현실적인 토대를 두고 있지 않은 경우가 매우 많다. 그렇기 때문에 세상에 존재하는 자신의 실제 모습과는 전혀 다른, 이른바 '진실성'의 차원에서 신뢰할 수 없는 경우가 종종 발생한다. 디지털 페르소나가 갖고 있는 이러한 특성은 "인터넷 공간에서 떠도는 정보들을 쉽게 믿지 말라"는 조언의 중요한 근거가 된다.

디지털 페르소나의 두 번째 특성은 정체성을 쉽게 위장하거나 과시할 수 있다는 것이다. 디지털 페르소나는 현실의 물리적 공간에 존재하는 모든 것과 분리될 수 있다. 심지어 제3자가 특정 디지털 공간에서 전혀 관련이 없는 누군가인 것처럼 위장해 디지털 페르소나를 만들어 내는 것도 가능하다. 한 사람이 동일한 디지털 공간에서 2개 이상의 신분으로 활동하는 것 역시 여기에 속한다고 볼 수 있다.

이러한 특성은 인터넷 공간이 갖고 있는 부정적인 측면과 연결되는 경우가 많다. 실제의 자신과 분리되어 있기 때문에 일탈 행위에 대한 책임으로부터 자유롭기 때문이다. 그렇기 때문에 오프라인에서는 현실적으로 불가능한 폭력성이나 선정성 등을 표출하는 경우가 발생할 수 있다. 또한 다른 이들은 실제 자신의 모습과는 전혀 영향을 받지 않고 디지털 페르소나에만 반응하기 때문에 여기에 지나치게 몰입하게 되는 모습을 보이기도 한다.

디지털 페르소나의 위장성이나 과시성은 본래 페르소나가 갖고 있는 특성으로 인해 이용자들에게 다양한 작용을 일으키기도 한다. 페르소나가 본래의 모습 이상으로 강조되거나 팽창할 경우, 개인은 페르소나 안에서 열등감과 고립감을 느끼게 된다는 점은 1절에서도 설명하였다. 인터넷 공간에서 이러한 현상은 특히 일상적으로 일어난다. 특히 자신이 설정한 디지털 페르소나가 자신이 기대했던 바와 다른 평가를 받을 경우 디지털 페르소나를 창조한 개인은 오프라인에서라면 쉽게 보이지 않을 행동을 거리낌 없이 드러내곤 한다. 인터넷 커뮤니티에서 길게 댓글을 늘여가며 욕설과 비방을 섞어 논쟁을 벌이거나, 감정적인 흥분을 조절하지 못하고 현실 세계에서 직접 만나 주먹다짐을 하는 경우, 그도 아니라면 커뮤니티를 떠나거나 자신이 원하는 반응을 보여주지 않는 이를 디지털 커뮤니티에서 차단하는 등과 같은 행위들은 모두 디지털 페르소나가 존중받지 못한 데에서 비롯되었다고 볼 수 있다.

━━━━━━ 학습 활동 ━━━━━━

| 혼자서 |

1. 오프라인으로 알고 있는 누군가의 온라인 메신저나 SNS 등을 찾아 프로필을 확인해 보자. 자신이 평소에 알고 있던 사람에 비추어 봤을 때, 그 사람의 프로필은 어떠한 점을 강조하여 드러내고 싶어 한다고 해석할 수 있을까? (설명, 해석, 적용)

    ① 무엇이 보이는가?

② ①을 통해 어떠한 생각이나 느낌을 떠올릴 수 있는가?

③ ①과 ②를 통해 비추어 봤을 때, 상대방은 어떠한 페르소나로 비치기를 원한다고 생각하는가?

2. 자신의 온라인 메신저나 SNS 등에 제시되어 있는 프로필을 소개해 보자. 그리고 프로필을 설정한 이유에 대해 간략히 정리해 보자. (공감, 관점 전환)

① 무엇을 제시했는가?

② ①을 통해 어떠한 생각이나 느낌을 전달하고자 했는지 보다 자세히 작성해 보자.

③ ①과 ②를 통해 비추어 봤을 때, 다른 이들은 자신에게서 어떠한 페르소나를 읽어낼 것이라 예상하는가?

| 둘이서 |

3-1. 대화를 나누지 않은 상태에서, 짝의 프로필을 살펴보자. 그리고 짝의 프로필은 어떠한 점을 강조하여 드러내고 싶어 한다고 생각하는지 적어보자. (설명, 해석, 적용)

① 무엇이 보이는가?

② ①을 통해 어떠한 생각이나 느낌을 떠올릴 수 있는가?

③ ①과 ②를 통해 비추어 봤을 때, 상대방은 어떠한 페르소나로 비춰지기를 원한다고 생각하는가?

3-2. 위의 결과를 서로 비교해 보자. 그리고 상대방의 생각과 자신의 생각이 어떠한 점에서 일치했고, 어떠한 점에서 일치하지 않았는지 정리해 보자. (공감, 관점 전환)

인공지능시대의
창의적 사고와 소통

4. 팀 안에서 | 둘이서 |의 결과를 서로 발표해 보자. 그리고 발표한 내용 중에 다음
과 같은 사항들을 정리하여 전체 교실에서 발표해 보자. (공감, 관점 전환, 자기 점
검)

① 여러 팀 사이에서 비슷한 발표 내용이 있었는가?

② 발표한 내용 중에서 가장 인상적인 내용은 무엇이었는가?

③ 팀원들과 의견을 주고받기 전과 주고받고 나서, 자신의 프로필에 대한 생각이 바
뀌었는가? 바뀌었다면 왜 바뀌었는가? 바뀌지 않았다면 왜 바뀌지 않았는가? 바
뀌지 않은 경우라면 팀원들과 자신의 생각에 차이가 없기 때문인가, 아니면 차이
는 있었지만 다른 이들의 생각이 크게 중요하지 않다고 생각하기 때문인가?

3. 디지털 페르소나와 윤리적 소통의 원리

페르소나와 디지털 페르소나를 이해해야 하는 이유는 결국 디지털 세상에서 활
동하고 있는 스스로가 어떤 특성을 지니고 있는지 그 이해의 수준을 높이고, 이를
토대로 보다 현명하고 스스로에게 이익이 되는 방향으로 소통을 영위하기 위함이
다. 4차 산업혁명 시대에 등장하고 있는 (더 이상 공상과학이 아닌) 가상현실 기술의 발
전에 대한 이야기들은 물리적 실체에 기대지 않는 존재를 상정하기도 하지만, 이
책을 읽는 독자들은 (감히 단언하건대) 미래에 어떠한 과학기술이 등장하더라도 물
리적 실체를 유지한 상태에서 디지털 페르소나를 만들어 내게 될 것이다. 그렇다면
우리는 앞으로 보다 나은 소통을 실천하기 위해 어떻게 해야 할까?

아래에서는 디지털 페르소나의 개념을 통해 강조할 수 있는 몇 가지 윤리적 소

통의 원리를 제안하고자 한다. 그런데 이어질 논의에는 중요한 전제가 깔려 있다. 4차 산업혁명이 고도화하고 (아직 등장하지 않은) 강인공지능이 등장하더라도 타인들과 사회적 관계를 맺으며 서로 혜택을 주고받는 호혜성은 인공지능시대에도 변하지 않을 인간의 본성(아리스토텔레스, "니코마코스 윤리학", 전재원, 2019 재인용)이라는 점을 전제로 한다는 것이다. 면대면 인간관계에서 얻는 행복과 만족감이 과학기술의 도입으로 사라지게 된다면 아래에서 이어질 논의는 의미를 잃겠지만, 현재로서는 이러한 인간의 본성이 뿌리부터 흔들릴 것이라는 전망의 근거가 실증적이라고 보기는 어렵다. 이러한 점을 토대로 디지털 페르소나 개념을 통해 도출할 수 있는 윤리적 소통의 원리로는 다음과 같은 것을 들 수 있다.

첫째, 디지털 페르소나가 갖고 있는 익명성의 장점을 살려야 한다(윤혜성, 2009). 형사 사건으로 다루어질 범죄를 저지르지 않는 한, 매우 많은 온라인 서비스들은 디지털 페르소나의 실제 주인을 철저히 공개하지 않는다. 이러한 익명성은 많은 단점을 유발하지만 반대로 상당한 장점을 갖고 있기도 하다. 실제 세상에서 만났다면 전혀 가까워지기 어렵거나 자유로운 대화를 나누지 못했을 이들을 함께 어울릴 수 있게 해 준다. 또한 타인의 시선을 고려하지 않고 다양한 대안적 자아를 창조하는 것도 가능하다. 다른 이들의 의견에 쓸려가지 않고 스스로의 생각을 개진하는 것이 오프라인보다 자유로운 경우가 많으며 사회적인 편견 없이 개인의 의견을 존중받을 수 있다.

둘째, 내가 상대하고 있는 디지털 페르소나의 뒤에는 인간이 존재한다는 점을 분명히 인지해야 한다. 눈에 보이지 않아도 나의 디지털 페르소나는 다른 이를 상대하고 있고, 내가 상대하고 있는 디지털 페르소나 역시 인간이 만들어 낸 것이다. 내가 상대하는 것이 챗봇이나 NPC와 같은 소프트웨어의 일부인지, 아니면 디지털 페르소나를 앞세운 사람인지를 구분하는 것은 이 책을 읽는 독자들에게는 전혀 어려운 일이 아니다. 디지털 페르소나는 물리적 실체와 직접적인 연관성을 찾기 어려운 자아이지만, 그래도 그것을 만들어 낸 존재는 다른 누군가가 아니라 자기 자신, 혹은 온라인 너머에 존재하는 '사람'이다. 자아의 확장이라는 점을 받아들이느냐, 그렇지 않느냐에 따라 디지털 페르소나와 자기 자신의 관계는 건강할 수도, 그렇지 않을 수도 있다. 그리고 이러한 인식은 다른 이들과의 소통에서도 동일하게 적용되는 것이다.

셋째, 디지털 페르소나를 통한 소통 역시 소통의 관계적 목적을 벗어나지 않는다는 점을 인지해야 한다(이창덕, 2019). 소통은 크게 언어적 목적과 관계적 목적으로 구분할 수 있다. 언어적 목적은 상대방이 자신의 생각을 정확하게 이해하는 것을 목적으로 이루어지는 소통, 혹은 상대방의 표현이 어떤 의미인지를 자신이 정확하게 이해하는 것을 목적으로 이루어지는 소통을 말한다. 이 책을 읽는 여러분은 기본적으로 언어적 목적으로 읽기를 하고 있기도 하다. 다른 누군가와 원만한 관계를 맺기 위해 이 책을 읽지는 않을 것이기 때문이다. 반면에 관계적 목적은 소통을 나누는 사람과의 원만한 관계를 형성, 유지, 발전시켜 나가기 위한 소통을 말한다. 처음 만난 사이에서 날씨와 같은 화제로 대화를 시작한다거나, 상대방의 말의 의미를 정확하게 이해하지 못했지만 분위기상 그냥 웃으며 넘어가는 것 등이 여기에 속한다. 소통은 9장에서 언급한 바와 같이 본질적으로 상호 이해를 전제로 하며, 이를 위해서는 상대의 존재에 대한 이해와 인정이 필수적이다. 디지털 페르소나 너머의 존재와 어떠한 방식으로건 관계를 맺을 수밖에 없다는 것을 인정하지 못하면서 메시지를 주고받는 것이 불가능한 일은 아니지만, 그러한 행위를 적절한 소통이라고 부를 수는 없을 것이다.

| 혼자서 |

1. 디지털 페르소나를 내세워 소통하는 경우의 사례를 소개해 보자. (설명, 적용)

2. 온라인에서 찾을 수 있는 디지털 페르소나 사이의 갈등 상황의 사례를 찾아 제시해 보자. 그리고 디지털 페르소나를 핵심어로 하여 갈등이 발생한 이유에 대해 정리해 보자. (적용, 공감, 관점 전환)

   ① 찾아낸 사례는 무엇인가? (링크 주소를 직접 제시하거나 검색 가능한 키워드 방식으로 소개해 보자.)

   ② 어떠한 디지털 페르소나들이 등장하는가?

   ③ 각각의 디지털 페르소나들은 어떠한 입장을 갖고 있는가?

   ④ 갈등이 발생한 이유는 무엇이라 생각하는가?

   ⑤ 자신이 찾아낸 상황에서 갈등이 발생하지 않도록 하려면, 각각의 디지털 페르소나들은 어떠한 방식으로 소통을 해야 했을까? 온라인 대화 방식으로 소통 양상을 가상으로 작성해 보자.

| 둘이서 |

3. 위의 1번과 2번 활동 내용을 짝과 비교해 보자. 그리고 다음을 기준으로 평가해 보자. 그리고 자신이 어떻게 생각하는지 짝에게 이야기를 해 주자. 짝의 반응을 확인했다면 자신의 답변을 수정하는 데에 활용해 보자. (공감, 관점 전환, 자기 점검)

   ① 짝이 답변한 내용은 문항이 요구하는 바를 분명하게 답하고 있는가?

   ② 짝이 답변한 내용 중 보완하거나 추가할 부분이 있는가?

| 여럿이 |

4. 3에서 수정된 내용을 팀 안에서 공유해 보자. 그리고 2번의 사례 중 가장 적절하다고 생각하는 것을 한 가지 골라서 전체 강의실에서 발표해 보자. (적용, 관점 전환)

참고문헌 및 참고자료

박순환(2005), 다면 페르소나와 정신건강과의 관계, 부산대학교 대학원 박사학위 논문.

윤혜성(2009), 사이버 공간에서 소통이 갖는 교육적 의미, 인하대학교 대학원 박사학위 논문.

이정춘(2003), 미디어와 사회, 세계사.

이창덕(2019), 초디지털 사회 인간 의사소통의 덕목에 대하여, 교육문화연구 25(1).

전재원(2019), 온라인 친구에 대한 윤리학적 분석, 철학논총 97.

최호영 역(2019), 아들러의 삶의 의미, 서울: 을유문화사.

한찬희(2007), 디지털공간의 페르소나 형성에 관한 사례연구-인터넷 커뮤니티의 이용자 사례를 중심으로, 중앙대학교 대학원 박사학위 논문.

단원 설정 배경

이 장의 내용은 온라인 환경에서 나타나는 읽기와 쓰기의 본질에 대해 이해하는 것이 보다 수준 높은 소통 수행을 위한 배경지식이 된다는 점을 중시하여 선정하였다. 우리는 일상적으로 읽기와 쓰기를 수행하지만 자신이 어떠한 과정을 거쳐 그러한 수행을 하게 되는지에 대해서는 잘 생각하지 않는다. 하지만 모든 수행과 마찬가지로 읽기와 쓰기 수행의 본질을 이해하게 되면 자신의 읽기와 쓰기를 보다 객관적으로 바라볼 수 있게 된다. 7강에서도 밝혔듯이 자기 점검은 역량 신장의 중요한 방법 중 하나이다. 이 장에서는 우선 종이 인쇄 매체 시대에 능숙한 독자와 능숙한 필자의 특징에 대해 이해한다. 그리고 이를 토대로 온라인 매체 환경의 변화에 나타난 읽기와 쓰기 개념의 변화에 대해 살펴보고 어떻게 하면 온라인 소통을 보다 능숙하게 할 수 있을 것인지에 대해 고민해 보는 시간을 갖는다.

핵심 질문

1. 글을 잘 읽는 사람의 특징은 무엇인가?
2. 글을 잘 쓰는 사람의 특징은 무엇인가?
3. 온라인 소통에서 나타나는 읽기와 쓰기의 특징은 무엇인가?

학습 목표

1. 능숙한 독자와 능숙한 필자의 특성을 이해할 수 있다.
2. 온라인 소통 상황이 가져온 읽기와 쓰기의 변화 양상을 이해할 수 있다.

핵심어

능숙한 독자, 능숙한 필자, 복합 양식 문해력, 복합 양식 텍스트

11강 │ 온라인 환경에서 읽기와 쓰기 개념의 변화

1. 전통적 의미의 능숙한 독자

디지털 시대에 등장한 읽기와 쓰기의 특성을 살펴보기 전에, 1절에서는 전통적인 의미의 읽기(한철우 외, 2001; 이순영 외, 2015)에 대해 살펴보고자 한다. 먼저 다음 (가)~(라)의 사례를 보고, 각각의 경우를 '읽기'라고 말할 수 있을지 생각해 보자.

(가) 유치원에 다니는 철이는 이제 읽기를 배우기 시작했다. 손가락으로 글자를 짚어 가며 "어… 엄마, 어… 엄마, 이리… 오아, 요거 보… 세요."하면서 글을 읽는다.

(나) 초등학교 2학년밖에 안 된 영희는 읽기에 자신이 생긴 모양이다. 엄마가 들으라는 듯이 중학생인 오빠의 책을 큰 소리로 읽는다. 아빠가 옆에서 고개를 갸우뚱하며 "너 그게 무슨 소린지 알고나 읽니?"하고 물으신다. 영희는 아빠의 말을 이해하지 못하겠다는 듯이 물끄러미 쳐다본다.

(다) 중학생인 영수는 시험 공부를 위해 역사책을 읽고 있다. 시험 범위를 다 읽은 다음 문제를 푸는데 기억나는 것이 별로 없다. 문제를 읽어도 답을 모르는 것이 많거나 틀리는 것이 대부분이다. 결국 "난 공부하기는 틀렸나봐."하면서 책을 덮는다.

(가)의 철이, (나)의 영희, (다)의 영수, (라)의 미숙이는 읽기를 했다고 말할 수 있을까? 우리는 일상적으로 (가)~(라)의 모든 경우에 '읽다'라는 단어를 사용하여 위의 예시에 나타난 사례를 표현하고는 한다. 하지만, 위의 사례 중에 '제대로' 읽었다고 볼 수 있는 사례가 있을까?

우리는 일상적으로 '읽기'라는 말을 사용하지만, 엄밀히 말하면 읽기는 인지적으로 매우 복잡한 행위이다. 제대로 읽기 위해서는 여러 가지 조건들이 필요하다. 사람들은 모국어 읽기를 능숙하게 하게 되기까지 다음과 같은 세 단계를 거친다. 아래에서 소개하는 세 단계를 동시에 능숙하게 할 수 있어야 우리는 어떤 사람이 제대로 읽었다고 표현할 수 있다.

첫째, 소리 내어 읽을 수 있어야 한다. 이 단계는 해독하기와 낭독하기로 구분된다. 해독하기는 문자와 소리의 대응 관계에 대한 지식을 바탕으로, 글자를 소리 내어 읽는 것을 말한다. 낭독하기는 글의 의미나 분위기 등에 어울리게 알맞게 띄어서 혹은 리듬감을 살리며 읽는 것을 말한다. 이 단계는 초등학교 입학 무렵에 해당하는 단계로, 소리 내어 읽기를 통한 오독 분석이 매우 중요한 평가 방법으로 활용되기도 한다는 특징이 있다.

둘째, 내용을 읽어낼 수 있어야 한다. 이 단계는 수용적 읽기와 비판적 읽기로 구분되기도 한다. 수용적 읽기는 글의 내용 혹은 필자의 생각에 빠져서 공감하며 읽는 것을 말한다. 비판적 읽기는 글 혹은 필자의 논리에 몰입하지 않고 자기 나름의 과점에서 글을 검토하거나, 글의 내용이 일정한 가치에 부합하는지 등을 따져 읽는 것을 말한다.

셋째, 독립적으로 읽을 수 있어야 한다. 우리는 이 수준으로 읽는 사람을 능숙한 독자라고 이야기한다. 독립적으로 읽는다는 것은 글을 읽는 목적에 따라 어울리는 읽기 자료를 선정하여 적절한 방법으로 읽고, 새로운 생각이나 지혜를 생산하고 자기 자신이나 사회를 성찰하는 정도를 말한다. 능숙한 독자는 독서(교육) 연구 분야에서 학술 용어로 사용되고 있으며, 능숙한 독자와 대비되는 개념으로는 '미숙한 독자'라는 용어를 사용하기도 한다.

위에서 확인할 수 있듯이, 능숙한 독자는 책이나 글을 '제대로' 읽는다. 그렇다면 '제대로' 읽기 위해서는 어떻게 해야 할까? 여기에서는 미시적 읽기와 거시적 읽기를 구분하는 것이 글이나 책을 제대로 읽는 방법이라는 점을 소개하고자 한다.

우리나라의 대학생들은 거의 대부분 고등학교 시절 수학능력시험을 열심히 준비한다. 그렇기 때문에 비판적 이해, 추론적 이해, 글의 주제나 짜임 파악 등을 해보라고 하면 비교적 쉽게 답을 찾아낸다. 이러한 읽기는 이른바 미시적 읽기라고 할 수 있다. 미시적 읽기란 책의 내용을 이해하고 기억하기 위해 읽는 독서를 말한다. 대학에서라면 시험에 대비하여 전공 서적 내용을 읽는 경우가 해당된다. 책에 들어 있는 세부적인 정보를 얼마나 정확하고 구체적으로 머릿속에 저장하고 있느냐가 독서의 성패를 좌우한다. 시험 답안으로 작성해 내기 전까지는 최대한 많은 양을 명료하게 저장해 놓고 있어야 한다. 이것이 미시적 읽기이다.

이와 반대되는 개념이 거시적 읽기이다. 거시적 읽기란 책과 관련이 있는 전반적인 맥락을 파악하며 읽는 독서를 말한다. 거시적 읽기는 책도 읽지만, 책만 읽어서는 안 되는 독서이기도 하다. '숲은 보면서 나무는 보지 못한다'는 말이 있는데, 비유를 하자면 미시적 읽기는 나무를 보는 것에 속하고, 거시적 읽기는 숲을 보는 것에 해당한다고 할 수 있다. 미시적 읽기는 이미 대학 입학시험 준비를 하면서 대부분의 대학생들이 익숙하게 생각하는 방법이다. 여기에서는 거시적 읽기 방법을 중점적으로 살펴보겠다.

거시적 읽기를 잘 하기 위해서는 크게 두 가지를 떠올리면 된다. 첫 번째는 책에 덧붙여진 자료를 적극적으로 활용할 필요가 있다는 것이다. 대부분의 책 뒤표지에는 책이 전달하고자 하는 핵심 메시지나 책의 특징을 간단하게 요약해서 정리해 놓고 있다. 그리고 대부분의 저자들은 책을 쓰면서 읽을 사람을 누구로 선정했는지, 자신이 작성한 책을 어떻게 읽으면 좋을지 등에 대해 머리말을 통해 상세하게 밝혀 놓는다. 번역서의 경우라면 '해제', '역자 해설', '역자 서문' 등이 반드시 포함되는데, 여기에는 번역을 한 사람이 책의 특징이나 중요한 부분을 간략하게 소개해 놓는 경우가 매우 많다. 책을 먼저 접하기 전에 이런 부분에 집중해서 읽는 것은 책을 읽는 맥락을 보다 분명히 하는 것과 관련이 있다. 바로 본문으로 들어가 읽기 전에 본문의 내용과 관련된 중요한 부분이나 핵심적인 요약 사항을 먼저 파악할 수 있기 때문이다.

두 번째 방법은 책과 관련된 정보를 능동적으로 검색하는 것이다. 대부분의 학문은 그 학문의 역사가 있다. 문학사, 철학사, 과학사 등등의 책을 참고하여, 자신이 공부하고 있는 내용이 해당 학문의 발달 과정 중에 어디쯤 위치해 있는지를 미리 파악하는 것은 책의 내용을 보다 쉽게 이해하도록 하는 데에 큰 도움을 준다. 책이

너무 두껍다거나 내용이 어렵다면, 신문기사나 칼럼 등을 검색해서 책에 대한 서평을 먼저 찾아 읽는 것도 좋은 방법이다. 운이 좋다면 누군가가 먼저 읽고 책의 내용을 미리 정리해 둔 내용을 발견하게 될 수도 있다.

— 학습 활동 —

| 혼자서 |

1. 자신이 알고 있는 읽기(독서) 방법을 소개해 보되, 아래의 예시를 보고 A와 B에 들어갈 말을 적절히 떠올려 보자.

> 예) 수능 국어 비문학 지문을 읽을 때 어떻게 하는가? / 시험 범위가 300쪽짜리 책 한 권이다. 시험을 준비할 수 있는 시간이 1주일인 경우와 12시간인 경우, 책을 읽는 방법은 어떻게 달라질까?
> → 나는 A와 같은 읽기 상황이 주어졌을 경우, B와 같은 읽기 방법을 사용한다.

| 둘이서 |

2. 짝과 서로에게 1에서 답한 내용을 설명해 보자. 그리고 다음을 기준을 평가한 뒤 짝에게 피드백을 제공해 보자. (공감, 관점 전환)

> ① 읽기 방법에 대한 설명이 충분히 이해가 되는가?
> ② 읽기 방법이 충분히 적절한가? 적절하지 않다면 어떠한 점에서 적절하지 않은가?

| 여럿이 |

3. 팀원들마다 2에서 짝에게 받은 피드백을 토대로 읽기 방법에 대한 설명 내용을 다듬어 공유한다. 그리고 가장 적절하거나 그럴듯하다고 평가받은 의견을 한 가지 골라 전체 강의실에서 발표한다. (공감, 관점 전환)

2. 전통적 의미의 능숙한 필자

쓰기 분야에서도 읽기 분야에서와 마찬가지로 '능숙한 필자'와 '미숙한 필자'라는 용어를 사용한다. 기본적으로 필자는 글을 쓰는 사람을 일컫는다. 그리고 능숙한 필자는 흔히들 말하는 글을 잘 쓰는 사람을 말한다. 글을 잘 쓰는 사람은 어떤 특징을 갖고 있을까? 어느 교사가 중학생들에게 이러한 질문을 던져보았더니 다음과 같은 답을 한 경우가 있었다고 한다.

독특함	마음을 흔들어 놓음
자유로움	예리함
덥수룩함	회의적
자신만의 세계	예민한 감수성
무심한 듯 보임	평범하지만 개성 있는 외모 등등

이른바 글을 잘 쓰는 사람들에게 위와 동일한 질문을 하면 어떤 답변이 나올까? 어떤 것들은 도움이 되지만 어떤 것들은 도움이 되지 않는다. 이러한 접근 방식은 글을 잘 쓰기 위한 방법을 아는 데에 크게 도움이 되지 않는다. 쓰기를 이론적으로 연구하는 사람들은 글을 잘 쓰는 사람, 이른바 능숙한 필자의 특성을 파악하기 위해 매우 다양한 연구 방법들을 사용해 왔다. 여기에서는 그중에서 인지심리 방식으로 쓰기 과정을 연구한 결과를 소개한다. 다음은 쓰기 연구 분야에서 널리 알려진 Flower & Hayes(1981)의 쓰기의 인지 과정 모형이다.

인공지능시대의
창의적 사고와 소통

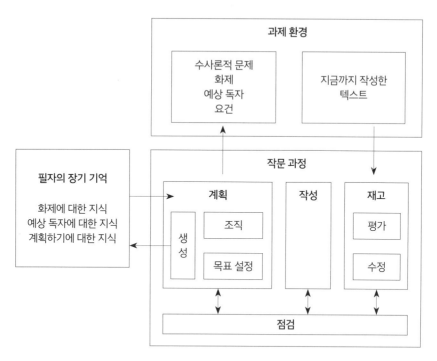

- Flower & Hayes(1981), 박영민 외(2016)에서 재인용

　　위 모형은 글을 쓸 때 사람의 머릿속에서 일어나는 일을 모형화한 것이다. 특히 어떤 부분에서 능숙한 필자와 미숙한 필자가 차이를 보이는지 확인하기 위해 인지 과정 모형을 분석한 연구 결과물이다. 이 모형을 분석함으로써, 구체적으로 어떤 지점에서 차이가 발생하는지를 확인하는 것이 가능하며, 이러한 방법을 사용하여 능숙한 필자와 미숙한 필자의 차이점을 다음과 같이 밝혀낸 바 있다.

	능숙한 필자	미숙한 필자
계획하기	- 글쓰기의 목표를 의사소통에 둠 - 글의 형식, 예상독자, 글의 주제를 모두 고려한 글쓰기 계획을 세움	- 글쓰기에 대한 뚜렷한 목표가 없음 (분량 채우기, 시간 보내기 등) - 특정 주제에 대한 정보 탐색에만 중점을 둠
내용 생성	- 내용 생성에 대한 내적 단서를 갖고 있어 많은 아이디어를 스스로 생산할 수 있음	- 내용 생성을 지속시키기 위한 외적인 단서의 사용에 의존 - 내용 생성이 미숙함
내용 조직	- 내용을 조직하는 데 있어서 응집력과 일관성을 지킴	- 응집력과 일관성을 지키며 글을 쓰는 데 서투름
작성하기	- 자동화된 작문 관습 능력을 바탕으로 응집력과 의사소통에 주의를 기울임	- 철자, 문법, 구두점 등의 기계적인 부분이 틀리지 않도록 주의하며 씀
고쳐 쓰기	- 의미와 관련된 수정을 거침 - 글 전체를 고려한 고쳐 쓰기를 하기 위해 다양한 수준에서 수정을 함	- 틀린 글자나 낱말 수준에서 수정을 함

위의 차이에 대해 하나하나 파악하는 것은 상당한 전문성이 필요한 일이다. 다만 여기에서는 위와 같은 방식으로 파악한 능숙한 필자의 특징을 두 가지만 소개한다. 아래와 같은 방식으로 따라 하기 위해 노력한다면 능숙한 필자가 되는 데에 보다 구체적인 도움을 받을 수 있을 것이다.

첫째, 능숙한 필자는 평소에도 글을 쓸 준비를 한다. 구체적으로 말하면 일상생활 속에서 지속적으로 생각할 거리를 찾고, 기록하고, 떠올린다는 것이다. 주변 사람과의 대화에서 발생한 의문점이나 떠올린 내용, 책이나 영화를 보면서 생각한 의문점 등은 탐구심을 불러일으키고, 이는 결국 글쓰기의 좋은 소재가 된다. 예를 들어 "얼마 전 줄거리를 모르고 케이블 티비 채널로 영화를 보기 시작했는데 유치한 면도 많아서 예상한 대로 전개되면 그냥 채널을 돌려버리려고 했는데 그렇지 않아서 끝까지 다 보게 되었다. 다 보고 나서 독창적인 인물이라는 생각이 들었고, 무엇이 작품에서 독창적인 인물 구성을 가져오게 되었는가를 생각하게 되었다." 정도의 사례라면, 평소에 글을 쓰는 데에 도움이 되는 생각의 예시라고 할 수 있다. 바꾸어 말하면, 능숙한 필자들은 글로 써야 하는 내용에 관해 생각하는 데에 매우 많은 시간을 보낸다고 할 수 있겠다.

둘째, 능숙한 독자들은 목표를 명시적으로 설정한다. 이는 머릿속에서 막연한 아이디어 차원으로 갖고 있는 것이 아니라, 구체적인 언어로 표현한다는 의미이다. 이와 관련해 글이 잘 써지지 않을 때 사용할 수 있는 방법이 있다. 바로 쓰려고 하는 내용을 혼잣말로 소리 내어 말해보는 것이다. 글쓰기에서 겪는 어려움 중 많은 수가 자신이 무엇을 쓰려고 하는지 분명하지 않은 상태에서 글을 쓰려고 하기 때문에 발생한다. 혼잣말로 자신이 쓰려는 내용을 설명할 수 없다면, 당장 글쓰기를 멈추는 것이 좋다. 그리고 다른 자료를 읽거나 내용 생성하기 방법 등을 사용하여 자신이 글을 쓰는 목표를 분명히 할 필요가 있다.

| 혼자서 |

1. 자신이 알고 있는 쓰기(작문) 방법을 소개해 보되, 아래의 예시를 보고 A와 B에 들어갈 말을 적절히 떠올려 보자.

예) 자신이 잘 알고 있지 못한 주제에 대해 다양한 참고문헌을 찾아 읽고 A4 10매 분량으로 보고서를 써야 하는 상황을 떠올려 보자. 이 과제를 수행하기 시작할 때 가장 먼저 무엇을 할 것인가? 자신이 떠올릴 수 있는 한 최대한 자세하게 무엇을 할 것인지 생각해 보자.

→ 나는 A와 같은 쓰기 상황이 주어졌을 경우, B와 같은 쓰기 방법을 사용한다.

| 둘이서 |

2. 짝과 서로에게 1에서 답한 내용을 설명해 보자. 그리고 다음을 기준을 평가한 뒤, 짝에게 피드백을 제공해 보자. (공감, 관점 전환)

① 쓰기 방법에 대한 설명이 충분히 이해가 되는가?
② 쓰기 방법이 충분히 적절한가? 적절하지 않다면 어떠한 점에서 적절하지 않은가?

| 여럿이 |

3. 팀원들마다 2에서 짝에게 받은 피드백을 토대로 쓰기 방법에 대한 설명 내용을 다듬어 공유한다. 그리고 가장 적절하거나 그럴듯하다고 평가받은 의견을 한 가지 골라 전체 강의실에서 발표한다. (공감, 관점 전환)

3. 디지털 환경에서 읽고 쓰는 방식의 변화

온라인이 세상에 등장한 지 얼마 안 되었을 때에, 사람들은 모니터로 무언가를 읽거나 키보드로 글을 쓰는 행위가 종이 책을 읽거나 펜으로 종이에 글을 쓰는 방식과 다르지 않을 것이라고 생각했다. 하지만 이러한 생각이 잘못되었다는 것을 깨닫기까지는 오랜 시간이 걸리지 않았다.

빌렘 플루서(윤종석 역, 1998)에 따르면, 매체 기술의 발전은 각명 문자 단계로부터 표면 문자 단계로 이행하였다. 각명 문자 단계란 토판이나 목판에 문자를 새겨 넣어 표현하는 방식이고, 표면 문자 단계란 종이 등에 잉크나 검댕을 묻혀 기록하는 방식이다. 어떤 판에 새겨 넣는가 아니면 잉크를 묻혀 종이의 표면 위에 덧입히는가 하는 매체 기술적 차이는 의미 구성과 표현[12]의 관계에서 차이를 초래한다. 그런데 현대 정보 통신 기술의 발전은 빌렘 플루서가 제안한 기록 방식의 차원을 더 확장할 수 있는 토대를 제공해 준다. 디지털 문자 단계가 바로 그것인데, 이는 전기 신호를 이용하여 기록하고 저장한다는 점에서 이전의 문자 기록 방식과 큰 차이가 있다. 이렇게 보면, 매체 기술의 발전에 따른 문자의 단계는 각명 문자 단계, 표면 문자 단계, 디지털 문자 단계로 정리할 수 있다.

각문 문자 단계, 표면 문자 단계, 디지털 문자 단계는 매체의 차이에 의한 기록 방식의 차이를 보이는데, 이는 겉으로 드러나는 차원뿐만 아니라 의미 구성과 표현의 대응이라는 쓰기의 본질적인 차원에서도 차이를 보인다. 매체의 차이 및 기

---

12 글쓰기가 본질적으로 '머릿속에서 일어나는 의미 구성'과 '글자를 만들어 내는 표현'의 결합이라는 점은 작문(교육) 연구 분야에서는 상식으로 통한다.

록 방식의 차이는 의미 구성의 과정과 표현의 과정에 영향을 미치기 때문이다. 이와 관련하여 조르주 장(이종인 역, 1996)은 글을 쓸 때 사용하는 도구와 장비가 글씨의 형태를 변화시켰을 뿐만 아니라 문자의 체계까지 변화시켰다는 점을 들어 매체 기술이 표현에 중요한 미친다는 점을 지적한 바 있다. 또한 나탈리 골드버그(권진욱역, 2000)는 작문은 정신적인 작업이면서 동시에 유체적인 작업이기 때문에 도구와 장비로부터 큰 영향을 받는다고 하면서, 감정적인 글을 쓸 때는 육필(handwriting)로, 소설이나 긴 이야기를 쓸 때는 키보드로 쓴다고 하여 매체 기술과 작문의 관련성을 지적하였다. 글을 쓸 때 어떠한 도구나 장비를 쓰는가 하는 문제는 단지 기록 방식이라는 눈에 보이는 차원의 차이만이 아니라, 의미의 구성과 표현의 대응과 관련된 본질적인 차이를 초래하기도 하는 것이다.

이러한 차이는 결국 다음과 같이 간략하게 정리할 수 있다. 지금도 온라인 공간에서는 다양하고 방대한 정보들이 불특정 다수의 사용자들끼리 상호작용을 통해 지속적으로 생산되고 공유되고 있으며, 하이퍼링크를 통해 정보가 무한하게 확장되고 있기도 하다. 그리고 여기에서 눈여겨볼 종이 매체와의 중요한 차이는 온라인 환경에서는 정보 구조가 비선형적으로 존재하며, 그 구조에 대한 변형 또한 매우 유연하게 이뤄진다는 점이다(이순영 외, 2013).

이러한 차이는 읽기와 쓰기의 경계를 허물기도 한다. 기본적으로 독자와 필자의 경계가 분명하지 않다는 점이 가장 큰 특징이라고 할 수 있다. 온라인에 다양한 글들을 올리고 그것을 소비하는 이들을 '독자'나 '필자' 중 하나로 지정하는 것은 의미가 없다. 그보다는 '사용자'로 묶는 것이 온라인에서 이루어지는 읽고 쓰는 방식을 설명하는 데에 보다 도움이 된다. 온라인에서 순수하게 '독자'의 역할이나 '필자'의 역할 한 가지만을 수행하는 사람은 존재하지 않기 때문이다. 디지털 세상에서 '독자'는 언제든 자신이 갖고 있는 생각이나 정보를 추가하여 온라인에 이미 존재하는 정보를 변형시키는 '필자'가 될 수 있다. 또한 '필자' 역시 다른 사용자들의 반응을 살피거나 새로운 정보를 지속적으로 찾아다니는 '독자'의 역할을 수행하기 때문이다.

이러한 변화를 반영하여, 최근에는 21세기의 문식성이 복합 양식적 특성을 지닌다는 논의들이 주를 이루고 있다. 또한 읽기와 쓰기의 경계를 허물어내는 '복합 양식 텍스트(multi-modal text)'의 개념이 읽기와 쓰기 연구 분야에서 널리 활용되고 있다. 21세기에는 의미의 다양한 수준을 파악해 내는 기존에도 중시되던 능력뿐만 아니라 온라인 소통을 위해 비디오나 시각적 이미지 및 영상, 소리 등을 사용할 수 있는 능력 역시 문해력(혹은 문식성, literacy)의 개념에 포함시켜야 하다고 보는 것이다. 복합 양식 텍스트란 기존의 종이 책이 문자 위주로 구성되었던 것에 대비되는 개념으로, 문자 언어나 음성 언어와 같은 전통적인 개념의 언어뿐 아니라 소리, 음악, 이미지, 동영상 등 다양한 기호까지도 포괄하는 것이다.

복합 양식 텍스트는 기존의 종이 인쇄물에 비해 다른 논리 구조를 갖는 것으로 알려져 있다. 종이에 인쇄된 텍스는 시간 순서(temporal sequence)에 따른 흐름을 갖고 있지만, 시각 이미지는 공간, 조직 배열, 동시성의 논리와 같은 시각적 문법 혹은공간의 관계에 따라 논리가 형성되고 이에 따라 의미가 발생한다. 특히 종이에 인쇄된 텍스트는 문자 언어라는 단일한 양식(mode)에 토대를 두어 문법을 통해 의미를 구현하며, 사람들이 이러한 의미를 읽어내는 방식 역시 동일하게 단일 양식으로 이루어진다. 하지만 복합 양식 텍스트는 언어 양식을 포함하여 이미지나 동영상 등을 온라인 문서에 포함시키는 것이 가능하다. 그렇기 때문에 정지되어 있는 혹은 움직이는 사진, 애니메이션, 화면 분할, 메뉴, 하이퍼링크와 같은 다양한 양식을 사용해 전달하고자 하는 바를 한층 다채롭게 표현할 수 있는 것이다(최숙기, 2013). 우리들은 일상적으로 온라인상에서 그림책이나 정보 서적, 신문기사, 잡지 등을 접한다. 또한 e-book, 디지털 교과서, 스마트 디바이스로 실현되는 다양한 콘텐츠 등도 접하게 되는데 이들은 모두 복합 양식 텍스트에 속한다.

인쇄 텍스트와 복합 양식 테스트 사이의 차이를 간략히 정리하면 다음과 같다.

표 | 인쇄 텍스트와 복합 양식 텍스트의 비교(최숙기, 2013: 228쪽 재인용)

텍스트 유형	인쇄 텍스트 기반 읽기	복합 양식 텍스트 기반 읽기
표현 대상	단어 담화, 레지스터(register), 어휘, 언어적 패턴, 문법, 챕터, 문단, 문장구조	시각적 이미지 레이아웃, 사이즈, 모양, 색깔, 선, 앵글, 위치, 관점, 스크린, 프레임, 아이콘, 링크, 하이퍼링크
감각 사용 양상	시각 혹은 때때로 촉각	시각, 촉각, 청각, 근감각
개인 간 의미 (interpersonal meaning)	언어적 '목소리' 대화나 1인칭, 2인칭, 3인칭 서술자	시각적 '목소리' 위치화(positioning), 앵글, 관점-'제공(offers)'과 '요구(demands)'
스타일	언어적 스타일 어조(tone), 억양(intonation), 유머, 아이러니, 풍자(sarcasm), 말놀이(word play), 타이포그래픽 배열, 형태화, 레이아웃, 폰트, 구두점	시각적 스타일 매체(medium) 선택, 그래픽, 애니메이션, 프레임, 메뉴판(menuboard), 하이퍼링크
형상화 (imagery)	언어적 형상화 이미지, 상징, 은유, 두운법(단어, 음성 패턴을 통한 시적 장치)	시각적 형상화 색깔, 모티브(motifs), 아이콘(icons), 반복(repetition)

읽기 방식 혹은 경로	선조적이고 연속적이며 독자들은 대개 이를 그대로 따름	비선조적이며 비연속적이어서 독 자들은 선택과 기회와 상호작용하 면서 읽기 방식을 결정

학습 활동

| 혼자서 |

1. 자신의 최근 읽기/쓰기 경험을 떠올려 보자. (설명, 적용, 자기 점검)

　① 어제 하루를 기준으로, 온라인 읽기와 오프라인 읽기의 비중은 어느 정도였나?

　② 온라인 쓰기와 오프라인 쓰기의 비중은 어느 정도였나?

2. 자신의 스마트폰에 남아 있는 기록을 토대로 다음 질문에 답해보자. (설명, 적용,
　자기 점검)

　① 어제 하루를 기준으로 음성 언어로 소통한 통화의 횟수와 시간은?

　② 어제 하루를 기준으로 문자나 DM 등을 사용해 다른 이들과 소통한 건수는?

| 둘이서 |

3. 1과 2의 답변 내용을 짝과 비교해 보자. 그리고 다음 질문에 답해보자.

　① 읽기/쓰기 경험 중에서 짝과 비슷한 내용은 무엇인가? 또한 차이나는 내용은 무
　엇인가?

　② 음성 언어/문자 언어 소통 경험 중에서 짝과 비슷한 내용은 무엇인가? 또한 차이
　나는 내용은 무엇인가?

| 여럿이 |

4. 다음은 미래 사회 소통 방식의 덕목에 대해 전망한 학술 논문의 일부이다. 내용
　을 읽고 이어지는 질문에 답해보자. (설명, 해석, 적용, 공감, 관점 전환)

(…전략…)

글쓰기를 통한 소통의 경우, 요즘 젊은 세대의 경우 학교나 사회에서 제대로 된 온전한 내용의 글을 써볼 기회가 적고, 다른 사람과 편지를 쓰거나 신문이나 잡지에 투고하는 등 글로 소통하는 기회가 주어지지 않아 그 능력이 발달할 기회가 줄어드는 것이 문제가 된다. 어릴 때부터 자기의 경험, 생각, 주장을 제대로 된 문장, 문단, 글로 써보는 훈련이 필요하고, 글로 소통하는 것이 말로 소통하는 것보다 효과적인 상황과 맥락을 파악해서 글로 쓰려는 적극적 자세가 앞으로 중요한 덕목이 될 것이다.

컴퓨터 채팅이나 휴대전화 문자 등으로 소통하는 경우 문자를 입력하지만 그 때의 언어적 소통은 글도 말도 아닌 미디어 소통 양식과 코드를 따르게 된다. 지금은 문자를 입력하면서 구어와 비슷한 방식으로 소통하지만 앞으로는 문자 대신 음성 인식 기술을 이용하거나 동영상으로 보면서 통합적 방식으로 소통하는 것이 더 일반화하는 시기가 올 것이다. 그런 시대가 오면, 과거처럼 말하기, 글쓰기 능력보다 어느 매체를 어떤 방식으로 이용하여 소통하고, 어떤 내용을 어떤 코드로 보내고, 어떤 방식으로 상대를 대우할 것이지 고려하는 매체 이용 능력과 온라인 소통 상황에서 갖추어야 할 정보 공유, 상대 존중, 매체 해석력과 대응력 등이 중요한 능력이자 덕목이 될 것이다.

요즘 젊은 세대는 음성통화를 거의 하지 않으며, 문자 메시지를 보낼 때도 과거 초기에 사용하던 이모티콘을 거의 사용하지 않는 것이 예의라고까지 주장한다. 온라인 소통에서 참여하는 사람들의 매체 언어 선택과 관련한 판단 능력과 문화를 두루 고려하는 태도가 중요한 덕목이 될 것이다.

최근에 국가적으로 쟁점이 되는 주제에 대해서 사회 소통망에 올라오는 글과 그에 대한 댓글이 달리는 것을 보면, 온라인상에서 말이 필요할 때 말하고, 글을 써야 할 때 글을 쓰는 것을 신중하게 판단하고 구별하는 사람이 얼마나 될까 우려가 된다. 상황이 복잡하고 짜증스러울수록 다른 사람들의 입장과 생각을 헤아려보고, 다른 사람의 말을 객관적이고 중립적 입장에서 수용하고, 섣부르게 자기주장을 펼치거나 감정을 쏟아내기보다 침묵하고 기다려 주는 태도가 중요한 시대가 되었다고 본다. (…후략…)

- 이창덕(2019), 초디지털 사회 인간 의사소통의 덕목에 대하여, 교육문화연구 제25-1호.(https://doi.org/10.24159/joec.2019.25.1.681) (pp.691-692 발췌)

① 위 글의 내용 중 공감할 수 있는 부분은 무엇인가? 그 이유도 같이 답해보자.

② 위 글의 내용 중 공감하기 어려운 부분은 무엇인가? 그 이유도 같이 답해보자.

③ ①과 ②에서 다른 팀원들과 위에서 답한 내용을 공유하며, 서로의 생각을 평가해 보자.

　→ 팀원들의 생각 중 가장 새로운 것은 어떤 것인가?

　→ 팀원들의 생각 중 가장 적절한 것은 어떤 것인가?

④ 팀 단위로 협의를 통해 의사결정을 한 뒤, 전체 강의실에서 발표를 해 보자.

참고문헌 및 참고자료

나탈리 골드버그, 권진욱 역(2000), 뼛속까지 내려가서 써라, (주)한문화멀티미디어.

빌렘 플루서, 윤종석 역(1998), 디지털 시대의 글쓰기, 문예출판사.

조르주 장, 이종인 역(1996), 문자의 역사(재판), 시공사.

박영민 외(2016), 작문교육론, 역락.

이순영 외(2015), 독서교육론, 역락.

이순영·권이은, 김별희(2013), "인쇄 텍스트와 디지털 텍스트 문식 활동에 대한 초·중·고등학생들의 인식 연구", 『교육종합연구』제11집 4호, 교육종합연구소, pp.115-136.

이창덕(2019), 초디지털 사회 인간 의사소통의 덕목에 대하여, 교육문화연구 제25-1호, pp.681-697.

최숙기(2013), 복합 양식 텍스트에 대한 독자의 읽기 행동 분석에 기반한 디지털 시대의 읽기 교육 방안 탐색, 독서연구 제29호, pp.225-264.

한철우 외(2001), 과정 중심 독서 지도, 교학사.

MEMO

단원 설정 배경

이 장의 내용은 미래의 소통이 어떻게 변할지를 상상하고 다른 이들과 생각을 나누는 것이 창의적 사고와 소통 역량 신장에 기여할 수 있다는 점을 고려하여 선정하였다. 미래를 예측하는 것은 쉬운 일이 아니며, 심지어 그 예측이 그대로 실현되는 경우가 흔한 것도 아니다. 하지만 과거와 현재의 모습을 분명히 인지한 상태에서 이루어지는 미래의 예측은 우리가 어디에서 어디로 가고 있는지를 분명히 알려주는 지표가 될 수 있다. 여기에서는 미래를 예측한다는 것은 어떤 의미이며, 한계는 무엇인지 스스로 성찰해 보는 데에 초점을 둔다. 그리고 이를 토대로 현재까지 소통의 지평을 확장할 것으로 알려진 증거들을 기반으로 미래의 소통이 어떻게 변하게 될지 예측하고 이에 대한 생각을 활발하게 교류하는 것을 중요한 목적으로 삼는다.

핵심 질문

1. 미래를 예측한다는 것은 어떠한 의미를 갖는가?
2. 소통의 본질에 영향을 미치는 요인에는 어떠한 것이 있는가?
3. 우리는 어떠한 방식으로 소통을 하는가?

학습 목표

1. 과거와 현재에 대한 정확인 이해를 토대로 소통의 미래를 예측할 수 있다.
2. 예측한 미래의 소통과 관련한 아이디어를 다른 이들과 상호작용하면서 나눌 수 있다.

핵심어

포스트휴먼, 트랜스휴먼, 사이보그, 인간의 본성, HRI, BCI

12강 | 포스트휴먼시대의 도래와 소통 지평의 확장

1. 포스트휴먼 개념의 등장

미래의 인류는 어떻게 변하게 될까?

인간의 본성에 대한 탐구는 매우 오래된 탐구 주제이다. 사람은 과연 어떤 존재인가? 라는 질문은 동서고금 막론하고 사람들을 골몰하게 만들었으며, 그만큼이나 다양한 고민들을 통해 나름의 답변들이 정리되어 왔다. 무수히 많은 답변 중에 가장 널리 알려진 것은 '생각하는 사람(Homo Sapiens)'과 관련된 내용일 것이다. 인간은 흔히 고등동물이라 불리는데, 그렇게 불리게 된 까닭 중 대표적인 것이 '생각'이라는 것을 하기 때문이라는 것이다. 생각 외에도 직립 보행(Homo Erectus), 도구 사용(Homo Fabe)과 관련된 설명도 널리 알려져 있다. 직립 보행이 가능해지면서 손이 자유로워졌고, 그로 인해 도구를 제작하게 되어 고등동물이 될 수 있었다는 것이다.

인간이 정교한 언어를 사용한다는 점 역시 인간의 본성을 설명해 주는 중요한 특성 중 하나이다. 동물은 감정을 직접적으로 표현하는 데에 그치지만 인간은 상징적 언어를 사용하며, 일정한 법칙에 따라 언어를 운용하기 때문이다. 이로 인해 인간은 자기의 경험을 타인에게 비교적 정확하게 전달할 수 있게 되었다. 기억 용량이 늘어나고 복잡한 생각을 추상적으로 할 수 있게 되었으며 사고능력이 발달했다는 점 역시 언어적 인간에 대한 설명을 할 때 빠지지 않는 내용이다.

정치적 인간(Homo Politicus)이라는 말은 인간의 특질 가운데 정치를 통하여 사회생활을 이루어 가는 특질을 강조하는 표현이다. 인간의 집단은 창조성을 토대로 하기 때문에 사회라고 부른다. 동물의 집단은 본능적이기 때문에 군집이라고 부른다. 이는 단순히 모여 있다는 뜻이다. 사람은 사회를 구성함으로써 유기체로서 그 운명에 구성원의 운명을 종속시킬 수 있게 되었고, 구성원이 생활형에 적응토록 요구하기 시작했다. 또한 집단보다 구성원의 이해를 하위에 둠으로써 개인의 자유를 제한하거나 책임을 강조하는 경우도 생겨났고 구성원의 활동 분야를 분배함으로써 조직이나 집단의 효율을 고민하기도 한다. 또한 늦게 태어난 이들을 사회화시킴으로써 기존의 사회 질서를 유지하고 이어나가도록 요구하기도 한다.

위에서 살펴본 인간의 본성과 관련된 논의들은 대부분 생물학적 진화에 밀접한 토대를 두고 있다. 다시 말하면, 사람을 사람답게 하는 많은 요인들은 결국 사람이 일정한 특성을 타고났기 때문에 갖출 수 있게 되었다는 의미이다. 우리가 그동안 당연하게 생각해 온 인류 문명 발전의 성과들은 대부분 인류가 해당 속성을 타고났기 때문에 가능했던 것들이다. 하지만 인류(Human)라는 말에 포스트(post)라는 접두어가 붙으면 어떠한 의미 변화가 일어날까?

하지만 포스트휴먼에서 말하는 인류의 진화는 인류가 타고나지 않은, 후천적으로 얻게 되는 속성에 기반을 둔다. 다시 말하면 생물학적 진화가 아니라 과학기술에 의한 진화를 예언하고 있으며, 그 결과를 포스트휴먼이라고 부르게 된 것이다. 포스트휴먼이란 현 인류보다 더 확장된 능력을 갖춘 존재로서, 지식과 기술의 사용 등에서 현대 인류보다 월등히 앞설 것이라고 상상되는 진화 인류를 말한다. 통상적으로 생물학적인 진화가 아니라 기술을 이용한 진화로 설명된다.

이와 비슷한 개념으로 트랜스휴먼과 사이보그가 있다. 트랜스휴먼(Transhuman)은 인간과 포스트휴먼(posthuman) 사이의 존재로 인간과 닮았지만 개조에 의해 인간보다 훨씬 뛰어난 능력을 획득한 사람을 말한다. 사이보그란 생물 본래의 기관과 같은 기능을 조절하고 제어하는 기계 장치를 생물에 이식한 결합체를 말한다. 현실 속에서는 대표적으로 의수, 의족, 의안, 인공장기 등이 있다. 사이보그의 의미를 넓게 해석한다면 치아 임플란트 시술을 받았거나 안경을 쓴 사람도 여기에 포함된다.

현재의 호모 사피엔스가 트랜스휴먼의 강화된 형태를 거쳐서 마침내 도달하게 될, 더 이상 인류라고 봐야 할지도 불분명한 경지에 도달한 상태를 최근에는 포스트휴먼이라는 용어를 사용하여 지칭하곤 한다. 하지만 그 구체적인 형태와 특성이 무엇이 될지는 아직 아무도 장담할 수 없다는 것이 또 하나의 특징이다. 다만 포스트휴먼이라는 개념을 가장 잘 설명해 주는 것으로는 기술이 인간 몸속에 삽입되거나 생활에 밀착됨으로써 인간과 기계의 경계가 모호해지는 것을 들 수 있다. 현재까지는 대부분의 예상은 SF로 분류되곤 한다. 하지만 다음 절에서는 우리들이 일상적으로 접하는 변화를 토대로 그 이후의 소통에는 어떠한 변화가 일어날지를 예측해 보는 활동을 이어나가고자 한다.

| 혼자서 |

1. 국내에 스마트폰이 본격적으로 출시되기 전이라고 할 수 있는 2009년 이전을 대상으로 '미래 + 휴대폰' 혹은 '미래 + 전화' 등의 키워드로 검색을 해 보자. 그리고 특이한 점들을 찾아 아래 질문에 답을 해 보자.

   (1) 언제 게시된 글인가? 사이트 주소는? 글의 내용을 간략히 소개한다면?

   (2) 현재 시점으로 보았을 때 이미 구현되었거나 그 이상으로 구현된 것들에는 무엇이 있을까? 이와는 반대로, 현재 시점으로 보았을 때 아직 구현되지 않았거나 앞으로도 구현될 것이라 보기 어려운 것에는 어떤 것이 있을까?

   (3) 만일 과거로 돌아가 자신이 찾은 글을 작성했거나 반응을 보인 사람들에게 조언을 해 준다면 뭐라고 할 수 있을까?

   (4) 현재 시점에서 우리들이 접하는 미래에 대한 예측을 우리는 어떤 태도로 받아들이는 것이 적절할까??

| 둘이서 |

2. 1번의 (1)~(4)에 대한 답변 내용을 짝과 함께 비교해 보자. 어떠한 점에서 짝과 비슷한가? 어떠한 점에서 차이를 보이는가? (공감, 관점 전환, 자기 점검)

| 여럿이 |

3. 1번의 (3)~(4)에 대한 답변 내용을 팀원들과 공유해 보자. 그리고 가장 그럴듯하다고 생각하는 의견을 한 가지 정해서 전체 강의실에서 발표해 보자. (공감, 관점 전환, 자기 점검)

2. 이미 현실이 된 포스트휴먼의 소통

여기에서는 막연한 예측이나 공상을 넘어서서, 이미 실현되었거나 실현되지는 않았더라도 현실적으로 가능성이 매우 높을 것으로 예상되는 가까운 미래의 예측들을 소통 차원에 초점을 맞추어 소개한다.

의사소통(communication)은 기본적으로 둘 이상의 사람을 전제로 한다. 하지만 포스트휴먼 담론에서 소통은 사람과 사람 사이에서뿐만 아니라 사람과 기계 사이에서도 이루어질 수 있고, 기계와 기계 사이에서도 이루어질 수 있다. 우리의 삶 속에 이미 들어와 있는 인공지능 기반의 가상 비서가 그 대표적인 예이다. 널리 알려진 스마트폰 기반, 혹은 스마트 기반 인공지능 비서에게 음성으로 일정한 명령을 전달하는 모습은 더 이상 낯설지 않다. 인공지능 비서의 활용 범위는 상당이 넓다. 쉽게 떠올릴 수 있는 것만 해도 이메일이나 메신저 및 SNS 관리, 특정 애플리케이션 실행하기, 쇼핑하기, 음악 재생, 날씨 정보 제공, 여행 정보 제공, 스포츠 경기 알림, 궁금한 것 알려주기 및 잡담하기, 사물인터넷 제어 등 매우 다양하다.

인공지능 기반 비서는 인간과 컴퓨터의 의사소통 영역을 우리들의 손이 닿는 곳으로 가지고 왔다. 이전의 방식은 인간의 내적 의사결정을 바탕으로 외현적으로 드러나는 행동을 통해 기계에게 명령을 내리는 것이었다고 규정할 수 있다.[13] 하지만 인공지능 비서의 등장은 컴퓨터 프로그램과의 상호작용 영역이 이전에 비해 분명히 확장되었다는 것을 의미한다.

---

[13] 컴퓨터나 기계가 무엇을 하도록 만들려면, 사람은 통상적으로 무엇인가를 물리적인 힘을 가해 눌러야만 했다.

우리가 피부로 느끼는 차이 외에도, 최근에 소개된 인간과 로봇의 상호작용 (HRI : Human-Robot Interaction) 기술이 지금 이 순간에도 소통의 방식을 바꾸는 데에 기여한다고 볼 수 있다. 인간과 로봇의 상호작용 기술은 크게 세 부분으로 구성된다. 첫째는 로봇이 상호작용을 하고 있는 상대방의 얼굴, 표정, 동작, 자세, 물체, 음성, 접촉 등을 인식하는 기술이다. 둘째는 사용자로부터 얻어낸 정보를 파악하고 적절한 대응 방안을 판단하는 기술이다. 셋째는 판단 기술을 통해 도출된 결론을 다양한 표현 수단을 동원해 드러내는 기능이다. 이 중에서 핵심은 두 번째인 판단 기술이다(박천수 외, 2013). 기존의 판단은 인간의 마음이 내리는 것이었는데 '인간의 마음의 작용'에 대한 알고리즘을 어떻게 제시하느냐가 간단한 문제는 아니기 때문이다. 이러한 인간과 로봇의 상호작용 기술은 인공지능 비서를 비롯한 다양한 소프트웨어들이 사용자의 의도를 파악하고 그에 부합하는 대응을 제공함으로써 '어색하지 않은' 소통을 가능하게 하는 데에 활용되고 있다.

사람이 아닌 존재가 소통의 주체가 되는 현상 외에도 기존의 '소통' 개념이 흔들린다는 눈에 보이는 증거는 적지 않다. 그중의 하나는 소통의 중요한 창구인 '말하기'와 '쓰기'의 지위가 흔들릴 수 있다는 점이다. 말을 하거나 글을 쓴다는 것은 '머릿속의 의미 구성'과 '표현'의 결합이다. 머릿속의 의미 구성은 관찰이 불가능하기 때문에 우리는 반드시 음성 언어나 문자 언어를 통해 '표현'을 해야 다른 이들과 언어적 소통이 가능하다. 그런데 굳이 인간이 표현을 하지 않아도 머릿속의 의미 구성을 다른 존재에게 전달함으로써 소통을 할 수 있는 기술이 있다면 미래의 소통 방식은 어떻게 달라질가?

인간의 뇌를 매개로 한 의사소통 기술, 즉 BCI(Brain Computer Interface) 기술은 인간의 두뇌와 컴퓨터를 직접 연결해 뇌의 미세한 전류 움직임을 토대로 컴퓨터를 제

인공지능시대의
창의적 사고와 소통

어하는 기술을 말한다(전황수, 2011). 굳이 입을 움직여 소리를 내거나 손을 움직여 글자를 만들어 내지 않아도 다른 이들(사람일 수도, 로봇일 수도 있다)이 내 머릿속의 생각을 이해하는 것이다. 아직까지는 의료 목적으로 주로 활용되고 있지만, 몸의 물리적인 움직임 없이 다른 존재와 소통할 수 있다는 점에서 기존의 소통 개념을 흔드는 변화의 한 예라고 할 수 있다.

이러한 새로운 소통 개념의 특성은 음성인식에서부터 동작인식, 웨어러블, 사물인터넷, 인공지능 등 인간과 기술 사이의 전면적이고 다차원적인 인터페이싱 또는 네트워킹을 가능케 하는 포스트휴먼 기술들이 우리의 일상 속으로 파고들면서 가시화되고 있다. 여기서 중요하게 생각할 점 중의 하나는 이러한 소통 개념의 변화는 기본적으로 사람의 유전적 형질에 의해 대를 이어지는 것이 아니라, 태어난 이후에 장착(?)하게 되는 과학기술의 산물에 의한 것이라는 점이다. 유전자 차원에서 이어지지 않는 인간의 본성에 기반을 둔 소통을 우리는 어떻게 받아들여야 할까?

| 혼자서 |

1. 아랫글을 읽고 이어지는 질문에 답을 해 보자. (설명, 적용, 해석, 관점 전환)

> 언어는 통상 문자 언어/음성 언어로 구분되지만 인간의 의사소통에는 반언어적 표현(어조, 말의 높낮이, 장단 등)과 비언어적 표현(표정, 눈맞춤, 고개 끄덕임, 손짓 등)도 사용된다. 음성 언어를 통해 로봇에게 우리의 의사를 전달하는 서비스는 대다수에게 공개되어 있지만, 반/비언어적 표현을 사용하여 로봇과 소통하는 기술은 아직 일상 속으로 침투하고 있지는 않다. ㉠하지만 만일 반/비언어적 표현을 사용하여 컴퓨터나 기계와 소통이 가능해진다면 어떤 일이 가능할까?
>
> 한편으로 사물인터넷이 신체에 결합되어 우리 몸의 일부가 되는 것은 먼 미래의 일이 아니다. 당장 많은 이들이 착용하는 안경에도 사물인터넷 개념이 적용되었고, 시장에서 구매가 가능하다. 스마트 워치는 이미 일상 속에서 쉽게 발견할 수 있다. '웨어러블'이라는 검색어를 활용하면 쏟아지는 정보들은 하루가 다르게 늘어나고 있다. 이러한 상황에서, 스마트폰이 이미 우리들의 기억과 감각의 범위를 확장시킴으로써 소통의 지평을 넓혔다. 그런데 ㉡스마트폰이 우리 몸의 일부가 된다면 어떤 일이 가능할까? 우리의 소통은 어떻게 달라질까? 스마트폰의 등장을 10여 년 전 대다수의 사람들이 상상하지 못했다는 것을 염두에 둔다면 조금 더 과감한 상상이 필요할 수도 있겠다.

① 위의 글은 크게 두 가지 질문을 포함하고 있다. ㉠과 ㉡ 중 한 가지를 골라서 자유롭게 떠오른 내용을 적어보자. (혹시 위의 질문과 다른 아이디어가 떠올랐다면 다른 내용을 적어도 무방하다.)

| 둘이서 |

2. 짝이 위의 1번 문항에서 작성한 아이디어를 읽어보자. 그리고 아래의 두 가지를 기준으로 평가한 뒤, 짝에게 피드백을 제공해 주자.

① 잘 썼다거나 인상적이라고 생각하는 부분은 어떤 점인가?

② 이해하기 어렵거나 보충 설명이 필요한 부분이 있다면 어떤 점인가?

| 여럿이 |

3. 1번에서 작성한 내용을 2번에서 짝의 피드백을 토대로 수정해 보자. 그리고 팀
원들에게 자신의 핵심 아이디어를 소개해 보자. 팀원들은 '새로움'과 '적절함'을
기준으로 팀원들의 아이디어를 평가하고, 그중에서 가장 창의적이라고 생각하
는 것을 한 가지 골라서 전체 강의실에서 발표를 해 보자.

참고문헌 및 참고자료

박천수 외(2013), 인간과 로봇의 상호작용을 위한 판단·표현기술 동향, 전자통신동향분석 제28권 제4호.

전황수(2011), 뇌-컴퓨터 인터페이스(BCI) 기술 및 개발 동향, 전자통신동향분석 제26권 제5호.

색인

한글 단어 목록

영어 단어 목록

저자소개

장미영

전주대학교 수퍼스타칼리지 겸 문화융합콘텐츠학과 교수

주요 저서: 공저로 『4차 산업혁명시대의 교양 글쓰기』,

『스토리텔링과 문화산업』, 『창의적 발상을 위한 문화콘텐츠 작법』외 다수

박찬흥

전주대학교 수퍼스타칼리지 교양학부 교수

주요 저서: 공저로 『작문교육론』, 『글쓰기의 이해와 실제』,

『정보전달과 설득을 위한 화법의 원리와 실제』외 다수

인공지능시대의 창의적 사고와 소통

초판 1쇄 인쇄　2020년　2월 20일
초판 1쇄 발행　2020년　2월 28일

지은이　　장미영 박찬흥
펴낸이　　최종숙
펴낸곳　　글누림출판사
편　집　　이태곤 권분옥 문선희 백초혜
디자인　　안혜진 최선주 김주화
마케팅　　박태훈 안현진

주소　　　서울시 서초구 동광로46길 6-6(반포4동 577-25) 문창빌딩 2층(우06589)
전화　　　02-3409-2055(대표), 2058(영업), 2060(편집)
팩스　　　02-3409-2059
전자메일　nurim3888@hanmail.net
홈페이지　www.geulnurim.co.kr
블로그　　blog.naver.com/geulnurim
북트레블러　post.naver.com/geulnurim
등록번호　제303-2005-000038호(2005. 10. 5)

ISBN 978-89-6327-607-6 93300